ERRATA

Page 46, ligne 16. — *Au lieu de :* « ... sans valeur intrinsèque... » *lire :* « ... sans valeur vulgaire... »

Page 59, sous-titre. — *Au lieu de :* « La journée de préliminaires », *lire :* « La journée des préliminaires. »

Page 90, ligne 7. — *Au lieu de :* « ... et les avocats disparaissent aujourd'hui devant le témoin... » *lire :* « et les avocats disparaissent aujourd'hui derrière le témoin. »

Page 112, ligne 12. — *Au lieu de :* « ... la monomanie de l'incompatibilité... » *lire :* « ... la monomanie de l'incorruptibilité. »

Page 142, ligne 15. — *Au lieu de :* « ... la paupière fugace des carnassiers, » *lire :* « ... la paupière fugace des rapaces. »

Page 180, ligne 15. — *Au lieu de :* « ... La nation entière, tous officiers se valant, » *lire :* « La nation entière, tous citoyens se valant. »

Page 243, ligne 10. — *Au lieu de :* « ... rendues autrefois par ce dernier, » *lire :* « ... remplies autrefois par ce dernier. »

Page 309, lignes 3-4. — *Au lieu de :* « Puis un public qui se tait, respectueux ; chutant lui-même qui trouble... » *lire :* « Puis un public discret, respectueux ; chutant lui-même quiconque trouble... »

Page 318, ligne 18. — *Au lieu de :* « ... que par ouï-dire, de troisième main, » *lire :* « ... que par intermédiaire. »

VERS LA LUMIÈRE...

L'Auteur et l'Éditeur déclarent réserver tous leurs droits de reproduction et de traduction pour tous les pays, y compris la Suède et la Norvège.

Cet ouvrage a été déposé au ministère de l'Intérieur (*Section de la Librairie*), en janvier 1900.

De cet ouvrage, il a été tiré à part dix exemplaires sur papier de Hollande.

ÉMILE COLIN, IMPRIMERIE DE LAGNY (S.-&-M.)

EN PRÉFACE

Voici l'article que, le 24 janvier 1895, convaincue, comme tout le monde, de la culpabilité de Dreyfus, j'écrivais dans le journal l'*Eclair*.

Il y a, de cela, tantôt cinq ans : je n'ai pas à y changer un mot.

Et même, l'intuition qui se dégage de certaines phrases m'a incitée à le choisir pour préambule à mes impressions d'aujourd'hui.

Que l'on excuse l'ironie survenue quant aux charges morales inhérentes au commandement : elle n'est point mon fait, mais l'œuvre des circonstances.

« L'oreiller a bougé, sur le visage de la vic-
» time... le règne du silence est clos.

Ayant écrit ceci, je devais écrire cela.

UN LACHE

S'il est vrai qu'un officier d'infanterie de ligne, en garnison à La Rochelle, ait, « passant son sabre par-dessus la tête d'un gendarme, frappé Dreyfus avec le pommeau, et lui ait fait une blessure d'où le sang jaillissait », si le fait est vrai, celui-là a commis une vile et déshonorante action.

Il n'y a pas à arguer de l'indignité du coupable : beaucoup, même des patriotes qui ont regretté qu'on ne le pût condamner à la peine de mort, auront le cœur serré de tristesse et soulevé de dégoût à l'idée qu'un officier de l'armée française ait pu s'oublier à ce point non seulement d'insulter, mais de frapper un prisonnier.

Justement parce qu'ils connaissent les lois de la guerre, parce qu'ils sont investis de droits exceptionnels, les chefs militaires sont astreints, bien autrement que le commun des mortels, au respect d'eux-mêmes et des nobles traditions, à des devoirs inhérents comme des charges à leurs privilèges — et les égalant.

Enfin, suivant l'essence même du principe d'autorité, toute ascendance hiérarchique suppose une supériorité morale, une suprématie, justifiant de la mission d'ordonner, envers ceux dont la tâche est d'obéir. Il faut plus d'expérience et plus de philosophie; plus de savoir et plus d'humanité; une psychologie supérieure même à la discipline; car, tout en la faisant strictement respecter, elle s'efforce d'en atténuer les rigueurs et d'en prévenir les effets. Eviter vaut mieux que réprimer... et celui-là seul est dans son rôle qui, avec le bâton de maréchal, porte, dans sa giberne, la charpie des bonnes paroles et le cordial du bon sourire.

Qu'est-ce que cela gâte, en tout cas ? Ni la bravoure, en temps de lutte; ni le mérite, en temps de paix. Être « le père du soldat, » c'est avoir de l'avance vers la victoire sur ceux qu'exècrent leurs troupes, et qu'elles suivent à la façon des chiens battus — sans entrain!

Or, si l'officier cesse d'être en exemple à ses hommes, il leur devient motif à scandale, à insubordination, et à mépris. Ce qui fait le plus de mal à l'armée, ce ne sont pas des attaques toujours excessives lorsqu'elles englobent une collectivité et prétendent tabler sur l'exception pour constituer la règle. Ce sont ces exceptions elles-mêmes, les pires ennemies, puisqu'elles motivent, provoquent, justifient l'agression.

Le règne du silence est clos. Tout se sait, tout se répète — même les plus hautes traîtrises... L' « étouffement » est devenu d'un usage difficile; toujours l'oreiller bouge sur le visage de Desdémone, et éveille l'attention. Quelque jaloux qu'on puisse être de la « respectabilité » nationale, l'honneur s'accommode mieux du grand jour et de la justice rendue au nom de tous, devant tous : la même publicité dont s'augmentent les exemplaires récompenses servant à l'aggravation des exemplaires châtiments.

Peu de choses donc échappent à l'œil du public. La presse, au moins, a cela de bon qu'elle est une vigie alerte; et que, si elle prévient quelquefois à tort, par compensation elle ne laisse guère rien échapper.

Ce n'est pas à une feuille de dénigrement systématique, c'est au contraire à un journal « bien pensant » au sens militaire du mot, à un journal patriote autorisé dans les casernes, au Petit Parisien pour tout dire, que j'ai emprunté les trois lignes guillemetées qui sont le début et le thème de cet article.

Qu'en auront pensé les soldats, dans les chambrées ? Surtout si quelque chef (humain, celui-là, et désireux d'éveiller la pensée sous le képi, le cœur sous l'uniforme) leur avait dit la veille, ou précisément leur dit le lendemain :

— Mes enfants, tout homme prisonnier et désarmé, quel qu'il soit, doit être sauf. Celui qui l'insulte est un voyou; celui qui le frappe est un lâche!

*
* *

Loin de moi la pensée d'assimiler Iscariote aux militants glorieusement vaincus sur les champs de bataille. Le traître est le rebut de l'humanité. Mais s'il se peut admettre qu'on le supprime, il est inadmissible qu'on le supplicie, après que ses pairs en ont décidé, qu'il a été rayé, en quelque sorte, du nombre des vivants. Sur la route du Champ-de-Mars au bagne nul n'a droit d'intervenir !

Surtout de cette façon. Et il est honteux que, même envers celui-là, l'autorité n'ait pas pris les mesures de défense qui lui incombent.

Ils sont toujours à prévoir, les crimes de foule, envers une proie si infâme qu'elle peut se la supposer, abandonnée, livrée sans merci ni vergogne — alors que la sainteté du principe domine l'abjection du prétexte !

Dreyfus n'est plus Dreyfus, ici : c'est un forçat, un parricide quelconque, qui, ayant subi une partie de sa peine, s'en va l'achever sous des cieux incléments ; ramer des pois chiches aux galères de la République, en cette Guyane, guillotine sèche, d'où bien peu sont revenus.

Alors, envers cet anonyme, ce spectre de honte, cet être qui, numéroté, n'est même plus un homme, mais un chiffre ayant cours seulement pour la comptabilité des chiourmes, toute violence devient odieuse.

Encore que ces exécutions sommaires (fussent-elles les représailles de la révolte) m'emplissent toujours d'un mortel effroi — car derrière le poing fanatique j'entrevois sans cesse la griffe lâche qui spécule sur l'anonymat pour esquiver la responsabilité — il est, aux multitudes, des atténuations toujours, et des excuses. L'ignorance engendre la brutalité, comme l'excès de misère enfante l'excès de haine... et étouffe la miséricorde aux cœurs les plus cléments.

La mère, la vieille artisane, pensant à son fieu, qui ramasse un caillou et en brise le carreau de la voiture où se blottit l' « autre »; le pioupiou d'un sou, l'ouvrier que la colère emporte, je ne les approuve pas, certes, mais je les comprends et les considère avec indulgence.

Aucune ne me vient pour l'officier instruit, éduqué, qui détache de son flanc un sabre destiné à d'autres usages et, à la faveur de la nuit, perdu dans la cohue, invisible et insaisissable, s'offre la dégradante joie de frapper le dégradé.

*
* *

D'ailleurs, ces actes — qui encourent tout de suite la réprobation des âmes fières — ne tardent point, par la réflexion, à rallier tous les dégoûts. On est de France, après tout ; quelque chevalerie subsiste, en dépit de l'internationale invasion des tripoteurs ; le peuple a de bon et beau sang dans les veines : on n'aime pas les lâches, chez nous !

C'est pourquoi l'initiative de cet officier est à ranger auprès du raffinement de cette mondaine qui, en 1871, dedans Versailles, avivait, du fer de son ombrelle, les plaies des captifs. Et aussi près l'élan généreux qui, le jour où Aubertin tira sur Jules Ferry, poussa un rédacteur parlementaire à s'approcher de l'agresseur désarmé, maintenu, à demi assommé par les clients de l'indemne victime, et à lui fendre l'arcade sourcilière d'un coup de poing sous lequel le sang gicla.

Noble courage ! Héroïsme facile et d'un rapport sûr — soit qu'on y ramasse quelque pourboire ; soit que s'y contente une haine de caste ; soit, simplement, que le fauve instinct de cruauté, réprimé par la civilisation apparente, y trouve satisfaction et délices.

Quoi que ce soit, c'est bien dégoûtant !

S.

Éclair, 24 janvier 1895.

AFFAIRE DREYFUS

SÉVERINE

VERS

LA LUMIÈRE...

IMPRESSIONS VÉCUES

PARIS
P.-V. STOCK, ÉDITEUR
(Ancienne Librairie TRESSE & STOCK)
8, 9, 10, 11, GALERIE DU THÉATRE-FRANÇAIS
PALAIS-ROYAL

1900
Tous droits réservés.

A la mémoire vénérée

de

SCHEURER-KESTNER.

LE PROCÈS D'ESTERHAZY

10-11 JANVIER 1898

LE PROCÈS DREYFUS-ESTERHAZY

―

I

Mon impression ? Elle sera nette.

Hier matin, je disais : « Rien ne me prouve que Dreyfus soit coupable — mais rien ne me prouve, non plus, qu'il soit innocent. » Hier soir, M° Labori, une dizaine de camarades (que je ne nomme point parce qu'appartenant à des journaux d'opinion contraire, où la constatation publique du fait leur pourrait nuire) et moi-même, sommes sortis de la salle d'audience absolument troublés;

inclinant bien davantage que précédemment à admettre qu'une erreur avait été commise.

Il faut avoir la vaillance de ses opinions, surtout quand elles sont dangereuses et vous exposent à l'injure. D'ailleurs, les gémonies me paraissent, en ce moment, sinon le dernier salon où l'on cause, du moins celui où l'on discute librement entre libres esprits. La compagnie y devient bonne... préférable en tout cas.

Et si la situation pécuniaire de la famille Dreyfus, son effort financier — très louable, droit et même devoir puisqu'il s'agit de réhabilitation et d'honneur — fait que l'on doit demeurer obstinément et farouchement éloigné d'elle ; il n'en est pas ainsi de M. Scheurer-Kestner.

Ce « vendu », ce « renégat », ce « Prussien », a traduit, en des mots d'une simplicité admirable, la genèse de sa conviction ; les hantises de sa conscience ; des états d'âme où se sont reflétées les angoisses éprouvées par beaucoup.

Vraiment, cette sorte d'examen psychologique, de confession publique, avait de la grandeur, une incontestable autorité, un rayonnement de force extraordinaire... Et je suis heureuse d'apporter, au vieillard tant abreuvé d'outrages, l'expression des sentiments de haute estime et de profond respect qu'il a su inspirer, hier, à une bonne partie de l'auditoire.

*
* *

Et l'affaire Esterhazy ?... C'est vrai, pourtant, qu'il y a une affaire Esterhazy ! Mais elle apparaît tellement le corollaire de l'autre, son annexe, sa dépendance, qu'en dépit de l'actualité elle se trouve de second plan.

C'est dans cette même petite salle, austère et nue, que fut jugé, voici trois ans, le capitaine Dreyfus.

Par cette même porte étroite que nous franchissons, en équerre avec le mur extérieur, dans l'angle inférieur et senestre, il pénétra. Par quelqu'une de ces quatre fenêtres, sur la gauche, à la troisième desquelles est adossée la tribune du Commissaire du gouvernement (faisant face à la sellette, surmontée de la tribune du défenseur, qui s'appuie au mur de droite), le regard de l'accusé plongea, se perdit, s'évada, dans les arbres du jardin. Et les yeux du condamné rencontrèrent ce même Christ, retour de Trianon après le procès

Bazaine, dont le vaste cadre surmonte et domine le tribunal.

Quatre becs de gaz crinolinés d'abat-jour en tôle peinte ; à mi-longueur de salle, un poêle à tuyau vertical, qui chauffe trop ; deux autres tuyaux, qui le flanquent, à distance, en colonnes montantes ; les sept fauteuils de velours des juges, sur l'estrade, derrière la table recouverte d'un tapis vert ; d'autres sièges, derrière, comme il est d'usage, pour des collègues ou des personnages d'importance ; une porte dans le fond, à gauche, dans l'axe de la porte d'entrée, accédant à la salle des délibérations ; en avant, en retour, après le carré du témoignage, des chaises, face au Conseil, où prennent place Me Labori et madame Dreyfus, Me Demange et M. Mathieu Dreyfus, parties civiles ; après, dans le même sens, les banquettes destinées aux témoins ; d'autres banquettes, où la place de chaque journal est marquée d'une étiquette bleue, pour la presse judiciaire ; la balustrade ; et des banquettes encore, où le public s'entasse — tel est le décor.

Soudain, il se garnit.

Voici le Commissaire du gouvernement ; le chef de bataillon en retraite, Hervieu, dont un aveu sans artifice, tout à l'heure, fera sourire ; dont l'insistance à contredire un témoin, bien plus tard, fera grogner.

Voici les arbitres : le général de Luxer, président, dont la correction est réellement impeccable; les colonels de Ramel et Bougon ; les lieutenants-colonels Marcy et Gaudelette ; les commandants Cardin et Rivals. Puis les juges suppléants : le colonel Bailloud ; le lieutenant-colonel Paquin ; le chef de bataillon Rapine du Nauzet de Sainte-Marie.

Voici le défenseur : Me Tézenas, dont la nerveuse silhouette, dans la robe noire épaulée d'hermine, se détache en valeur sur le mur gris ; ses secrétaires, Mes Jeanmaire et Brun.

Voici l'accusé : Marie-Charles-Ferdinand Walsin-Esterhazy.

*
* *

Une physionomie étrange, pas laide, pire peut-être, de condottiere florentin. Un animal de proie, à coup sûr ; une tête d'oiseau, au grand nez en bec, aux cheveux courts et plats ramenés en avant, à l'ossature saillante — l'œil embusqué profondément dans l'orbite, sous l'auvent d'épais sourcils.

Il n'est pas grand, cet œil, sans éclat et sans expression ; mais d'une vivacité de mouvement tout à fait bizarre. Il va, vient, furette sans cesse, aux aguets sous la paupière baissée, ou comme tapi derrière les cils, inquiet, au sens nerveux du mot.

Il correspond assez exactement aux brisures de la voix, hachée menue, avec des inflexions volontairement persuasives — et inattendues !

Car ni le regard, ni l'accent, ne s'accordent avec l'allure extérieure. Entre ceux-là et celle-ci, quelque chose détonne, déconcerte. On souhaiterait de la brusquerie, presque de la brutalité... et l'on ne rencontre qu'une particulière élégance, des colères à blanc, des indignations à froid.

Cependant, on devine que l'homme est un violent ?...

Je ne mets en ceci nulle perfidie : il serait inutile d'en chercher. Je rencontre une énigme vivante, je l'étudie : voilà tout.

Sec comme un coup de trique, la moustache trop noire pour la tonalité générale du visage, deux grosses bagues à la main droite, M. Esterhazy apparaît bien d'origine étrangère ; d'une race qu'a naturalisée une notoire et héréditaire bravoure ; pas déplaisant, mais venant de plus loin encore que Florence : de la *puzta*, de l'Orient des cimeterres, des sacs cousus sans plus de façons, et du mauvais café.

Avec cela, d'une intelligence peut-être encore supérieure à ce que l'on s'imagine ; habitué aux difficultés ; se plaisant aux complications, très souple et très délié — une lame de dague dans un fourreau de sabre !

Il écoute sans broncher, presque un sourire à fleur de lèvres, la lecture de l'ordre de mise en jugement, dont les deux attendus (après constat que rapporteur et commissaire inclinaient et concluaient au non-lieu) font grand honneur aux intentions de M. le général Saussier.

« Attendu néanmoins que l'instruction n'a pas produit, sur tous les points, *une lumière suffisante* pour proclamer, en toute connaissance de cause, la non-culpabilité de l'inculpé ;
» Attendu, en outre, qu'en raison de la netteté et de la publicité de l'accusation et de l'émotion qu'elle a occasionnée dans l'opinion publique, il importe qu'il soit procédé à *des débats contradictoires*, etc. »

Il écoute, avec la même expression indéfinissable, les éloquents et brefs plaidoyers de

Mes Labori et Demange ; le dépôt de leurs conclusions, tendant à ce que madame Alfred Dreyfus et M. Mathieu Dreyfus soient admis comme parties plaignantes, tout au moins autorisés, assistés de leurs défenseurs, à suivre les débats, à y participer ; l'opposition formulée par le commissaire du gouvernement, puis par Me Tézenas — pourquoi, puisque la lumière, souhaitée de tous, dit-on, ne peut que jaillir plus sûre du choc des intérêts ? — et le rejet, par le Conseil, après délibération, de la requête présentée par les deux avocats.

La formalité à accomplir, maintenant, est l'appel des témoins. Et M. le commandant Hervieu a cette phrase délicieuse, quant à ses espoirs de huis-clos :

— Ce n'est peut-être pas la peine de faire double dérangement. On fera sortir les témoins EN MÊME TEMPS QUE LE PUBLIC.

Quelques symptômes de gaieté se manifestent dans l'auditoire, devant cette candeur chevronnée « qui ne nous l'envoie pas dire » ! Même, de vagues éclairs de malice balafrent les sévères visages des juges.

Et l'on procède quand même à l'appel des témoins, dont voici la liste :

Mathieu Dreyfus.
Scheurer-Kestner.
Mᵉ Leblois (a écrit qu'appelé à Strasbourg pour la mort de son père, il sera de retour mardi à deux heures).
Autant père.
Autant fils.
Stock, éditeur.
Mᵐᵉ Pays.
Weil.
Féret, directeur de l'Agence postale du passage de l'Opéra.
Lieutenant-colonel Picquart.
Commandant Curé.
Lieutenant-colonel Henry.
Commandant Lauth.
Gribelin, archiviste.
Bertillon, directeur du service anthropométrique.
Mulot.
Général Gonse, sous-chef de l'État-Major général.
Commandant du Paty de Clam.
Lieutenant Bernheim.
Capitaine Junck.
Capitaine Valdant.
Belhomme, expert en écritures.
Varinard, expert en écritures.
Couard, expert en écritures.
Hote, expert chimiste.
Commandant Bergouignan.

Un vif mouvement de curiosité se manifeste sur le nom du lieutenant-colonel Picquart. Hé ! quoi, c'était cet officier de turcos, là, à gauche, d'aspect résolu et droit, le regard net, l'allure d'un jeune sous-lieutenant ?

Tous sortent. M. le Commissaire du gouvernement réclame le huis-clos.

* * *

Une heure quinze d'attente — la chose se discute ferme — rentrée du Conseil ; décision : huis-clos partiel.

C'est toujours ça !

Et le commandant Hervieu donne lecture de l'acte d'accusation contre le lieutenant-colonel Picquart, intitulé « Rapport » par M. le commandant Ravary.

Il n'y est rien dit de bien neuf que le public ne connaisse déjà, sinon que ce fut la saisie, par le lieutenant-colonel Picquart, d'une lettre-télégramme, adressée à M. Esterhazy, signée C., et de provenance étrangère, qui éveilla son attention et détermina son enquête. La correspondance fut saisie, le bordereau fut examiné, comparé ; la conviction de M. Picquart se forma, inébranlable.

Mais il eut de l'initiative ; garda un mois par devers lui, pour ne tenter d'édifier ses chefs qu'après s'être édifié soi-même, le document initial par lui découvert ; osa dire, mis en disgrâce pour avoir cherché la vérité : « Ah ! ils ne veulent pas marcher là-haut ! On les y forcera bien ! »

Ce qui est un cas pendable...

Le rapport s'occupe aussi de la « Dame voilée » et des quatre entrevues, tantôt à l'Esplanade des Invalides, tantôt au Sacré-Cœur, tantôt à Montsouris, qu'elle eut avec le commandant Esterhazy — la Dame voilée, si distinguée, qui disait, lui remettant un document : « Servez-vous-en SI LE TORCHON BRULE ! »

Et, après une courte suspension, l'audience reprend, par l'interrogatoire de l'accusé.

Ce qu'il dit? Pas grand'chose : il nie tout ; raconte à nouveau l'aventure de la Dame voilée, cartes signées *Speranza*, rendez-vous mystérieux ; déclare qu'il est étranger au bordereau, qu'on a abusé du nom d'un officier pour se procurer de son écriture ; que les allégations du document ne peuvent se rapporter à lui ; affirme qu'il n'a pas changé sa « main » après publication du fac-similé du *Matin*.

Il soutient encore que, quoi qu'on ait prétendu, l'idée de se tuer ne lui vint jamais ; s'exprime avec véhémence quant à ce qu'il appelle les « cambriolages » du lieutenant-colonel Picquart.

Mais, puisqu'il n'en savait pas la cause, n'était retenu par aucune considération professionnelle, accusait les domestiques, pourquoi lui, partisan de l'autorité, devant ces faits inexplicables, ne s'adressait-il pas, tout uniment, au commissaire de police ?...

Personne ne songe à lui poser la question ; et le président, sur sa demande, donne lecture de ses notes d'inspection générale, lesquelles, professionnellement fort élogieuses, le représentent comme un parfait militaire.

*
* *

M. Mathieu Dreyfus prête serment. C'est un homme jeune, grand, mince, de noir vêtu.

Sa voix un peu sourde, comme brisée, est cependant distincte. Il réfute l'argument de la défense, quant au décalque d'écriture d'Esterhazy, ayant servi à Dreyfus pour le bordereau. Un tel acte n'eût été commis qu'aux fins de préparer un alibi, de compromettre un tiers ; et plutôt que d'objecter seulement : « Ce n'est pas moi l'auteur, » son frère eût dit : « C'est Esterhazy, l'auteur ».

Il rappelle toutes les concordances pouvant exister (départ aux manœuvres, etc.) entre l'accusé et celui qui traça le bordereau. Il invoque, non pas seulement la similitude, mais l'identité absolue des caractères, entre l'écriture du commandant et celle du bordereau ; il insiste sur les profondes, diverses et vérifiables modifications qu'Esterhazy apporta à son mode d'écrire, au lendemain de la publication du *Matin* ; il oppose à la controverse orthographique portant sur le mot « uhlan » (que l'accusé prétend n'avoir jamais tracé qu'à la hongroise « hulan ») l'accusé lui-même, en une lettre saisie chez M. Hortat-Jacob, avoué, où il disait, parlant de ses créanciers : « Ces canailles auraient besoin de la lance d'un *uh*lan prussien, pour leur apprendre à traiter ainsi un officier français. »

Quant aux extrémités auxquelles en était réduit M. Esterhazy, acculé au suicide et y songeant, une autre lettre figure au dossier qui l'établit, une lettre de 1894.

Ici, un incident se produit :

— C'est faux ! interrompt l'accusé. Elle est de 1895.

Impassible, M. Mathieu Dreyfus sollicite production et lecture de la pièce, du passage visé, tout au moins.

Et le général de Luxer lit :

« ..... en décembre 1893, il y a sept mois, etc. »

La cause est donc entendue.

Mais on a agacé la défense. Avec son habileté ordinaire, ce talent de stratégie qui lui est particulier et caractéristique, M° Tézenas tend un piège au témoin — qui y donne tête baissée, volontairement, et de bien émouvante façon !

Le subtil avocat a tiré de sa serviette le fac-similé comparatif de lignes entremêlées, que, par la poste, tout le monde a reçu. C'est, je crois, le document qui fera le plus, dans l'opinion, pour stimuler le doute, quant au cas du capitaine Dreyfus.

M° Tézenas stigmatise cette propagande « effrénée », interpelle le frère du condamné sur ce qu'elle a pu lui coûter.

— On parle de trois cent mille francs...
Ah ! bien, ce n'est toujours pas six millions !
— C'est mon affaire ! riposte vivement Mathieu Dreyfus.
— Vous avez le droit de défendre votre frère ici, mais pas ailleurs ! réplique Mᵉ Tézenas.

Et l'homme en deuil, soulevé par sa passion fraternelle, de crier :
— Je le défends partout !

***

J'ai dit, plus haut, l'impression produite par la déposition de M. Scheurer-Kestner. J'ai donc peu à y revenir.

Il a dit de quelle façon, comme tout le monde il croyait à la culpabilité du capitaine Dreyfus, comment il éconduisit, avec pitié, sur le conseil de MM. Billot et Freycinet, le frère du condamné venu à lui, en tant que compatriote, au cours de l'an 1895 ; comment, d'entendre exprimer l'angoisse des Alsaciens-Lorrains, il fut amené à la vouloir résoudre ; comment la publication du bordereau le conduisit à désirer reprendre, pour son compte, l'expertise graphologique envers Dreyfus ;

comment il fut averti que le service d'état-major était sur la piste d'Esterhazy, eut communication des lettres du général Gonse au lieutenant-colonel Picquart ; comment il compara, à son tour, avec le bordereau, l'écriture d'Esterhazy, acquit la conviction de l'identité des caractères ; comment il reçut alors Mathieu Dreyfus, avertit le gouvernement — et marcha !

Après, les dépositions ont eu moins d'importance.

On a entendu M. Autant père qui, confronté avec madame Pays, maîtresse d'Esterhazy et locataire de l'immeuble dont lui est gérant (au sujet d'un transfert de bail à son nom qu'elle souhaitait immédiat, craignant le suicide du commandant) et en désaccord avec elle, a riposté au commissaire du gouvernement l'incriminant de malveillance :

— Parce que je dis la vérité ? Mais je suis aussi susceptible d'être cru que madame !

On a entendu M. Autant fils, qui a communiqué à M. Stock une lettre de M. Esterhazy ; M. Stock, qui a remis ladite à M. Bernard Lazare, pour le général de Pellieux.

On a négligé de convoquer M. Bernard Lazare,

qui l'aurait remise à M. Mathieu Dreyfus. Cette omission est regrettable.

On a, enfin, entendu le capitaine Weil, chargé par M. Esterhazy de contracter des emprunts chez les grands Juifs.

M. Mathieu Dreyfus avait déjà dit quelques mots de ces appels de fonds auxquels répondirent des souscriptions variant entre vingt et mille francs. Une lettre à ces fins, adressée par l'accusé au capitaine Weil, fut transmise, du consentement de M. Esterhazy, à M. Zadoc-Kahn, grand rabbin de France, pour s'en servir auprès de madame Furtado-Heine. Celle-ci mourut. La lettre resta en souffrance, aux mains de l'intermédiaire, qui la remit récemment à M. Mathieu Dreyfus.

C'est celle où est précisée la situation financière du commandant en 1894, et citée plus haut.

M. Féret, directeur d'une agence postale, vient témoigner que la lettre de menaces par lui expédiée à Lyon pour revenir à M. Hadamard, beau-père d'Alfred Dreyfus, ne lui fut pas remise par Esterhazy, mais par deux individus dont l'un, hydrocéphale, avait une moustache blonde.

Et le huis-clos est prononcé — parce que le lieutenant-colonel Picquart va parler.

Nous le croisons dans l'antichambre. Il se dirige vers l'audience comme on marche à l'assaut, le pas sonore, le regard fixe, le menton contracté.

Celui-là est un homme. Rappelez-vous ce que je dis aujourd'hui ; je suis un peu sorcière à mes heures. Il a le Signe : vous verrez ce que l'avenir fera de lui !

II

Un mur derrière lequel il se passe quelque chose et devant lequel circulent une cinquantaine de personnes, harcelées par les agents.

Dans le tas, la presse judiciaire au grand complet, et en l'oubli de l'ordre du gouverneur de Paris, ainsi conçu :

GOUVERNEMENT M^{re} DE PARIS

ÉTAT-MAJOR

BUREAU
de la Justice militaire.
N° 1233 P.

OBJET :
au sujet de l'affectation d'un local spécial aux membres de la presse à l'hôtel des Conseils de guerre.

Paris, le 30 mars 1895.

A M. Bergougnan, Président de l'Association de la Presse Judiciaire Parisienne, 33, rue de Constantinople, Paris.

Monsieur,

En réponse à votre lettre du 25 mars courant, j'ai

l'honneur de vous faire connaître que je viens de donner des ordres pour qu'une salle spéciale de l'Hôtel où siègent les Conseils de Guerre soit mise à la disposition des membres de la presse, dans les cas exceptionnels où, le huis-clos étant ordonné, l'accès de la salle d'audience serait interdit au public.

Veuillez recevoir l'assurance de ma considération la plus distinguée.

Général Saussier.

Aussi en rappelle-t-on le texte, par dépêche recommandée, à M. le général de Luxer, qui le doit ignorer, car aussitôt, la salle de réception, en bas, est attribuée à la presse judiciaire.

Mais là-haut, que se passe-t-il?

La curiosité demeure tiède. Car la mollesse prudente de l'enquête, si anxieuse de n'aller pas trop loin ; la rédaction du rapport Ravary, visant uniquement le lieutenant-colonel Picquart ; l'agacement du Commissaire du gouvernement (représentant l'accusation) contre les témoins trop à charge — et le huis-clos partiel ! — nous ont édifiés, d'avance, sur le résultat.

L'accusé aussi. Il se sent du côté du manche, couvert par la « chose jugée ». C'est ce qui bannit toute émotion du débat ; retire à l'homme le bénéfice de sympathie qui s'attache, d'ordinaire, à la situation.

On n'est pas inquiet pour lui : il n'est pas inquiet pour soi-même. Sept magistrats de bonne foi, évoluant dans le vide, accomplissent, à leur insu, un simulacre.

*
* *

Nous en sommes si parfaitement sûrs, que nous copions, des heures avant que le verdict soit rendu, la formule d'acquittement.

Parfois, la porte s'ouvre : un camarade, arrivant du dehors, apporte quelque écho, quelque nouvelle.

Ainsi, nous apprenons que le lieutenant-colonel Picquart et le lieutenant-colonel Henry, confrontés, auraient eu ensemble, dans le prétoire, une discussion, presque une altercation, des plus violentes ; qu'un des déposants civils s'est vu littéralement réduire au silence, par le Commissaire du gouvernement...

Puis, qu'il y a, extérieurement, ainsi que nous

l'avons pu constater, jusqu'à sept heures environ, quatre pelés et un tondu — soit une cinquantaine de personnes, dont quarante reporters ; et autant de gardiens de la paix.

La consigne est stricte : il faut montrer le carnet de l'Association de la presse judiciaire pour franchir le seuil de la cour.

Mais vers huit heures, elle se relâche ; tandis que M⁰ Tézenas prononce, à ce qu'on chuchote, une remarquable plaidoirie. Faut-il qu'il soit riche en éloquence, tout de même, pour la prodiguer ainsi, sans but ; et entrer en coquetterie avec une porte ouverte !

Soudain, on laisse monter ; comme dans la rue, on laisse stationner. Simultanément, dehors, des groupes s'organisent, en vue de la petite ovation aussi improvisée qu'imprévue : dedans, on gravit en tumulte le large escalier de pierre à rampe forgée.

Nous revoici dans la salle du Conseil, dont les membres sont debout, là-bas, au fond, sur l'estrade.

Et M. le général de Luxer lit :

Au nom du peuple français,

Aujourd'hui 11 janvier 1898, le premier conseil de guerre du gouvernement militaire de Paris, délibérant à huis clos, le Président a posé la question suivante :

« Le nommé Walsin-Esterhazy (Marie-Charles-Ferdinand) est-il coupable d'avoir pratiqué des machinations ou entretenu des intelligences avec une puissance étrangère ou avec ses agents, pour les engager à entreprendre la guerre avec la France ou pour leur en procurer les moyens ; crime prévu et puni par les articles 2 et 76 du Code pénal, et 189, 267 et 202 du Code de justice militaire, l'article 7 de la loi du 8 octobre 1830, l'article 5 de la Constitution du 4 novembre 1847, l'article 1er de la loi du 8 juillet 1850 ? »

Les voix recueillies séparément et commençant par le grade inférieur, le président ayant émis son opinion le dernier, le conseil de guerre déclare :

« A l'unanimité, Walsin-Esterhazy n'est pas coupable. »

En conséquence, le Conseil acquitte le nommé Walsin-Esterhazy, sus-qualifié, de l'accusation portée contre lui, et le président ordonne qu'il soit mis en liberté s'il n'est retenu pour autre cause.

Enjoint au commissaire du gouvernement de faire donner immédiatement en sa présence lecture du présent jugement à l'acquitté, devant la garde assemblée sous les armes.

***

Et voilà : nous n'avons pas une syllabe à changer à notre petit papier.

Tant mieux ! L'acquittement, quel que soit l'accusé, est toujours préférable. Mais, triomphant par ricochet, bénéficiant moins des tendresses qu'il inspire que des haines attachées à un autre, M. Esterhazy eût peut-être mieux fait, en demandant une voiture comme il est d'usage, de ne pas aller à pied s'offrir à des enthousiasmes sur la sincérité desquels il ne peut se méprendre.

Deux pas plus loin, un confrère m'interpelle :

— Eh ! bien, vous savez ? On vient d'arrêter madame Jouffroy d'Abbans, celle qui connaissait le nom de la « Dame voilée », celle qui a déposé devant le commandant Ravary ! Ça recommence !

... On s'y attendait bien.

AUTOUR DE L'ÉNIGME

AUTOUR DE L'ÉNIGME

14 janvier 1898.

J'en puis parler sans haine et sans crainte : sans haine, parce que je n'y apporte nul parti pris — pas assez sûre du fait pour me ranger résolument, et quoi qu'il en doive arriver, parmi les « tenants » de l'innocence ; trop indépendante, trop éprise de vérité et trop anxieuse de justice, pour admettre à l'aveuglette, sans examen, sans discussion, le *credo* que, par la terreur, on nous prétend imposer — sans crainte, parce que l'outrance de certaines épreuves a cela de bon qu'elle insensibilise, et qu'il en est de moi, désormais, vis-à-vis de l'injure, comme de Mithridate envers le poison. J'en ai trop pris : l'effet est nul !

Car on en est là : que dire sa pensée, quelles que soient la modération du fait et la courtoisie de la forme, constitue un péril ; expose à l'attentat des mains pleines de cailloux et pleines d'immondices.

Mais peut-être, précisément, cet excès de violence a-t-il été maladresse. Si l'on en a obtenu le silence des âmes faibles ou timides, il était à croire que des esprits plus robustes, mieux trempés, souffriraient impatiemment telle brimade, telle atteinte au droit individuel ; qu'ils ne résisteraient pas à la tentation de relever le défi, et à l'attrait même du danger, si parfaitement impérieux et séducteur.

La popularité n'est pour plaire, aux consciences hautaines, que si elle escorte quelque acte particulier de courage ou de justice ; que si elle y accède, en un bel élan d'intuition et de ferveur. Mais ramassée dans l'erreur ou l'abus, obtenue, non conquise, en développant, en flattant la vulgarité du populaire — qui n'est pas le peuple — elle demeure négligeable, elle reste dédaignée aux êtres probes, aux êtres fiers.

Une « élite » ? Que non pas. Le mot est prétentieux, la chose est ridicule : mais cette compensation au nombre, cette loi inéluctable qui, presque toujours, range le droit et la raison du côté des minorités.

Il faut savoir en être, il faut vouloir en être, obstinément, farouchement ! En raison de ce principe que le pouvoir et la force enfantant, fatalement l'arbitraire ; ne sauraient s'exercer sans dommage à la liberté d'autrui.

D'ailleurs, ceci ne se raisonne guère : c'est question de tempérament. Dès les premiers pas, en quelque sorte, chacun marque sa tendance, et sous quel signe il est né. On distingue, très aisément, les disciplinés des réfractaires, et celui qui serait tyran de celui qui sera insurgé.

La querelle présente n'est pas à diviser autrement : autoritaires, libertaires ; ceux-là, épileptiquement, s'acharnant à museler ceux-ci.

Et Dreyfus n'est qu'un prétexte au grand combat des idées.

*
* *

Qui s'en occupait jadis ? Sa famille, bien entendu ; quelques compatriotes d'Alsace (on se rappelle, à ce propos, dans le *Journal*, en novembre dernier, la très curieuse enquête sur place de M. Ranson) ; quelques coreligionnaires — et, sur la foi de Mᵉ Demange et le récit de Bernard Lazare, quelques personnes préoccupées des irrégularités de procédure.

Plusieurs de celles-là ne concluaient aucunement de façon péremptoire à l'innocence ; ne disaient pas : « Il a été jugé injustement » ; disaient seulement : « Il a été mal jugé », au sens juridique du terme.

Ces excentriques, ces malintentionnés, pensaient que le fait, aux humains, de s'arroger la prérogative d'apprécier l'action et la mentalité d'un semblable ; de le faire comparaître devant leur faillibilité réunie ; de le frapper d'une quelconque peine, n'avait pour contre poids, pour excuse, pour garantie, que la stricte observance, le respect exagéré de la formule, du cérémonial.

Or, toutes les règles, en ce procès, avaient été transgressées : cela est indéniable. A ceux, fort rares, qui, sur le moment, en avaient fait l'inquiète remarque, on avait objecté le souci de la sécurité nationale, la peur de l'Allemagne, et la raison d'État.

C'étaient des arguments estimés sans réplique ; mais d'un emploi vraiment trop commode pour qu'il fût interdit de les raisonner.

La raison d'État ? Mais l'on se trouvait en l'an XXIII de la troisième République ; et les jeunes générations étaient tout imprégnées, toutes tièdes encore de l'enseignement républicain. Dans les écoles, on leur avait ressassé que la raison d'État était un crime MONARCHIQUE, et que la monarchie en avait péri. On avait fait frissonner les mioches, en leur contant le supplice des Templiers, les forfaits de Louis XI, les barbaries de l'Inquisition, les férocités du duc d'Albe, les implacabilités de Richelieu — et la Saint-Barthélemy, et les Dragonnades ! On les avait fait pleurer sur La Ballue, le Masque de fer, Latude, le duc d'Enghien assassiné, Joséphine répudiée, Ney, Labédoyère fusillés... Qu'allait-on parler, en République, de raison d'État ?

La peur de l'Allemagne ? Mais elle juge ses espions sans avoir peur de nous. Il est visible, heureusement, que pas plus en deçà qu'au delà on ne tient à la guerre. Le chauvinisme ne serait pas permis là-bas : il serait jugé dangereux pour la paix du monde, et tôt réprimé.

La sécurité nationale ? Mais depuis un quart de siècle qu'on réparait, qu'on préparait, à renforts d'impôts écrasants, à coups de milliards, n'était-elle donc pas assurée ?

Les trois prétextes, à les bien examiner, n'étaient que prétextes. Et la conviction s'ancra, gagna, fit tache d'huile, qu' « il y avait autre chose » ; que des procédés d'une incorrection inouïe, que des subterfuges lamentables, avaient été employés, pour acquérir, ou pour « formuler », la preuve sans laquelle présomptions ou indices demeuraient lettres mortes ; sans laquelle les membres du Conseil de guerre, hors d'état de baser l'accusation, n'auraient pu, ni voulu se prononcer.

Innocent, pas innocent, on n'en savait rien. On ne protestait que contre la violation des règles en usage à l'égard d'un accusé — quel qu'il soit !

*
* *

Les ans s'écoulèrent. La famille Dreyfus, comme c'est son droit, comme c'est son devoir, cherchait tout ce qui pouvait innocenter le frère, le mari, le père, qu'elle croyait, qu'elle croit innocent.

Car on s'est apitoyé, avec raison, sur les fillettes

de M. Esterhazy, mis en cause tout un trimestre ; et les mêmes n'ont pas songé une minute aux enfants de M. Dreyfus, écrasés, depuis trois ans, sous la paternelle honte — et point davantage coupables !

Si arriérée que je puisse être, je ne sache pas qu'après la raison d'État, on en vienne à reculer jusqu'à l'hérédité du châtiment ?

Je puis parler de ces choses à l'aise, ayant alors commis la cruauté prudente de ne pas recevoir madame Dreyfus, comme je la commettrais encore peut-être. Il y avait, il y a, trop d'argent dans leur maison.

Mais femme, mère, je la plaignais comme je la plains, et compris son effort en faveur de l'absent.

Un autre effort, parallèle, se devait accomplir à son insu : celui de M. le lieutenant-colonel Picquart, qui, directeur des renseignements au Ministère de la Guerre, tombé sur une piste qui lui paraissait sérieuse, eût manqué à son rôle, à ses obligations professionnelles, s'il ne l'eût suivie avec acharnement.

M. du Paty de Clam a, je pense, quelque peu aussi outrepassé les pouvoirs discrétionnaires de l'instructeur, sur le détenu remis à ses soins. Seulement, ce prévenu a été condamné. C'était donc bien. Le suspect de M. le lieutenant-colonel Picquart a été acquitté. C'était donc mal. Il n'est pas d'autre différence.

Vers le même temps, M. Scheurer-Kestner — dont l'attention avait été attirée sur l'affaire par les doutes qu'émettaient constamment ses compatriotes d'Alsace — M. Scheurer-Kestner, lui aussi, se mettait en demeure d'étudier, et, si possible, de déchiffrer l'énigme.

Par des voies différentes, ces trois hommes : M. Mathieu Dreyfus, M. le lieutenant-colonel Picquart, M. le sénateur Scheurer-Kestner, aboutirent au carrefour où ils devaient se rencontrer.

Qu'y avait-il, à ce carrefour ?

Le BORDEREAU.

* *

On nous a dit que les experts en écritures avaient déclaré que le bordereau n'était point de M. Esterhazy. Je veux bien admettre que telle a été leur déclaration, quoique rien ne le prouve, puisqu'il y avait le huis-clos et qu'on nous a tenus éloignés même de cette sorte de témoignages sans dangers apparents pour la tranquillité de l'Europe.

Mais j'ajoute vite que, les eussé-je entendus, je n'en serais pas davantage confiante en un art qui, quelle que soit la branche traitée, m'apparaît plein d'illogismes, d'inconséquences, et de déceptions.

Je me rappelle qu'en toxicologie, M. Bergeron obtint à tort la tête du malheureux herboriste Moreau ; que dans l'affaire Druaux, que dans l'affaire Cauvin, que dans toutes les erreurs judiciaires les plus notoires, les experts, avec un touchant ensemble, et sans doute une excessive bonne foi, déposèrent dans le sens où les poussait le juge : à contre-vérité.

Je me souviens aussi du procès légendaire où « l'homme de science » déclara que le corps du document soumis à ses lumières n'était certainement pas de l'inculpé, mais que les inscriptions marginales, non moins certainement, étaient de sa main.

Or, ELLES ÉTAIENT DU PRESIDENT : c'était lui qui avait annoté le dossier !

Je demeure donc incrédule. Mais si, respectueuse de la chose jugée, je n'affirme pas que le bordereau *soit* de M. Esterhazy, je puis dire que ma conviction, résultat non pas d'une impression, mais d'une étude, que ma conviction absolue, invincible, inébranlable — on est libre là-dessus, n'est-ce pas? — le lui attribue.

Traître, alors? Non, du tout. Serviteur précieux, au contraire, méritant d'être, par la suite, ménagé et sauvegardé.

Ce n'est qu'une hypothèse, mais étudions-la. Je vous assure qu'elle en vaut la peine.

M. Dreyfus est au ministère de la guerre. Il est « arrivé » jeune ; il est riche, il est juif. Avec cela, tel qu'on nous l'a dépeint, plus porté à avoir les défauts que les qualités de sa race : il est rêche, revêche, hautain, ambitieux, peut-être intrigant. Vous voyez que je ne flatte pas le portrait.

Il est envié, il est exécré. Quelque sectarisme se mêle aux compétitions d'intérêt, aux questions de boutique. Il est en butte à des haines meurtrières — des haines à la mode de Montjuich !

Or, il y a des « fuites » ; comme il y en a encore, comme il y en a toujours ! L'ennemi soupçonne l'ennemi : s'attelle à sa perte, la désire et la poursuit, d'un esprit prévenu. Le soupçon s'envenime ; on recueille des indices, des présomptions... Dreyfus est-il coupable, est-il imprudent, est-il innocent? Je n'en sais rien.

Mais innocent, imprudent ou coupable, la preuve

manque, qui permettra de le déférer à la justice militaire. Qui prouve que, dans une croyance sincère, pour raison d'État, pour sauver la patrie, en garantir celui que l'on supposait traître, et le pouvoir châtier, on n'ait pas demandé une preuve tangible *à l'officier dont l'écriture ressemblait le plus à la sienne ?*

Roman ? Pas plus que le reste. Les huis-clos ont ceci de périlleux qu'ils autorisent toutes les suppositions.

Le Conseil de guerre, en son âme et conscience, juge d'après le bordereau. Car, de pièce secrète on nous affirme qu'il n'y en eut pas.

Comme M. de Cassagnac, j'estime, d'ailleurs, que la production, au seul tribunal, d'un document non communiqué à l'intéressé et à la défense, suffirait, constituant une monstrueuse dérogation, pour infirmer le verdict.

Et Dreyfus part à l'île du Diable, innocent ou coupable — ainsi jugé.

*
* *

Que devaient penser, devant le bordereau d'une si « effrayante » ressemblance avec l'écriture de M. Esterhazy, les trois chercheurs de pistes :

M. Mathieu Dreyfus, M. Picquart, M. Scheurer-Kestner ?... Exactement, ce que je pense moi-même et que j'ai formulé tout à l'heure.

Mais comme ils n'avaient pas envisagé la semblable hypothèse, comme le point de départ était différent, ils en devaient conclure que, puisqu'il y avait trahison, le traître ne pouvait être que l'auteur du bordereau.

On l'eût pensé à moins — devant les faits surtout : la disgrâce infligée au colonel Picquart, trop zélé à découvrir ce qu'il importait de cacher; l'attitude de chefs d'abord tout feu tout flammes, ensuite infiniment réservés; la protection évidente accordée à M. Esterhazy, libre jusqu'au dernier jour, à même de se concerter; la composition de l'auditoire, au deuxième conseil de guerre, trié sur le volet de la presse auxiliaire; le néant de l'enquête, le huis-clos partiel, l'évidente crainte du moindre incident susceptible d'amener le scandale d'une lumière nouvelle !

Est-ce à dire que les juges de l'autre jour ont jugé de parti-pris, ou par ordre? Je ne le crois pas, je ne veux pas le croire. Ils ont jugé SUR CE QU'ON LEUR A DONNÉ A JUGER — c'est-à-dire le vent, le vide, rien, rien, rien !

Ajoutez à cela ce qui est fatal : l'esprit de hiérarchie et de discipline inhérent à l'uniforme, au métier de soldat ; l'impossibilité, pour des cerveaux moulés dans le cuir ou l'acier, d'admettre que des collègues, que des prédécesseurs, aient pu se tromper ; l'épouvante à songer ce que la découverte d'une telle erreur amènerait d'effondrement dans le prestige militaire... et l'on comprendra l'exécution passive d'une tâche déjà pesante, l'effroi d'en trouver plus qu'on n'en avait donné.

*
* *

Il ne me reste qu'un mot à ajouter, à répéter plutôt, car je l'ai déjà dit ici.

Avant l'affaire Esterhazy, lorsqu'on me parlait de l'affaire Dreyfus, je répondais invariablement : « On ne m'a fourni jusqu'ici aucune preuve de l'innocence du condamné ; mais on ne m'a fourni, non plus, étant donnée la façon dont il a été jugé, aucune preuve du contraire. Je suis incertaine... »

Depuis — et surtout après la séance publique du Cherche-Midi — l'évidente préoccupation d'étrangler, d'étouffer le débat ; la tactique suivie, la campagne menée ; le tumulte organisé ; l'entente à intimider ou bâillonner qui se permet seulement le doute, ont déterminé en moi l'inévitable réaction.

Dans cette tourmente d'injures, je viens de la traduire sans injurier personne. J'ai parlé, je crois, avec calme.

Et je ne suis pas seule à penser ainsi : nous sommes quelques-uns (y compris le bon peuple, qu'on pousse à s'agiter et qui demeure bien tranquille) qui, sans être des « espions », des « traîtres », des « vendus », tournons autour de l'énigme, qui voulons la vérité... et qui l'aurons !

L'ACCUSÉ

L'ACCUSÉ

> Se sentir la continuelle et irrésistible nécessité de crier tout haut ce qu'on pense, surtout lorsqu'on est seul à le penser et quitte à gâter les joies de sa vie, voilà quelle a été ma passion ; j'en suis tout ensanglanté, mais je l'aime, et si je vaux quelque chose, c'est par elle, par elle seule.
>
> <div align="right">ÉMILE ZOLA.
(<i>Une campagne, 1882.</i>)</div>

L'homme est devant moi, dans sa maison — cette maison que l'on prit tant de soin de désigner aux fureurs : spécifiant le numéro, joignant le dessin au texte, indiquant les aîtres, et le plus court chemin pour parvenir aux appartements, et y accomplir, sans doute, la besogne inspirée...

Le logis est beau, parce que spacieux et meublé de reliques. S'il y est du luxe, c'est du luxe d'art, donc qui ne me choque point, inaccessible qu'il demeure aux vulgaires et aux « mufles », aux pauvres d'esprit qui n'ont que de l'argent.

Et puis si, peu à peu, dans l'ambiance commune, sous la patine des ans, tout s'est harmonisé, on sent bien que le nid n'en fut pas moins construit brin à brin ; que ces choses belles ou rares, anciennes pour la plupart, ne sont pas legs, d'un bloc, n'entouraient pas le très modeste berceau où naquit le petit employé de chez Hachette.

C'est au fur et à mesure que le succès se dessinait, c'est au cours des voyages, c'est après chaque triomphe, qu'on acquérait, de ci de là, quelqu'une de ces merveilles, sans valeur intrinsèque, et inestimables, artistiquement, aux yeux des collectionneurs.

Mais chacun de ces bibelots a vu des siècles ; a traversé, au grand dam de son intégralité, des générations belliqueuses ou pacifiques, des événements dont la seule évocation nous laisse rêveurs.

Oh ! non, ce n'est pas ici le logis d'un cuistre, ni d'un philistin, ni d'un marguillier ! Et nul cadre, autant que ce fond de mosaïque parlante, vivante, attestant le néant des folies ancestrales et la survivance seulement d'une philosophie supérieure au geste éphémère des humains, nul cadre ne siérait mieux à l'ascétique vision que mon regard scrute, détaille — stupéfié !

*
* *

Ascète ? Zola ! Hé ! oui : ne vous pressez ni de sourire, ni de vous récrier.

J'ai connu le Zola de la première manière, l'être d'effort et de fatigue, de labeur et de réflexion, qui, puissamment, pesamment, le pas lourd, les épaules massives, les reins tendus, traçait son sillon.

J'ai connu aussi le Zola de la seconde manière, amaigri, arrivé, dans la période glorieuse et dangereuse où l'arme du militant, appendue au mur, semble réduite à n'être qu'un trophée ; où son ardeur aussi paraît s'engourdir ; où sa pensée risque de s'embourgeoiser.

Tout maître incontestable qu'il fût, j'ai même eu quelques prises de bec avec celui-là. Car il ne faut pas qu'on s'y trompe : je ne suis pas une thuriféraire, une admiratrice aveugle et sans restriction. Dans beaucoup de ses œuvres, il est des passages qui me choquent, en tant que femme, et sur lesquels j'exprimerais bien plus librement mon avis, si c'était le jour de la montée au Capitole.

Mais chaque fois que j'ai refermé un de ses livres, en faisant le bilan de mes impressions, l'enthousiasme a tellement dépassé la désapprobation que celle-ci en demeurait négligeable et insignifiante.

Oui, l'accouchement d'Adèle, dans *Pot-Bouille*, me déplaisait — mais qu'étaient ces dix pages, auprès des trois cents autres, de satire admirable contre la caste au pouvoir !... Oui, dans *Germinal*, il était, peut-être, d'inutiles constatations — mais quel plaidoyer en faveur de la misère, du pauvre bétail à grisou ! Oui, dans la *Terre* aussi, des choses me répugnaient — mais la grêle, la moisson, la pluie, les foins, toutes les exhalaisons du sol, toutes les vapeurs de l'eau, tous les souffles du ciel, on en avait, par la puissance du verbe, goûté le mirage, éprouvé la sensation.

Il n'y a que « Jésus-Christ », au sujet duquel je reste intraitable... et attristée. Même si cela se rencontra, au réel, qu'un tel bonhomme portât un tel nom, il ne fallait pas le lui laisser ; froisser tant d'âmes aimantes, croyantes, puériles si l'on veut, mais dans le sens du respect, de la foi, et de l'amour !

∗
∗ ∗

Donc, je ne suis pas aveuglée par la passion, hypnotisée par une dévotion sans frein ni borne. Je demeure bien maîtresse de mon jugement, je discute, j'apprécie, — nul fétichisme n'entrave l'exercice de mon libre arbitre, de l'esprit d'examen qui veille en moi constamment.

Et l'on me croira si je dis que ce Zola nouveau, dont mes yeux suivent les jeux de physionomie, dont mon oreille enregistre les modulations de voix, se révèle, s'affirme tel que je ne le connus jamais.

Oh ! sa barbe n'a rien de prophétique ; nulle frénésie ne l'agite en trémolos ! Il n'est pas violent, il n'est pas haineux : et ceux qui lui ont prêté de grossières imprécations ont menti. C'est, au contraire, la simplicité et la sérénité même. Il a accompli ce qu'il croit son devoir... il a donc ce qui accompagne toujours pareille certitude : la paix de la conscience. Et sans solennité — avec une bonhomie souriante, indulgente, à peine teintée de mélancolie.

Mais ses prunelles larges, mordorées, limpides, derrière le binocle, rayonnent de la flamme intérieure de sa conviction ; mais sa parole basse, sans dissonances, résolue et discrète, est empreinte d'irrésistible persuasion.

Et, tandis qu'il cause, assis tranquille, envisageant toutes les responsabilités personnelles de son acte et prêt à les subir toutes, un détail amusant me frappe, en ce dépisteur d'énigmes : son nez !

Il n'est pas joli, joli ; il n'est pas vilain non plus ; il n'est, en tout cas, ni rondouillard, ni bête. Seulement il est fendu, au bout, comme celui des chiens de chasse, des Saint-Germain, race supérieure.

« Signe de cynisme ! » ne manqueraient pas de s'écrier certains imbéciles de ma connaissance !

Mais je n'ai guère le temps de songer à eux ! J'écoute, maintenant fiévreusement intéressée, la genèse de l'aventure : comment Zola triomphant, acclamé, riche, paisible, résolut de s'y jeter, et s'y jeta à corps perdu.

Cela ne lui vint pas, en entendant chanter le rossignol — mais presque !

Dans une maison tierce, il était, un soir, lorsque quelqu'un survint qui, le matin, avait assisté à la dégradation de Dreyfus. Le récit en fut fait par le témoin, avec un tel luxe de détails, une telle âpreté visuelle, peut-être aussi un tel contentement, qu'une réaction en sens contraire s'opéra dans l'esprit de l'écrivain. Une bouffée de pitié, comme une bouffée d'encens, lui parfuma le cœur. « Un homme seul, *même coupable*, contre tous les hommes, livré aux crachats, aux huées ! »

Mais, le jugement paraissant correct, rendu sans haine et sans crainte, dans l'absolu de la certitude, ce ne pouvait être qu'une éphémère impression.

Zola n'y songea plus, ou guère, trois années durant. Il fallut que, cet automne, un hasard le rapprochât de M. Scheurer-Kestner, d'autres personnes dont j'ai oublié les noms, pour que, *sur preuves*, sur pièces, sa conviction s'établît, irréductible, invincible.

Lui, d'autres, ont connu, sous l'injure, devant le défi, la farouche hantise de les sortir, ces pièces ; de les donner, ces preuves — et ces gens traités de Judas, d'espions, de traîtres, de vendus, ont eu l'abnégation, le hautain courage, le suprême patriotisme, de ne pas céder à la tentation, de ne pas se justifier aux dépens de ceux-là mêmes qui les insultaient.

Parmi ces derniers, il en est qui connaissaient la vérité ; qui ont spéculé sur le dilemme où ils savaient enfermer leurs contradicteurs. Se taire, endurer l'outrage, gravir le calvaire jusqu'au bout, et garder sa vertu stoïque — ou, répondant, devenir des gueux, vaincre à quel prix !

Ah ! comme je les aime, moi femme, moi mère, de s'être tus !

*
* *

Maintenant, Zola est prêt à comparaître : acquitté, condamné, il suivra sa voie vers un but dont rien ne le saurait détourner. Il sait tout ce qui se dit et tout ce qui se complote ; quels rendez-vous ont été donnés, et quels individus on apostera. Non pas lui, mais Labori, établit le dossier des menaces.

Et, pour la première fois, en cour d'assises, n'ayant assisté à aucun des précédents procès, il se rencontrera avec madame Dreyfus, avec Mathieu Dreyfus, qu'il n'a jamais vus. Personne n'a intercédé auprès de lui, de ce côté ; et presque tous ceux auxquels il a eu affaire sont des Français de vieille race et des chrétiens de vieille roche.

Mais qu'importe tout cela ! Toute vérité gênante n'est point reconnue — et c'est ainsi que se créent les courants factices, sur la portée desquels les naïfs s'abusent.

Et, tandis que d'aucuns prient l'étranger « de se mêler de ses affaires », moi qui ai vu les protestations internationales en faveur du Canadien Riel, de la Russe Zasoulitch, du Cosaque Atchinof, des Espagnols de Montjuich, etc., etc., je songe à ce que l'Europe intellectuelle pense de celui-là qu'une partie de la France — oh ! bien petite ! — méconnaît.

Tolstoï, pour la Russie, approuve ; le Hollandais Domela Nieuwenhuis lui écrit : « L'accusation que vous venez de porter au nom de la justice violée vous signale comme un grand caractère » ; le Danois Bjornson lui écrit : « Combien je vous envie aujourd'hui ! Combien j'aurais voulu être à votre place, pour pouvoir rendre à la patrie et à l'humanité un service comme celui que vous venez de leur rendre ! » ; l'Anglais Christie Murray applaudit ; l'Américain Mark Twain dit, dans *New-York Herald :* « Je suis pénétré pour lui du plus profond respect et d'une admiration qui ne connaît pas de bornes » ; l'Italien Carducci, le Victor Hugo de la péninsule, s'inscrit en tête de l'adresse portant six mille signatures ; les femmes de Hongrie « à l'immortel apôtre de la vérité » écrivent que sa lettre à la France « a trouvé un écho puissant dans le cœur de tous les peuples civilisés ».

Ici, certains réclament pour lui l'exil d'Aristide ou le cachot de Torquato Tasso !

Loin de les amener à résipiscence, cette levée lumineuse les exaspère. Ils en oublient les strophes célèbres d'un patriote qui fut ministre, et qui, cependant, écrivait :

Ce ne sont plus des mers, des degrés, des rivières,
Qui bornent l'héritage entre l'humanité :
Les bornes des esprits sont leurs seules frontières,
Le monde, en s'éclairant, s'élève à l'unité.
Ma patrie est partout où rayonne la France,
Où son génie éclate aux regards éblouis !
Je suis concitoyen de tout homme qui pense :
  « La vérité, c'est mon pays ! »

Ainsi concluait M. de Lamartine : ainsi peut-on conclure aujourd'hui. En escorte à l'Accusé, se présenteront, à la barre, les plus grands esprits du monde civilisé.

Qu'on les juge !

5 février 1898.

LES QUINZE JOURNÉES

DE

L'AFFAIRE ZOLA

DU 7 AU 23 FÉVRIER 1898

LES QUINZE JOURNÉES DE L'AFFAIRE ZOLA

LA JOURNÉE DE PRÉLIMINAIRES

7 février.

De cette cohue ; de ces six heures d'audience, dans une atmosphère de four à plâtre ; de tout l'appareil de la justice se déployant, aujourd'hui, en grande solennité ; de cette buée où les prunelles luisent comme feux dans le brouillard ; du spectacle des physionomies, des attitudes, des mimiques célèbres ou inconnues, émergeant, parce que proches, des limbes bleutées, des lointains confus ; de tout le décor, et ses accessoires, et son personnel, et ses personnages, deux visions me demeurent à jamais incrustées dans la mémoire.

C'est d'abord une poignée d'hommes, menus comme des fourmis, gravissant, dans une solitude encensée de clameurs diverses, l'énorme escalier de la place Dauphine. La clarté blanche, sur la pierre blanche, souligne de rayons les degrés. C'est une ascension dans la lumière...

En tête, le pas nerveux, mais les épaules lasses, un homme qui devance les autres vers le Capitole idéal où tout immondice sera le fumier dont fleurira plus tard sa gloire !

...Puis, le restant du jour, devant ce même homme — le coupable, le criminel, l'accusé ! — comme un vol de papillons bleus qui s'abat, en essaim de feuilles azurées, qui s'amoncèlent, s'éparpillent, tombent, couvertes et recouvertes encore, lui apportant le respect, l'estime, l'admiration des quatre coins du monde !

De l'étranger ? Hé ! oui. De France aussi. Mais beaucoup de nous autres, méprisables « intellectuels », avons l'audace de nous sentir infiniment plus compatriotes de Tolstoï, de Bjœrnson, de Niewenhuis, de Mœterlink, de Christie Murray, de Mark Twaine, de Carducci, etc., que d'Eyraud ou de Marchandon... nés français.

Nous n'imaginons pas la Patrie sans Justice et sans Vérité. Dans le bagage légué par les âges distancés, nous entendons choisir : augmenter le patrimoine de Beauté et de Progrès ; rejeter loin les vieux errements, les traditions homicides, les vestiges de barbarie, les aveuglements imbéciles, les tortionnaires préjugés !

Ah ! nous sommes de vrais bandits !...

Ce sentiment est si vif que son impulsion dépasse, ici, le fond de l'affaire. Sur les mille signataires que voilà, pour une seule dépêche, combien d'indécis encore, quant à l'innocence de Dreyfus ? Sans doute plusieurs ; peut-être beaucoup.

Mais ce qui détermine les suffrages, ce qui les emporte dans un courant d'enthousiasme inouï, c'est, en la personne de Zola, riche, célèbre, et sacrifiant sa popularité, son repos, son bien, à sa croyance, la manifestation, devenue rarissime, de *l'esprit d'initiative.*

Hé ! quoi, un contemporain, un individu de notre époque veule et ménageuse a osé cela ! Et lequel !

On n'en revient pas — et on admire.

Par contre, pour l'adversaire, le scandale s'en accroît, la haine s'en aggrave : il s'agit de lui faire expier, en huées, les bravos décernés jadis ; de récupérer le plus possible du fruit légitime de son labeur ; de se payer même sur sa peau... si l'occasion s'en présente !

On ne peut nier son talent : quinze années de suite on le proclama. On ne peut même pas inculper sa probité, dire qu'il est vendu.

On l'essaie pourtant. En cette salle, des gens qui n'ont pas l'air d'aliénés vous glissent à l'oreille le chiffre : « deux millions ! »

C'est dit sans rire, posément. Oh ! l'incommensurable sottise humaine !

Cependant, vu l'insuccès, on se rabat sur l'orgueil.

Et lui, tranquille, épluche ses grands ou petits bleus ; bonhomme ; agacé seulement par le formalisme des préliminaires.

A ses côtés, se détachent la haute silhouette blonde de Labori ; la fine silhouette brune d'Albert Clemenceau ; la face de Mogol, creusée et passionnée de Georges Clemenceau.

C'est la première fois que je vois son cadet à la

barre. Et ce m'est plaisir de constater son succès. Sobre, précis, d'une justesse d'arguments si évidente, qu'elle est appréciable même aux profanes, ne disant pas un mot de trop, et disant bien ce qu'il veut dire, sous une forme concise et élégante, il apporte, à la vie judiciaire, les merveilleuses qualités, l'aisance d'expression, l'acuité d'accent, la rageuse éloquence, la griffe et le croc qui ont fait de son aîné, dans la vie politique, un des premiers orateurs de ce temps.

Lui et Labori, d'ailleurs, se complètent au mieux. Un emballé, un réfléchi : l'attelage est bon !

Sous le Christ, c'est le crâne en pomme et le visage en boule de M. le Président Delegorgue — tout rond. Dans l'entre-fenêtre, c'est la figure tirée, maussade et morne de M. l'avocat-général Van Cassel — tout long.

Dans les couloirs, Esterhazy rôde, fui de tous, comme un chien galeux.

Dans le prétoire, c'est (après l'interrogatoire des prévenus, Perrenx et Zola) le tirage au sort des jurés ; la lecture de la plainte du Ministre de la Guerre, servant d'acte d'accusation qui, retient quinze lignes sur quinze pages; l'exposé du ministère public ; la demande d'instruction des experts.

Celle-ci est formulée par un avocat dont on ne voit pas la figure, à peine un coin de moustache, et qui baragouine avec une voix de décapité parlant.

O rencontres du sort! Revanches du destin! C'est M. Cabanes, ex-substitut à Montbrison, qui demanda — et obtint — la tête de Ravachol !

Voici ensuite épistolairement l'effrénée dérobade des témoins militaires.

Le Président a refusé l'autorisation de comparaître au général Billot ; lequel l'a refusée au général Mercier ; lequel l'a refusée à X... ; lequel l'a refusé à Z..., etc. Ça peut aller comme cela jusqu'au caporal de garde !

M. le commandant du Paty de Clam se récuse...

— Sa présence est indispensable, dit Me Labori d'une voix tranchante, comme changée, d'une voix blanche que nuance quelque chose d'indéfinissable. Il nous le faut : son audition s'impose.

Et il dépose des conclusions dans ce sens.

Mais M. Van Cassel semble tenir non moins à l'abstention de M. du Paty de Clam. Et il sollicite le rejet des conclusions.

— Quelle passion de lumière, en toute cette affaire !... s'exclame ironiquement Labori.

Et il spécifie, quant au témoin tant disputé (objet présentement d'une plainte de M. le lieutenant-colonel Picquart), quels faits le relient étroitement à la cause présente. Les deux officiers fréquentaient la famille de Comminges. Sur les deux dépêches signées l'une « Speranza », l'autre « Blanche », adressées, à Tunis, à M. le lieutenant-colonel Picquart, dans l'intention évidente de lui nuire et de le compromettre, l'une est attribuée à un tiers, l'autre fut attribuée à mademoiselle Blanche de Cominges.

Or, c'était un faux. M. Picquart en accuse M. du Paty de Clam, d'où la plainte.

On avait quelques raisons de méfiance.

Pour faire rendre à la famille de Comminges une correspondance que détenait M. du Paty de Clam, il fallut l'autorité de M. le général Davout et l'intervention de M. Lozé, alors préfet de police.

Encore tout ne fut-il pas rendu d'un coup. Il avait été gardé une lettre, au pouvoir, était-il objecté, d'une tierce personne, en demandant 500 francs.

C'était une dame voilée qui, en 1892, s'en dessaisissait au Cours-la-Reine! Que l'on se rappelle, en 1898, la dame voilée de M. Esterhazy, au même lieu, dans les mêmes conditions — et l'on verra qu'elle est de l'état-major !

D'autres témoignages sont également requis par la défense et l'audience s'achève dans le calme qui sied à de tels débats.

Néanmoins, quelques aboyeurs ayant été apostés à la grande grille, la voiture de Zola quitte par le quai des Orfèvres. On distingue par la vitre, débordant de la pochette, comme un immense bouquet bleu : les cinq cents télégrammes arrivés cet après-midi.

Des camelots passent criant les journaux où, d'ores et déjà, le nom, l'adresse et la profession des jurés sont désignés à l'attention publique : la croix blanche sur les portes !

Non loin, en face de la Tour de l'Horloge, boulevard du Palais, au flanc du Tribunal de Commerce, une affiche est apposée. C'est la réhabilitation de Pierre Vaux, innocent, mort au bagne, condamné par erreur il y a quarante-sept ans, — « chose jugée », dont a triomphé la Justice.

II

LA JOURNÉE DU BAILLON

8 février.

Une phrase qui tombe et retombe, avec l'absolutisme mécanique d'un piston de machine : « La question ne sera pas posée. »

Elle hache tout le débat, le martèle, le seconde ; indique bien, par la répétition du rhythme en *leit-motiv*, quels sont l'accord impérieux des volontés, l'harmonie tacite entre les complicités et les effrois.

Dans l'assistance, M. Henri Rochefort, ricanant, dévisage Émile Zola ; s'efforce à surprendre s'il souffre ; et si sa dignité saigne, et si sa fierté défaille...

Madame Dreyfus comparaît, si étonnamment ressemblante d'allure générale, avec ses bandeaux plats, son air de réserve, à madame Carnot, plus jeune.

Que son mari soit ou ne soit pas coupable, elle et les enfants sont bien réellement des victimes. Elle n'est pas de ma religion, pas de ma race même, si l'on veut : mais les Chinois non plus, qu'on m'a fait racheter jadis par le *Sou de la Sainte-Enfance*, ni les noirs, sur qui m'ont fait tant pleurer Bernardin de Saint-Pierre et Beecher Stowe, n'étaient point de ma race ! Et si je n'aime pas plus la couleur de leur peau que je n'aime, en général, l'esprit juif, ce ne m'était pas raison à approuver qu'on les suppliciât !

Et c'est vraiment une suppliciée, cette pseudo-veuve, au nom déshonoré ! Ici même, aujourd'hui, cela se continue. Elle a dû affronter tous les regards, traverser toutes les malveillances pour venir à la barre, immobile, muette, tiraillée entre la défense et l'accusation, l'une voulant qu'elle parle et l'autre qu'elle se taise.

Elle est vêtue de noir, presque de deuil ! Sa jaquette d'astrakan, cependant bien simple, offusque quelques charitables « aryennes ». L'une se penche et dit à sa voisine, exprès assez haut, sur le passage de la malheureuse, pour être entendue d'elle :

— C'est, sans doute, la dernière pelisse de son mari ! (*sic.*)

M. Esterhazy, hier présent, aujourd'hui absent, par lettre « déclare qu'il estime n'avoir pas à répondre à la citation de M. Zola, « simple partilier », suivant « une voie révolutionnaire ».

Ah ! celui-là !... je le rappelle, c'est de l'avoir vu juger, au Cherche-Midi, que j'ai commencé de croire à l'innocence de Dreyfus !

M. Leblois dépose, fluet, mince, desservi par la faiblesse de son aspect et la débilité de son accent. Toutefois, aucune variante n'infirme ses dires, très nets, très formels : quant aux faits pour lesquels Georges Picquart, son ami, recourut à lui comme avocat : le piège des télégrammes « Blanche » et « Speranza. »

Et Marcel Prévost tient M. Leblois, son compagnon presque d'enfance, pour une des âmes les plus scrupuleuses qu'il soit possible de rencontrer. Il soutient de faits ses affirmations ; cite, à l'appui de ses dires, toute une carrière de devoir, de dévouement et d'abnégation.

M. Scheurer-Kestner, robuste, haut, droit comme un sapin des Vosges sous la neige de Noël, se dresse à son tour à la barre. Il a bien l'aspect sombre et sain des arbres de là-bas ; et sa voix est profonde et gravé comme le vent qui s'engouffre dans les défilés.

On lui reproche de ne pas être espiègle : on a raison. Mais était-il nécessaire qu'il le fût ?

Avec lui, l'Alsace, le protestantisme, sont en suspicion : l'une et l'autre s'étant passionnées pour cette cause. Il est des gens qu'il fait rêver de dragonnades ailleurs que dans les Cévennes... les fervents de Saint-Barthélemy !

Remarquez cela : quiconque n'est pas catholique, ici, est suspect.

Il récite, de mémoire, les lettres du général Gonse au colonel Picquart ; qu'à l'insu de ce dernier lui a communiquées M. Leblois, et que l'*Aurore* 'a publiées ce matin. Une phrase fait tressaillir l'auditoire : « Au point où vous en êtes arrivé de votre enquête, il ne s'agit pas d'éviter la lumière, bien entendu, mais il s'agit de savoir comment l'on arrivera A LA MANIFESTATION DE LA VÉRITÉ. »

Et Georges Picquart de répondre avec une rare intuition :

« Mon général,
» Je vous ai déjà averti que nous courions à un
» grand scandale, à un gros bruit où nous n'au-
» rons pas le beau rôle si nous ne prenons pas les
» devants. Le numéro de l'*Éclair* d'aujourd'hui
» confirme mes appréhensions : car, si nous
» attendons encore, le scandale est là : nous n'ar-
» riverons pas avant. »

M. Casimir-Perier, ex-président de la République, lequel n'a pas dédaigné d'obéir à la convocation légale méprisée et déclinée par tant de témoins militaires, se fait acclamer pour une parole qui, à cet égard, en veut dire long :

— Je suis un simple citoyen au service de la justice de mon pays.

Pour le reste, il se retranche derrière le secret professionnel.

M. de Castro, sans rien savoir sur le fac-similé du bordereau publié par le *Matin*, a reconnu de suite, aucune hésitation n'étant permise, l'écriture de Walsin-Esterhazy.

Et nous sortons. On se bat dans les couloirs. Le calme d'hier ne pouvait durer : « c'était scandaleux. » On y a paré.

Le Palais se trouve soudain envahi par une cohue qui m'est familière. Il y a là-dedans des visages de connaissance — les « allumeurs » — qui, sous mon regard, détournent les yeux, gênés. Pourquoi ? Les pauvres diables ! Il faut bien que tout le monde mange !

Mais il ne faudrait point non plus que, par conscience, ou y prenant goût, ils écharpent tout à fait Zola. Ses amis l'ont poussé dans le vestiaire Bosc ; tandis que quelques énergumènes assomment un tout jeune homme, un isolé, M. Genty, préparateur d'examens, accusé par eux, malgré qu'il s'en défende énergiquement, d'avoir crié : « A bas la France ! »

Mais il a crié : « Vive Zola ! » — Et il fallait bien justifier les coups ! Ceci fera école.

Et soudain, Zola réapparaît, entouré de sa poignée de fidèles. Malgré tout ce qu'on peut lui dire, myope, gauche, pâle, mais le menton têtu, il se dirige vers la porte de la façade, en haut du grand escalier.

La foule l'encombre ; et aussi la cour ; et aussi

le boulevard, trottoirs et chaussées, jusqu'à l'Hôtel-Dieu !

Il y fonce, il y sombre. Le ciel est bas, le jour expire. Vous souvient-il, dans *Salammbô*, du dernier chapitre : Mathô descendant un escalier comme celui-ci sous les coups de la populace ?

On y songe... et on tremble. Moins pour lui, encore, que pour l'honneur de ce pays ! D'ici, c'est seulement son sillage furieux qui est indice de sa présence. Une voiture qu'entourent les agents ; un cheval qui se cabre, puis part au galop...

— A mort, Zola ! A l'eau ! A la Seine !

O France !

III

LA JOURNÉE DES GÉNÉRAUX

9 février.

Voilà que c'est changé, que les grands chefs arrivent ; qu'un papillotement de pourpre et d'or reluit sous le jour faux.

Qu'en restera-t-il ? On ne sait... Une injure du général Gonse aux « robins » de la défense ; l'équivoque d'une négation du général Mercier s'appliquant non à l'existence de la pièce secrète communiquée hors séance aux juges du 1er Conseil de Guerre — sur ce point l'ex-ministre refuse de se prononcer, sans s'apercevoir que, tel, le silence est affirmatif — mais à l'allégation qu'il en aurait parlé à qui que ce soit.

Puis, encore, sa parole de soldat, hors et, pense-t-il, au-dessus de toute discussion, que Dreyfus était un traître « justement et légalement condamné ».

Et c'est tout. Pas assez pour nous convaincre, après tant d'irrégularités et de mystères ; pas assez pour imposer silence au besoin d'examen et d'investigation.

Entre la double haie de municipaux, immobiles, qui font passage, du prétoire à la porte du corridor, M. le général Le Mouton de Boisdeffre, chef de l'État-Major de l'armée, s'avance.

Il a une couronne de comte dans le fond de son képi ; la taille très droite, le crâne très chauve, le parler circonspect.

Ainsi qu'il sied à un guerrier qui commanda, je crois, trois mois dans l'active, et fit le restant de sa carrière dans les ambassades, il est, à la fois, distingué, vain et puéril.

Présentement, il fait l'autruche ; s'imagine qu'il s'abrite dans un silence partiel et éphémère.

Lui tirer une parole est métier de puisatier : le pauvre Labori y sue sang et eau !

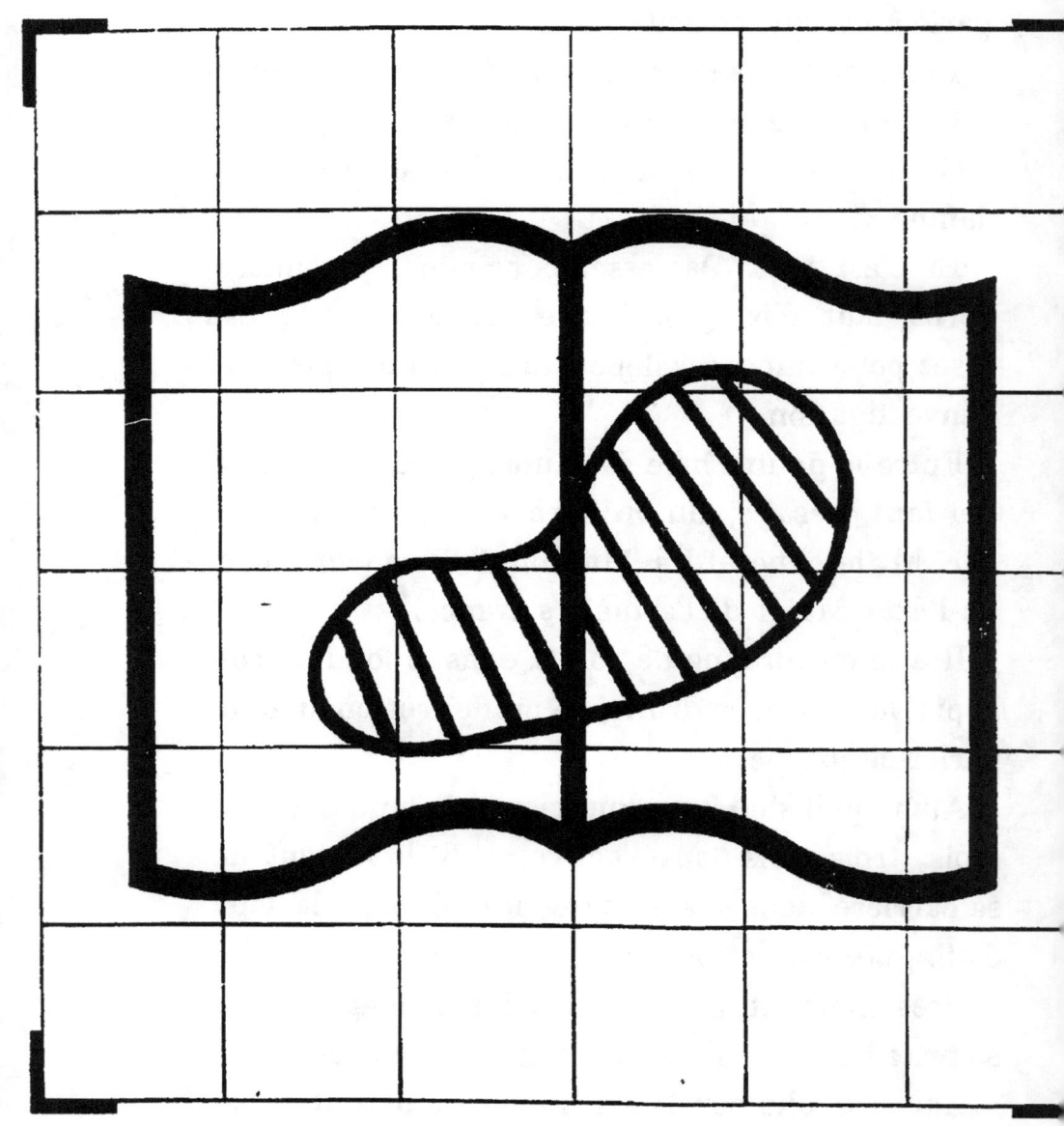

Tantôt il s'abrite derrière le secret professionnel, dont il a fait réserve en son serment. Tantôt il se retranche derrière l'arrêt de la Cour, restreignant la preuve. Il décline, rompt, échappe, glisse entre les doigts.

Et, de tout ce qu'on lui demande, il ne sait rien, jamais rien ! Sur le document chipé aux bureaux de la Guerre; rentré dans les cartons par l'entremise de la Dame voilée et d'Esterhazy; que celui-ci qualifiait de « libérateur »; et dont le Ministère a délivré reçu; « M. le témoin », comme dit Labori, en un malin lapsus, ou ne peut parler, ou ignore.

Jamais on n'aurait supposé que situation si haute comportât telle absence d'informations !

Le général Gonse, petit, boulot, la bouche en O, le nez en croquignole, a l'air bourru et bonhomme d'un gardien de square.

Il est rageur.

A Labori, qui le questionne, il décoche ce coup de boutoir :

— Ce sont des traquenards, çà !

Tumulte, cris, évacuation de la salle, suspension de l'audience, intervention de M⁰ Ployer, le bâtonnier, excuses. Après, on est tout à fait des bons amis.

Le commandant Lauth, face plate et dure, maxillaire anguleux, physionomie fermée, vient témoigner d'intentions qu'il crut saisir de la part de son ancien chef, le lieutenant-colonel Picquart, quant à l'identification d'écriture et le timbrage postal du petit bleu qui mit sur la piste d'Esterhazy.

Seulement, un mot nous laisse rêveur : « falsification de clichés ». Qu'est-ce que cela peut bien vouloir dire ? Falsification d'épreuves, on comprendrait. Mais de clichés ! Alors que sur la plaque, la moindre retouche apparaît, visible, indéniable ! Les « photographes » de l'assistance s'entreregardent, éberlués, interrogateurs...

Le lieutenant-colonel Henry, comme par hasard, est en mission depuis hier. Oh ! oh ! Les défenseurs, âprement, insistent pour qu'on le fasse revenir.

Et voici Gribelin, pauvre être, sûrement honnête, sûrement dévoué, borné comme une pioche, et qui détient, paraît-il, tous les secrets de la défense. C'est-à-dire qu'il a la clef de l'armoire, de ce coffre-fort bizarre d'où les documents voltigent, vont, viennent, comme oiseaux d'une cage ouverte, tantôt dans le giron de la Dame voilée, tantôt sur le poing d'Esterhazy, qui, contre reçu, les ramène à la volière !

Gribelin, pour tous renseignements de temps et d'heure et de détails, quant à la communication qu'il aurait surprise, d'un dossier, par Georges Picquart à M. Leblois, s'en tient à ceci : « La lampe était allumée ». Rien ne l'en fera sortir. Il se cantonne, dans cette observation psychologique, avec la plus touchante obstination. Cette lampe est son phare, son étoile ; elle l'absorbe et l'hypnotise.

— La lampe était allumée !

Si bien que le président, tout à l'heure, par un lapsus qui coupera, de rire, la solennité des débats, le prendra pour le lampiste !

Le général Mercier, on le connaît : il a le physique d'un bottier de régiment ! Les cheveux cirés, trop noirs, le nez en croc, il s'en est tenu aux réponses citées plus haut.

M. Trarieux, dans le crépuscule s'harmonisant à merveille avec sa silhouette mélancolique, sa parole sereine, dit comment MM. Scheurer-Kestner et Leblois l'amenèrent à partager leur conviction. Il raconte aussi comment dans l'original d'un des documents reproduits par la presse, il y avait seulement l'initiale D... (cette canaille de D...) et que l'on mit Dreyfus.

Car, avec lui, un fait nouveau, et d'une importance capitale, apparaît.

En 1894, alors que Dreyfus vient d'être arrêté, et que le public n'en sait encore rien, des indiscrétions émanant certainement des bureaux de la Guerre (ne pouvant provenir que de là) sont commises envers la presse afin de rendre les faits publics et le scandale inévitable.

En 1896, alors que l'enquête du colonel Picquart, avec l'assentiment de ses chefs, va peut-être aboutir, les mêmes indiscrétions, ne pouvant émaner que du même lieu et des mêmes gens, sont à nouveau perpétrées dans l'intention non moins évidente d'effrayer, d'enrayer, en provoquant une effervescence d'opinion.

Mais la nuit survenue interrompt la déposition de l'ancien Garde de sceaux.

— « Le Garde des *faux*, » prononce Gribelin, qui blèse...

IV

LA JOURNÉE DES « ARTISANS »

10 février.

Invisible à l'épaule des universitaires, visible à l'épaule des défenseurs, la bande d'hermine se hérisse contre le bord frisé des chapeaux de généraux.

Cela n'a rien à voir avec la patrie, ni même avec l'armée, comme tiennent à le faire accroire les profiteurs de malentendus. Il s'agit simplement d'un état d'esprit différent; d'un antagonisme cérébral, entre les intellectuels comme l'archiviste Gribelin, par exemple, M. Esterhazy, le problématique du Paty de Clam, le casuistique général

Gonse — pour prendre quatre échantillons de types divers — et les « demi-intellectuels », selon l'adorable expression de Barrès, qui répondent aux noms peu connus d'Anatole France, d'Émile Zola, de Clemenceau, de Duclaux, de Grimaux, de Séailles, etc., etc., etc.

L'homme qui tue s'accorde mal avec l'homme qui pense; et peut-être encore moins bien avec 'homme qui guérit.

Dans les locaux d'attente, où il semblerait que deux castes éloignées auraient pu s'estimer heureuses du contact facilitant des échanges d'idées et quelques aperçus nouveaux de part et d'autre, la sélection s'est opérée, d'un coup, à la première rencontre : pékins ici, militaires là.

Les témoins se sont partagé les salles. Il y a le coin des éperons, où l'on fume; et le coin des lunettes, où l'on cause. Et l'on se regarde plutôt en chiens de faïence.

C'est la même chose dans le prétoire, la caractéristique de tout le débat. Et ce ne sont point les cannes brandies, les poings fermés, les menaces de mort, qui peuvent y rien changer, bien au contraire ! Il n'est tel réactif aux fiertés que l'injonction, et le piment d'un quelconque péril.

5.

La mise en lumière de deux figures, sous des aspects opposés pareillement énigmatiques ; l'illégalité du procès de 1894 s'affirmant plus encore (du Paty de Clam, Henry ; l'obligation du mutisme imposée à M. Salles) : tel est le bilan du jour.

Après que M. Trarieux a eu terminé son éloquent témoignage, le commandant Forzinetti, ex-directeur du Cherche-Midi, révoqué parce que coupable d'avoir révélé sa foi en l'innocence de Dreyfus, s'est avancé à la barre, appelé, prêtant serment, entendant M. Delegorgue refuser de lui transmettre la question de Labori... et s'éloignant comme il était venu, mal d'aplomb, héros en disgrâce, recousu, retapé, raccommodé en maints endroits comme un invalide de la belle époque, sur ses pauvres jambes sept fois fracturées !

Ce qui a entraîné la renonciation de la défense à tout le groupe dit des aveux.

C'est alors que, tonsuré comme un jeune moine, raide comme un soldat de bois, saccadé comme un automate, le monocle incrusté sous l'arcade sourcilière, au pas de parade prussienne, un témoin est venu se camper devant la Cour, décomposant, par à-coups brusques et précipités, le salut militaire, d'abord à elle, ensuite, après demi-volte, au jury.

Un rire nerveux, puis un malaise ont successivement couru l'auditoire. C'était l' « ouvrier diabolique » dont a parlé Zola dans l'article qui l'amène ici : le spirite, l'occultiste, le valseur pour tables, l'instructeur judiciaire de l'affaire Dreyfus : M. le lieutenant-colonel marquis du Paty de Clam.

Que cet être maladif (même s'il n'est point malade); que ce « sujet » évidemment favorable à l'observation scientifique ; que ce nerveux, cet obsédé, susceptible, dans une enceinte civile, de démonstrations odieuses, excentriques, capables de provoquer l'hilarité, ait été UN JUGE — cela, c'était à frémir !

De Montjuich, peut-être. On se les imagine tels : *ad majorem Dei gloriam !*

Ainsi l'avais-je déterminé, après l'avoir entrevu au Cherche-Midi. Et je ne m'en dédis pas. Il est bien de la race de ces dilettantes pour qui la douleur des autres est condiment à leur propre jouissance ; qui aiment la musique et les cris des patients, les petits vers et les grandes hécatombes : fils de Néron, neveux de Torquemada, perpétués à travers les siècles !

Il ne dit rien, s'en va, il a passé. L'impression reste ineffaçable...

M. de Comminge apparaît, disparaît. Et M. le lieutenant-colonel Henry lui succède. Sa main levée prête serment de dire la vérité, toute la vérité, rien que la vérité, sans haine et sans crainte...

Une sorte de colosse trapu, épais et lourd ; congestionné, dit-il, par la fièvre ; et qui, de fait dans cette atmosphère tropicale, semble grelotter sous sa lourde capote. Les cheveux, taillés en brosse, la moustache sont bruns ; le regard, sans flamme, a cependant comme une lueur madrée. Le torse penché sur la barre, étayé de ses fortes mains, il tend l'oreille, un pli d'attention entre les sourcils durs ; ne répond qu'à bon escient, comme s'il traversait un gué, aux pierres oscillantes.

Ce que l'on comprend le mieux, c'est qu'il se considérait comme le successeur moral du colonel Sandherr, en fonctions lors de l'affaire Dreyfus ; comme l'héritier direct de ses intentions ; comme le gardien de la « chose jugée » et des intérêts du Bureau, contre toute expertise ultérieure susceptible d'élaircir le mystère de 1894.

Le chef d'ensuite, le lieutenant-colonel Picquart, du seul fait d'être sur la trace, était l'ennemi.

Il le hait : cela se sent, se devine, se perçoit

dans le choix des termes et jusque dans l'emploi des silences...

M. Besson d'Ormescheville, le rapporteur de l'affaire Dreyfus, des chaussons de lisière aux pieds, un képi sur une face ouatée de flocons blancs, s'avance, salue, se retire.

— La question ne sera pas posée.

Après lui s'égrène ainsi, muettement, le groupe dit du premier Conseil de guerre. Le commandant Ravary, qui fut le rapporteur du second, lors du procès Esterhazy, confirme que le document « libérateur », renvoyé par ce dernier, était bien la pièce secrète « Ce canaille de D... » ; puis, en veine d'abandon, déclare délibérément qu'il n'a pas enquêté sur les promenades anormales dudit papier — faute de temps — ce qui soulève quelque surprise.

M. le général de Pellieux, petit, grisonnant, l'air troupier, doué d'une rare intelligence et d'une facilité d'élocution non moins remarquable, sent où le bât blesse quant à son rôle personnel : vient tenter d'expliquer le néant de son action envers Esterhazy, et en profite pour renouveler le réquisitoire que fut le rapport Ravary contre le colonel Picquart.

Et quand Albert Clemenceau lui demande pourquoi il a fait perquisitionner chez Picquart témoin, plutôt que chez Esterhazy accusé, il va jusqu'à répondre :

— C'était inutile. On y avait CAMBRIOLÉ depuis huit mois.

— Pardon ! objecte le défenseur. Un an s'était écoulé depuis lors.

Quel acharnement ils déploient tous après celui-là !

M. le commandant Pauffin de Saint-Maurel, galamment, vient s'offrir ensuite en holocauste : prendre sur lui sa visite et ses confidences à M. Rochefort.

Puis encore un défilé muet, civil cette fois : le groupe dit des anciens ministres, MM. Dupuy, Guérin, Delcassé, Leygues, Poincaré, Develle.

— La question ne sera pas posée.

M. Thévenet, lui, parle, et de façon bien lucide, bien péremptoire. En réplique à MM. Ravary et de Pellieux, il démontre la nonchalance de l'instruction contre Esterhazy, devant entraîner forcément l'acquittement... comme par ordre. Spirituellement, il souligne le roman de la Dame voilée, si soigneusement laissé dans l'ombre.

M. Salles, avocat, est aux pieds du tribunal. C'est lui qui reçut, d'un des juges de 1894, l'aveu de l'illégalité commise ; le transmit à Mᵉ Demange.

— La question ne sera pas posée.

Et tandis que le public s'écoule, on nous rapporte que le brave Forzinetti, dans les couloirs, rencontrant Lebrun-Renaud, s'est haussé, sur ses jambes sept fois « reboutées », jusqu'aux revers du paletot de l'autre, les a empoignés en criant :

— Un journal prétend que vous avez déclaré avoir reçu des aveux. Vous m'avez dit le contraire il y a six mois. C'est donc que vous êtes un f... menteur.

V

LA JOURNÉE DE L'OFFICIER BLEU

11 février.

J'ai dit ce qu'on admirait en Zola, hors même l'objet de son geste, c'est-à-dire l'esprit d'initiative. Aujourd'hui se manifeste, *sous l'uniforme*, un état d'âme encore plus exceptionnel et dont se justifie l'espèce de respect admiratif, de vénération enthousiaste dont on l'environne : l'esprit de renoncement.

Zola, quoi qu'il arrive, condamné, appauvri, proscrit, demeure, où qu'il aille, le Maître incontesté, cher aux penseurs de tout l'univers civilisé.

Et, s'il n'a la fortune, il a l'aisance.

Georges Picquart, lui, n'a rien que sa solde et n'est rien que soldat. A quarante-trois ans, le plus jeune colonel de l'armée française, chevalier de la Légion d'honneur, aimant son métier, chanceux jusqu'au miracle, le voilà qui répudie ses bonheurs, abdique ses espoirs, se dépouille de tout ce qui est sa vie même, sa raison d'être — plutôt que d'aller à l'encontre de la Justice et de la Vérité !

Demain, il ne sera plus rien.

A moins qu'il ne consente à se soumettre, à renier ses imprudences, à se taire. Par une dernière faveur, on lui en laisse la latitude.

Il est prisonnier au Mont-Valérien. Mais la décision du conseil d'enquête, au-dessus de son front, demeure en suspens. Cela dépendra, évidemment, de son attitude ici.

Et on ne la sent influencée d'aucune préoccupation personnelle ; seulement le souci de ne rien faire qui ne soit correct.

Aussi, comme on le hait ! Comme il est en butte au particulier acharnement des amis de l'ombre.

Quiconque souhaite dissiper les ténèbres devient immédiatement, pour eux, chair à supplice ! Dreyfus a disparu derrière Zola, comme cible aux haines ; Zola, forcément passif, a disparu derrière les défenseurs — une aimable personne, madame P..., femme d'un député, je précise, ne déclarait-elle pas, l'autre jour, dans le fond de la salle, devant des auditeurs qui ont précieusement enregistré le propos, QUE L'ON DEVRAIT ÉCARTELER LABORI? — et les avocats disparaissent aujourd'hui devant le témoin : cet officier dont on aimerait tant souiller l'uniforme, arracher les galons, la croix, tordre le sabre, jeter à l'eau pour prouver le respect et l'amour qu'on a de l'arme, de l'insigne et de l'habit, de l'armée enfin !

Tout d'abord, on lui ménage une entrée.

De peur sans doute que l'impression, sur l'assistance, ne soit trop scandaleusement favorable, MM. Gonse, Gribelin et Lauth, sont revenus répéter, préciser, aggraver toutes leurs imputations malveillantes.

Le premier était morose, parce qu'on doutait de Gribelin « qui détient tous les secrets de la défense nationale » (ne détiendrait-il pas rien que la clef du contenant, plutôt, comme un caissier fidèle?); le troisième était morne, parce que contraint à la récidive... et Gribelin était très triste, parce que la lampe n'était pas allumée !

Celui-là, au moins, veut la lumière !

M. de Pellieux, en outre, au cours de sa défense du second conseil de guerre, a dû essuyer une hautaine apostrophe de Zola :

— Chacun sert la patrie à sa façon, par l'épée ou par la plume. M. de Pellieux a, sans doute, gagné de grandes victoires : j'ai gagné les miennes ! Par mes œuvres, la pensée française a été portée aux quatre coins du monde. Entre le nom de Pellieux et celui d'Émile Zola, la postérité choisira.

C'était plutôt dur...

Soudain, une apparition ! Ceux qui veulent, n'assistant pas au procès, s'imaginer le colonel Picquart, n'ont qu'à ouvrir les collections de journaux illustrés, vers 1878-79.

Cet adolescent? Cet exilé? Ce mort? Hé ! oui, voyez le profil !

C'est le portrait vivant — le visage allongé et mélancolique, l'expression lasse, comme lointaine — du Prince Impérial, peu avant l'exode du Zoulouland.

L'apparence d'excessive jeunesse, qui fait que ses quarante-trois ans en débarquent aisément treize, rapprochent encore la copie du modèle.

De face, la ressemblance s'atténue ; mais, de

profil, elle est saisissante ! Renouard, l'admirable dessinateur que l'on sait, à qui j'en fais la remarque, le constate comme moi.

Le geste est rare ; la voix, imprécise d'abord, ne tarde pas à se poser. Mais l'accent en demeure d'une inaltérable douleur, raisonnable pourrait-on dire, dans la justesse du ton et la simplicité.

Et ce qui frappe le plus en lui, c'est le contraste avec tous ceux de sa profession qui ont jusqu'ici paru à cette place. Il est « autre » extraordinairement : méditatif, mélancolique, artiste... « intellectuel », hélas !

On s'explique leur hostilité. Elle est naturelle, elle est légitime, elle est justifiée.

Calme, essentiellement réfléchi, le lieutenant-colonel Picquart conte son odyssée : comment le *petit bleu* qui attira son attention sur Esterhazy ayant été communiqué au ministère *par le même agent qui y avait apporté jadis le bordereau*, ce lui fut une sérieuse garantie d'origine.

Puis il dit ce que nous savons déjà, son enquête avec l'assentiment des chefs toujours ; l'exclamation de M. Bertillon devant l'écriture Esterhazy : « Ah ! cette fois, ce n'est plus la similitude (écriture Dreyfus), c'est l'identité ! » sa conviction grandissante ; l'exactitude des fac-similés du bordereau publié dans la presse ; dès lors l'affolement d'Esterhazy — et les innombrables secrets rapprochements tendant à établir la culpabilité de ce dernier !

Il nous répète aussi l'histoire des lettres Speranza, des petits bleus destinés à le compromettre ; il souligne cette anomalie de la *Libre Parole* des 15, 16, 17 novembre, signalant, le mercredi, des faits passés en Afrique, dont le récit, par correspondance, ne devait arriver à Paris que le vendredi.

C'est le comble de l'information !

Il dit encore l'étrange manière dont il fut traité ; la perquisition faite chez lui, témoin (alors qu'on ne perquisitionnait pas chez l'accusé !) hors sa présence ; toutes les calembredaines dont il eut la stupeur de rencontrer la répercussion en l'esprit du général de Pellieux ; toutes les amertumes dont il fut abreuvé.

Mais s'il en témoigne quelque surprise attristée, il s'en tient au récit strict. Pas une plainte, pas une velléité de blâme ni de révolte. Il objectera même à Labori, sur une interrogation, qu'il ne peut être relevé de son silence que par M. le général Billot.

Ce n'est guère là l'attitude d'un « casseur de vitres, » ainsi qu'on l'avait obligeamment annoncé.

Ce que M. Lauth lui impute à crime — l'effacement des déchirures sur reproductions photographiques — on l'a fait pour le bordereau ! on le fait toujours, pour éviter de préciser la source des trouvailles. Moi qui ne suis qu'une femme, et qu'une profane, j'ai bien compris !

L'original, reconstitué, recollé, reste intact : s'il y a matière à juger, on juge d'après. Mais les fac-similés nécessaires à répartir, pour recherches complémentaires, sont, autant que possible « départicularisés ».

Il n'a parlé de ses recherches — et cela seulement à cause de l'intrigue qu'il sentait nouer autour de lui — à son avocat-conseil, M⁰ Leblois, qu'en juin 1897 ; il ne lui a jamais communiqué de dossiers secrets, de quelque nature qu'ils puissent être ; il n'a point souvenir de l'incident du cachet de poste dont il aurait voulu faire dater le petit bleu Esterhazy ; quant aux « cambriolages » chez celui-ci, ils se sont bornés, l'appartement étant à louer en l'absence du locataire, à deux visites d'agent, dans une période de six semaines.

Que nous voilà loin des racontars !

Et comme on s'explique les chaleureux applaudissements qui ont escorté le témoin !

⁂

C'est à la reprise d'audience que le débat est devenu pathétique ; quand, par brèves répliques, souvent lentes à formuler (car le lieutenant-colonel Picquart dans l'excessif souci de ne rien dire de trop, prenait le temps de réfléchir), le complot contre sa sûreté, peut-être même davantage, est apparu au grand jour.

La mission ? Problématique. En tout cas, pas indispensable. Et elle le mène à Gabès, au fin fond de la Tripolitaine, et elle l'eût menée bien plus loin encore, *bien plus loin*, sans l'intervention spontanée du général Leclerc, souhaitant de nouveaux ordres à son endroit.

Puis sont venues les confrontations, avec MM. Gribelin et Lauth. Les contradictions que l'on sait, seront tranchées demain, sans doute, par la recomparution du lieutenant-colonel Henry.

Quant à MM. de Pellieux et Ravary, l'un a entendu contester de la façon la plus formelle, au nom du droit, des textes, la légalité de la perquisition faite rue de Villarceau ; l'un et l'autre ont dû convenir que soit pour l'enquête, soit pour le rapport, ils s'étaient contentés, sans plus approfondir, de la version Esterhazy.

On écoute, et lorsqu'ensuite, le commandant Ravary, ingénument, riposte à Albert Clemenceau : « Notre justice n'est pas la vôtre » on est préparé à l'aveu — personne ne songe à s'en émouvoir ni à s'en récrier.

C'est par une longue ovation au colonel Picquart que s'est terminée la première partie de l'audience. Mais l'exaspération de certains ne saura pas se contenir : entre temps, on dénonce, on calomnie, on assassine !

Des avocats s'étant mêlés, pour ou contre, à ladite ovation, un zélé (on sait son nom) court désigner les premiers au bâtonnier. Un officier supérieur ayant prononcé d'une voix forte : « Mais crier vive Picquart, c'est crier à bas l'armée ! » on s'empresse de détacher les quatre derniers mots et d'attribuer l'exclamation, ainsi dénaturée, à un assistant.

C'est aussi exact, cependant, que le fameux : « A bas la France ! » que ne clama jamais le malheureux Genty, roué de coups et dégommé de son emploi sous ce prétexte.

Enfin, à la levée de séance, dans le cadre de la porte, en cette enceinte même, un jeune avocat, le fils de M. Courot, conseiller à la Cour, s'étant permis de crier : « Vive l'armée, mais pas vivent ses chefs ! » un compagnon de M. Rivals s'est précipité sur lui et, à coups d'une canne que l'on pourrait qualifier gourdin, lui a massacré le visage.

Le sang coulait, les municipaux ont dû degainer pour prévoir de pires agressions.

Voilà où on en est. Et le plus drôle, c'est que les cadets, ayant davantage le droit, parce que la représentant, de parler au nom de l' « active », n'en usent pour brimer personne, alors que leurs aînés, messieurs mûrs, de la réserve, se montrent d'une intolérance aussi bruyante que ridicule.

C'est une variante au couplet de la *Marseillaise* :

>Nous entrerons dans la carrière
>Quand nos *cadets* n'y seront plus !

Odieux, oui ! Mais combien encore plus ridicules !

VI

LA JOURNÉE DE LA RÉVISION

12 février.

Aujourd'hui s'est produit le choc prémédité entre les colonels Henry et Picquart ; et si ce dernier n'avait éventé l'embûche, c'était un dégradant pugilat dans l'enceinte même des lois.

Aujourd'hui, entre ces murs, habitués cependant à l'éloquence, Jaurès a fait retentir les plus magnifiques accents dont puisse vibrer une bouche humaine.

Aujourd'hui enfin, Zola, quoi qu'il doive advenir de lui-même, a reçu la récompense de son acte, le fruit de son effort : l'inéluctable, à travers tous obstacles, s'est accompli !

Une condamnation interviendrait, une violence serait commise, on le retrancherait, momentanément, par la prison, du nombre des humains, on l'enverrait tout de bon au fond de la Seine, que cela ne changerait point d'un *iota* le résultat obtenu.

Ce qui se murmurait s'est dit ; ce qui se disait sans consécration est investi d'un caractère officiel et juridique ; nous serions tous massacrés demain, nous, les anxieux de vérité, que dans un an, que dans dix ans, nos continuateurs n'auraient qu'à ramasser le legs immuable à travers les événements.

Il fallait une base légale à la demande de revision : on l'a.

L'illégalité commise en 1894 et que M. le président Delegorgue, il faut le reconnaître, s'est employé infatigablement à ne point laisser mettre en cause, — alors qu'elle filtrait, par tous les pores de la présente action — a été proclamée, en pleine audience, à la barre des témoins, par Mᵉ Demange, saisi, à son tour, de cette prestesse de riposte dont M. le général Mercier ne saurait avoir, seul, l'heureux apanage.

De l'irréparable a surgi, malgré le bâillon, et sous la menace ; l'irrégularité entachant, annulant le verdict d'autrefois, a passé du domaine extérieur dans l'action judiciaire ; du verbe, qui vole, dans l'écrit, qui reste.

De plus, on a éclairci la fameuse question du timbre, à qui M. Lauth, d'une part, et M. Gribelin, de l'autre, semblaient attacher une importance !...

Comme cela encore s'est simplifié !

Le bordereau, le petit bleu (on ne l'a pas oublié, de même origine) ainsi que beaucoup de pièces d'une provenance particulière, arrivent *toujours* en morceaux.

Le bordereau fut recollé, le petit bleu l'est aussi.

— En combien de morceaux ? interroge Mᵉ Clemenceau.

— Une soixantaine, répond M. Lauth.

— Quelle étendue avait le plus grand ?

— Un centimètre carré.

— Quel est le procédé de reconstitution ?

— Des bandes de papier pelure, très mince et très transparent.

— Appliquées comment ?

— Sur l'envers.

— Alors, s'écrie le défenseur, comment le cachet de la poste eût-il pu être apposé du même côté ; extérieurement, sans toucher, par quelque point, à ces emplâtres, dont les plus distantes étaient éloignées de quelques millimètres, sans que le papier, témoignant de l'opération précédemment accomplie, ne s'interposât entre le signe et la surface même du document ?

Cela est net. Si l'on y ajoute que n'ayant pas été saisi chez Esterhazy, où il eût pu être retrouvé, normalement, *timbré et déchiré*, le petit bleu, intercepté à la poste, eût été produit, nécessairement *timbré et intact*, on comprendra sans peine que, recueilli où il fut subtilisé, c'était *émietté et non timbré* qu'il devait être. Pas une minute, le chef d'état-major ne s'y fût trompé.

Alors ? Quel eût été l'intérêt du lieutenant-colonel Picquart à cette impossible et inutile fraude ?

Cela est de toute logique. Mais, à la fin de leur carrière, ni Lauth, ni Gribelin n'auront encore compris !

Mais voilà que se produit un incident de tel ordre qu'il prête matière à réflexion.

Sans s'y attendre précisément, sans en deviner

la nature, on pressentait que, d'une manière quelconque, il y aurait diversion. Le calme du lieutenant-colonel Picquart, sa volonté de correction, ses paroles, ses silences, son attitude le servaient trop bien pour qu'il ne fût pas essayé de l'en faire sortir.

Et soudain, sur une contradiction, là, dans le prétoire, à cette barre soi-disant respectée, ce cri éclate :

— Vous en avez menti !

C'est M. Henry, rouge, gros, court, apoplectique, la mâchoire tendue, les yeux flamboyants, l'aspect d'un sanglier forcé dans sa bauge, qui vient d'ainsi outrager le colonel Picquart.

Cependant, le bras levé sur la face aux yeux de haine ne s'est point abattu. Par un suprême, un surhumain effort de volonté, il est retombé vers la barre ; tandis que d'une pâleur de cire, les dents serrées, l'insulté répliquait seulement, respectueux de soi-même, du lieu, et du commun habit :

— Vous n'avez pas le droit de dire cela !

Puis, aux jurés, d'une voix frémissante :

— Vous les avez vus ! Henry, du Paty de Clam, Gribelin, Lauth, les artisans de l'affaire précédente. Moi, j'ai pensé qu'il fallait suivre ma conscience. J'ai été outragé, par des journaux payés, pendant des mois, sans pouvoir me défendre. Je sais que j'exposais ma carrière et peut-être demain serai-je chassé de cette armée que j'aime, à laquelle j'ai donné vingt-cinq ans de ma vie ! Cela ne m'a pas arrêté, parce que je devais chercher la vérité et la justice. J'ai cru rendre ainsi un plus grand service à mon pays et à l'armée. J'ai fait mon devoir d'honnête homme.

Et il a expliqué l'état d'esprit du 2º Bureau, quant à la condamnation de Dreyfus, l'Arche sainte ; il a montré Henry, du Paty de Clam, Lauth, Gribelin, plus ou moins, suivant leurs capacités, exécuteurs testamentaires de Sandherr et PRÊTS A TOUT plutôt que de laisser toucher à l'œuvre commune, légitime ou non...

En réponse, M. le général Gonse (je l'ai vu), a allongé une tape amicale dans le dos de M. Henry qui a dit :

— Allons-y !

Et ce qu'avait insinué M. Lauth, il l'a repris à son compte avec plus d'insistance : que n'ayant pas reçu personnellement le petit bleu, il le supposait de l'invention de ses chefs d'alors.

Oh ! les haines de subordonnés, que même l'égalité survenue n'apaise pas !

Il a dit aussi : « Jamais la pièce « Canaille de « D... » n'a eu de rapport avec l'affaire Dreyfus, jamais, jamais ! »

Cependant, à la reproduction, on y compléta le nom !

A sa suite, le général Gonse a protesté contre le sobriquet de Gonse-Pilate que lui a décerné un journal, au sujet de l'envoi du subordonné devenu encombrant vers les parages de Gabès.

Puis, M⁰ Demange, si amusant au sens pittoresque du mot, avec sa physionomie fine, comme masquée de robustesse, en redingote, ce qui, dans l'endroit, paraissait anormal ; la langue assez preste pour déjouer — oh ! par inadvertance ! — la vigilance du président, a lâché dans un chassé-croisé de demandes et réponses, éclatant comme feux d'artifices, la confidence de M. Salles.

Dans son rapport, M. le commandant Ravary avait déclaré que Dreyfus avait été condamné *légalement*.

— Légalement?

— Non. Une violation de la loi avait été commise.

— Le témoignage de M. de Salles?

— Oui.

— La pièce secrète?

— Oui.

— Communiquée aux juges hors la défense et l'accusé?

— Mais oui! *Puisque, moi, je n'ai jamais vu que le bordereau!*

Et le fait était établi!

M. Ranc le souligne ironiquement, dans l'hommage qu'il rend à Zola. M. Pierre Quillard traduit quelles furent nos impressions, à tous, aux récentes audiences du Cherche-Midi.

Et c'est le tour de Jaurès.

Oh! la superbe harangue, tout enflammée de généreuse colère et d'une maîtrise de déduction incomparable!

Emporté par son élan, il finit par s'adosser au tribunal pour s'adresser à l'auditoire; et sa voix, son geste, sa force d'argumentation, l'irrésistible magie de sa phrase, domptent quiconque est capable d'en ressentir la puissante beauté.

Lui aussi assistait à ce mémorable procès Esterhazy!

Et il dit sa stupeur du huis-clos, quant aux

expertises d'écriture ; de l'attitude prise envers le lieutenant-colonel Picquart — cette substitution sans précédents du témoin à l'accusé !

Il dit l'absence d'enquête, quant à la dame voilée, quant au document, soustrait par qui, rapporté comment ? Pourquoi n'a-t-on pas arrêté Esterhazy le restituant — si on ne le lui avait pas fait tenir, non comme une cartouche, mais comme un cordial ?

C'est d'une beauté d'éloquence et d'une puissance de logique qui forcent même les adversaires à l'admiration, presque à l'enthousiasme.

Et quand il conclut à la suprématie de la défaite dans la vérité sur la victoire dans le mensonge ou l'erreur, vraiment le prétoire est devenu le Forum.

C'est là-dessus qu'il aurait fallu lever la séance, et non sur l'exhibition, trop comique pour n'être pas un peu pénible, du pauvre M. Bertillon.

Il est fonctionnaire ; il « brûle » de parler, mais il ne le peut.

A défaut de révélations, il stupéfie l'assistance par un *schéma* qui résume son expertise graphologique ; le schéma, en vertu duquel Dreyfus fut condamné — et où l'on distingue un escargot, un cœur, des flèches, une forgerie, des bastions, un

chemin de ronde et une inscription, entre autres :
« Feu partout! »

Les jurés, auxquels on a passé des exemplaires, contemplent, retournent; un, même, regarde au travers.

La nuit tombe : « Araignée du soir, espoir! »

Cependant que deux généraux (j'aurai la générosité de ne les point nommer), s'imaginant tout de bon qu'il s'agit d'un plan stratégique, prennent en mépris l'infortuné Bertillon qui se tortille à la barre, comme en proie à de violentes tranchées.

— Quel âne! dit l'un, doctoralement. Non, mais, croyez-vous, quel âne!...

VII

LA JOURNÉE DES AUGURES

13 février.

Elle débute bien ! La *Libre Parole* de ce matin a, sous ce titre : « Le défenseur de Zola, » publié le filet suivant :

« *L'Intransigeant* posait hier cette indiscrète question :

« Un de nos lecteurs nous demande si nous connaissons, au barreau de Paris, un avocat d'origine germanique, naturalisé Français, qui a épousé une juive anglaise, et dont le père, *resté Allemand*, est présentement inspecteur dans une compagnie de chemins de fer d'outre-Rhin. »

» Cette question vise-t-elle Mᵉ Labori, le théâtral défenseur de Zola?

» Ce qui est certain, c'est que, comme tous ceux qui, de près ou de loin, ont trempé dans le complot anti-français, Mᵉ Labori a des attaches étrangères.

» Il a, en effet, épousé une demoiselle Ockey, protestante anglaise, après son divorce avec M. de Pachmann, un Allemand si je ne me trompe, dont elle a deux enfants, que leur père vient visiter dans leur nouvelle famille.

» Je ne donne ce renseignement qu'afin d'établir que Mᵉ Labori a pu subir des influences qui ne sont pas précisément nationalistes, me gardant bien de l'imiter en faisant intervenir des femmes qui n'ont rien à faire dans le débat. »

C'est Labori qui en donne lecture, lui-même, au début de l'audience, d'une voix calme, mais infiniment dégoûtée. Puis il ajoute :

» — Je ne me livrerai à aucun commentaire. Je répondrai par des faits, pour l'unique et dernière fois :

» Je ne suis pas naturalisé Français. Je suis né à Reims d'un père français.

» Ma femme n'est pas israélite.

» M. de Pachmann, que personnellement je ne connais pas, est Russe, natif d'Odessa, et même sénateur russe.

» Mon père est Alsacien. Depuis quarante-cinq ans il est au service de la Compagnie de l'Est. En 1870, il a été chargé des opérations d'embarquement des troupes au camp de Châlons. En 1871, il a été délégué pour reprendre des mains des Prussiens le service des chemins de fer et ce n'est pas là où il a fait le moins preuve de son patriotisme. Depuis 1871, il est chargé d'organiser la défense nationale dans sa section, d'accord avec la section technique du ministère de la guerre.

» En 1891, il était décoré de la Légion d'honneur spontanément, sur la proposition du quatrième bureau du ministère de la guerre et du général de Boisdeffre, qui lui a envoyé une lettre de félicitations. Vous apprécierez, par cela, ce que valent certaines attaques. »

L'impression ressentie est si vive, que Jaurès maintenant, contre un démenti télégraphique de M. Papillaud, le propos qu'il a affirmé tenir de celui-ci : « Lorsque le *Matin* a publié le fac-similé du bordereau, m'a dit Esterhazy, je me suis senti perdu » ; que la fin de comparution de l'infortuné

Bertillon ; que les dépositions de MM. Hubbard, Yves Guyot (traitant le jugement d'Esterhazy de « parodie de justice ») passent dans une sorte de brouhaha.

Mais M. Bertillon a ouvert le défilé des grotesques, des experts professionnels, jurés, patentés, assermentés — sur la foi desquels on condamne le pauvre monde ! À part deux ou trois hommes raisonnables, et même fins, discernables d'emblée, à quelles exhibitions fantastiques n'allons-nous pas assister ?

S'ils se peuvent regarder sans rire, c'est tant mieux pour eux ! Mais nous autres, infortunés profanes, quelle que soit la majesté du lieu et la gravité des circonstances, il nous a été impossible, maintes fois, de garder notre sérieux.

Comment en serait-il autrement? M. Bertillon, samedi, avait rendu cette sentence : « On ne saurait se fier à des preuves seulement graphiques ». M. Teyssonnières, lundi, fait cette proclamation :

« La graphologie, c'est le sabre de M. Prudhomme ! » Hier aussi, M. Charavay formule cet aveu : « L'expertise d'écritures est insuffisante à motiver une condamnation. »

— Et voilà pourquoi votre fille est muette! comme dit le bon Sganarelle.

Mais ils sont tout de même d'accord, ces experts, à reconnaître que leur science imprécise, contradictoire, ne peut être qu'indicatrice et nullement déterminante.

On ne l'ignore pas ; on leur sait gré d'en convenir ; mais le régal de malice n'est que plus fécond par la récidive, et davantage apprécié.

Voilà d'abord M. Teyssonnières, aberré de vanité, gonflé d'importance, et que hante à blanc, dans le vide, la monomanie de l'incompatibilité. Seigneur ! qu'il est prolixe, et diffus, et solennel ! Il croit que « c'est arrivé », pour de vraies insignifiances ; se défend contre des imputations que personne ne formule ; s'étend en considérations kilométriques sur des faits tout personnels. Il paraît qu'à l'entendre, son gendre et le frère d'icelui se sont précipités dans le camp adverse; qu'aussi M. Trarieux et M. Scheurer-Kestner, sur production de ses données graphologiques, ont subi le même effet de conversion à rebours.

Une idée le possède : qu'on a voulu le corrompre. Veinard ! Ces choses-là n'arriveraient pas à ceux qu'on traite de « vendus! » Mais qui a voulu le corrompre ? Ah! cela il ne le sait pas!... Qui, selon lui, fut l'intermédiaire ? M. Crépieu-Jamin.

Comment! M. Crépieu-Jamin, cette hermine, l'ex-dentiste de M. Drumont, et que celui-ci soutint mordicus, jadis, au cours de 1895, en tant qu' « aryen pur » contre ce demi-intellectuel, ce « cosmopolite » de Lombroso?

Pas possible!...

Et le pourquoi de la corruption? Ici, nous tombons dans le fantastique. C'est en 1897 que cette tentative est esquissée, pour un rapport *fait en 1894*, et alors que l'auteur n'était chargé d'aucune nouvelle expertise!!!

On ne l'en fera pas démordre — c'est sa gloire! Comme aussi l'aventure de son dossier d'expertise renfermant le fac-similé du bordereau, qui, le seul non encore restitué aux Archives de la Guerre, volage autant que le « document libérateur », égaré avant l'indiscrétion commise au bénéfice du *Matin*, se retrouva par miracle rentré au bercail, derrière une porte, peu après...

Quels mystérieux inconnus pouvaient l'y avoir déposé? (*La suite au prochain numéro.*)

M. Trarieux, avec un bon sens un peu dédaigneux, réfute ces pauvres commérages

Rien n'est plus drôle que d'entendre l'ancien ministre, de sa voix posée, détailler ces insanités !

Toutefois, Labori est parvenu à extraire de M. Teyssonnières que les caractères du bordereau étaient : « d'une écriture *naturelle*, modifiée par les circonstances. »

C'est toujours ça !

M. Charavay, petit, chevelu, barbu, gai comme tout, dans son infirmité occasionnelle, s'exprime par signes et par syllabes gutturales. Si l'abbé de l'Epée revenait, l'adoption serait immédiate.

Mais il a un roulis d'épaules joyeux quand on lui parle du colimaçon du collègue. Et il s'en va sans avoir rien dit, décochant seulement la flèche du Parthe que j'ai signalée plus haut.

Après lui, ce sont MM. Pelletier, Gobert, qui se refusèrent, en 1894, à reconnaître, dans le bordereau, la main d'Alfred Dreyfus.

Naturellement, plus que jamais :

— La question ne sera pas posée.

Et voilà le Trio des Experts, bouffe, inénarrable, dépassant l'opérette et même la féerie, les Minos, Eaque et Rhadamante d'offenbachique mémoire !

Couard, un colosse dont la tête est tout en menton. Le reste n'a l'air que d'un accessoire, d'une annexe, d'un superflu, d'un luxe : le couvercle de l'encrier, le bout de l'œuf à la coque qu'a décapité le couteau. Quand il parle, mâchant les mots dans son formidable appareil buccal, vous prend une inquiétude de cauchemar : il semble que le maxillaire se déclanche, et que la partie inférieure ne pourra jamais remonter, va demeurer là, bayante, sur le thorax.

Belhomme : M. de Lacretelle ressuscité, ou Latude affranchi. Haut, voûté, des yeux foncés dans une face poudreuse ; coiffé, barbifié de toiles d'araignées ; jaunâtre, passé, déteint, il apparaît vénérable, vétuste et décevant, comme une fiole vide retrouvée dans une cave, et revêtue de la poussière des ans.

Varinard : un roquet hargneux, petiot, jeunet, ageur, le pas cassant, la voix coupante — ah ! ais !

Sans trop manquer à la majesté du lieu, on se l. Et le départ s'opère très tranquillement. cents personnes, guère plus, aux abords lais.

VIII

LA JOURNÉE DES SAVANTS

15 février.

« Pions, mandarins, scribes, rabbins, byzantins, cuistres, buveurs d'encre ; baladins des cinq continents de l'Institut, quand ils ne sont pas Belges ou Suisses » ainsi seront traités, d'après les notes que prend Georges Bonnamour, les hommes dont s'honore universellement la science et qui vont venir défiler ici : Paul Meyer, directeur de l'École de Chartes, Auguste et Émile Molinier, Célerier, Bourmont, Louis Franck, Grimaux, Louis Havet.

C'est que tous, sans exception, chacun selon son mode de travail, conclueront que le bordereau est de Marie-Charles-Ferdinand Walsin-Esterhazy.

Alors, ce sont des saltimbanques...

Après qu'a reparu un moment le Trio des Masques ; que le général Gonse est venu confirmer le dire du commandant Ravary (manque de temps pour tirer au clair la promenade du « document libérateur ») ; après que M. Crépieux-Jamin est venu affirmer, aux rires de l'assistance, que jamais il n'avait eu même la pensée d'attenter à l'incorruptibilité de M. Teyssonnières — lequel était le seul d'ailleurs, à l'estimer cent mille francs !

— M. Paul Meyer, de noir vêtu, les yeux vifs, les sourcils touffus, la barbe grisonnante avant que de témoigner, a demandé la parole pour un fait personnel :

Ayant été, dans la *France Juive*, qualifié de « fils de juif allemand », voilà ce qu'il tenait à répondre.

— Je suis né à Paris, de parents français. J'ai été baptisé à Notre-Dame ; j'ai fait ma première communion à Saint-Sulpice ; j'ai confirmé à Saint-Sulpice ; j'ai même été élève du catéchisme de persévérance à Saint-Sulpice jusqu'à l'âge de seize ans.

Il y avait bien de l'ironie et du dédain, dans sa voix...

Quant à sa déposition, c'est une pure merveille de lucidité, de logique et d'érudition. Les plus ignorants en mesuraient l'ampleur.

Il explique aux jurés comme quoi le report, d'après photographie, sur zinc, dit « gillotage », employé pour le fac-similé du *Matin*, ne permet aucune falsification. Des altérations y sont possibles, par l'écrasement, à l'usage, mais c'est tout. De là à parler de faux, il y a loin !

Sans doute, le témoin qui s'est servi de cette expression — notez que c'est M. de Pellieux ! — « n'est pas habitué à formuler sa pensée avec précision. »

Quant au bordereau lui-même, il est, à n'en pas douter, de l'écriture d'Esterhazy. Est-il « de sa main, » selon l'équivoque derrière laquelle se sont abrités les récents experts ! Sur ceci, aucune hypothèse négative n'a paru vraisemblable à M. Paul Meyer. Mais il est un moyen de faire lever tous ces doutes. Si la communication de l'original du bordereau est jugée impossible, qu'on verse au dossier les clichés photographiques *sur lesquels toute retouche est visible.*

Hé bien ! mais, que devient le cliché « falsifié » du commandant Lauth ?

Enfin M. Paul Meyer conclut :

— Si l'on refuse de faire cette preuve, je saurai à quoi m'en tenir.

Je serais bien étonné qu'on la fît !

Car M. Molinier, professeur à l'École des Chartes, se réclamant de vingt-cinq ans d'expertise, vient affirmer qu'en son âme et conscience, et sous nulle réserve, le bordereau est l'œuvre d'Esterhazy.

Entre temps ont été lues les dépositions recueillies par commission rogatoire auprès de mademoiselle Blanche de Comminges et de madame de Boulancy. Dans cette dernière, il est cité des phrases d'une lettre d'Esterhazy dans le goût de la correspondance publiée par le *Figaro*.

Il y est dit :

1° Que le général Saussier est un clown, et chez nous (les Allemands) nous le mettrions dans un cirque;

2° Que si les Prussiens arrivaient jusqu'à Lyon, ils pourraient jeter leurs fusils en gardant leurs baguettes pour chasser les Français devant eux.

. . . .

M. Molinier, frère du précédent témoin de ce nom, archiviste paléographe vient, lui aussi, déclarer quelle complète similitude existe entre le bordereau et l'écriture d'Esterhazy.

M. Célerier de même et aussi M. Bourmont.

La déposition, ou mieux la démonstration de M. Louis Franck, avocat du barreau de Bruxelles, est des plus intéressantes.

Chacun des jurés a reçu une feuille où sont reproduits le bordereau, une lettre de Dreyfus, une lettre d'Esterhazy. Tandis que le démonstrateur, sur le tableau noir, trace à la craie le signe graphique dont il traite, les assistant, peuvent vérifier, sur le spécimen en leur possession, les ressemblances signalées.

Tout l'abécédaire y passe ; et, sans la moindre complication inutile, sans technicité fatigante, l'opération s'effectue, la preuve se dégage absolument.

Et M. Louis Franck d'une voix forte, atteste, jure.

Ces deux écritures émanent d'une seule et même personne : *celui qui a écrit le bordereau ne peut être que M. Esterhazy !*

Le témoignage de M. Grimaux, professeur

honoraire à l'École de médecine, professeur à l'École polytechnique, a été bien poignant.

Tout vibrant de patriotisme, le vieillard qui fut, à l'École polytechnique, l'instructeur de tant de nos officiers ; qui, en 1870, abandonna un poste à l'abri du danger pour venir prendre sa part du péril, a des accents d'émotion qui font frissonner la salle en racontant quelle pression, quelle intimidation furent exercées contre lui.

Le général Billot, tout d'abord, présenta un décret de révocation au Conseil des Ministres. Il ne le retira que devant la résistance de ses collègues.

Ensuite M. Billot, il y a un mois, écrivit au général commandant l'École polytechnique pour lui demander « si M. Grimaux n'avait pas pris part à des manifestations hostiles contre l'armée ».

— Moi ! crie le vieux savant que les larmes étouffent, moi, moi !

Et, dans un mouvement d'aussi belle éloquence, ma foi, que l'évocation des *ancêtres* de Don Ruy Gomez, il appelle à soi tous les siens tombés sur les champs de bataille... depuis le grognard de Napoléon qui fut son aïeul, jusqu'au pauvre enfant qui fut son neveu récemment tué au Soudan.

Puis il dit comment, dénoncé par la *Libre Parole* (qui, huit mois auparavant, l'avait traité de « juif renégat passé au protestantisme », alors qu'il est catholique) il fut menacé, après *trente-quatre ans de service*, d'être révoqué pour avoir, en si noble et si nombreuse compagnie, signé la pétition qui demandait à la Chambre de maintenir la garantie légale du citoyen.

Une ovation est faite à M. Grimaux, car son témoignage qu'on voulait empêcher, ainsi fait envers et contre tous, est un acte de courage civique dont peu de gens seraient capables.

Avant de quitter le prétoire, il a tenu à serrer la main de Zola, qu'il voyait pour la première fois — comme on a l'autre jour, devant moi, présenté le colonel Picquart à l'auteur de *Germinal*.

Quel drôle de « syndicat » tout de même, où l'on ne se rencontre qu'après l'action !

C'est M. Havet, professeur au Collège de France, qui a succédé. Quel dommage qu'il parle ainsi, en fin de séance, alors que la fatigue alourdit les cerveaux ! Car ce qu'il dit est de premier ordre, comme puissance de déduction.

Au point de vue graphique, orthographique,

grammatical, il n'a pas une seconde d'hésitation : le bordereau est d'Esterhazy.

Il démonte les phrases, en explique le mécanisme, et, de la contexture des textes, fait surgir la conviction. Dreyfus écrivait le français très correctement. Le bordereau, les lettres d'Esterhazy, sont de même tournure, ont la même marque de fabrique.

— C'est pensé en langue étrangère, dit M. Havet.

Et, ma foi, quand on songe aux lettres à madame de Boulancy, il y paraît !

Paris est pacifique, il semble se ressaisir. Mais les intéressés supporteront-ils cela ?

IX

LA JOURNÉE DE LA MENACE

16 février.

Comme l'on pouvait s'y attendre, voilà le sabre tombé dans la balance, et l'emportant de tout son poids ! La Force n'aime pas la controverse, atteinte à sa suprématie !

Une légère discussion au début, entre Leblois et M. de Pellieux (celui-ci s'appliquant à démontrer, par la nature des pièces énumérées dans le bordereau, qu'Esterhazy n'en pouvait être l'auteur), a amené le général, très discret, très expert, à employer un argument oratoire dont le sens et l'intention n'échapperont à personne — pas même aux intéressés qu'on suppose un peu trop simples, à la fin !

Personne ne souhaite la guerre, tout le monde la craint : en Allemagne comme en France. Mais de là à supporter que le spectre en soit tiré de l'armoire aux Croquemitaines et intervienne soit dans la presse dite patriote, soit dans des harangues forcenées, soit ici, aux débats, dès qu'est supposée la moindre velléité d'indépendance, ah ! non !

Le jour où quelque pauvre diable, chauffé à blanc, attenterait à la paix du monde, on s'expliquerait là-dessus, pour savoir qui lui a glissé, dans la main, la trique ou le caillou.

Mais, quant aux jurés, c'est suffisant que, tous les jours, leurs noms, professions et adresses soient publiés — et, sans doute, bientôt après et selon leur verdict, la façon de s'en servir ! — sans qu'un officier supérieur y vienne joindre l'avis que « le danger est peut-être plus proche qu'on ne le croit » et que « c'est à la boucherie » que l'on conduira leur fils !

Sous-entendu : si vous admettez qu'on puisse douter de l'infaillibilité des chefs ; si vous acquittez M. Zola.

Si ce n'est pas ce qui s'appelle une grande manœuvre, je veux bien être pendue !

Les petites manœuvres de M. Teyssonnières, moins brillantes, n'ont pu éblouir personne et ont jeté un vilain jour sur le tréfonds de son âme.

Savez-vous ce qu'il a fait ?

On sait que, rayé du tableau des experts pour irrégularité grave, il dut à M. Trarieux d'être inscrit ailleurs, de pouvoir gagner sa vie, d'être, au point de vue de la fonction, en quelque sorte réhabilité.

Comment a-t-il reconnu cela ? On se rappelle que lundi, à cette même place, devant la barre, débordant de componction, il protestait que sa « reconnaissance ne finirait qu'avec ses jours. »

Hé ! bien, la correspondance de son bienfaiteur, il s'en est allé mardi la livrer à la *Libre Parole* et il en est résulté un article on ne peut plus outrageant pour l'ex-objet de sa gratitude.

Quel brave homme, ce Teyssonnières, la noble conscience et l'excellent cœur !

Du coup, M. Trarieux se fâche ; combat la fausseté de ces assertions ; communique, à la Cour, des lettres dont le président donne lecture et qui, par leur date, par leur texte, établissent le non-fondé des imputations qu'inspira le témoin.

Celui-ci est contraint à le reconnaître publiquement, à désavouer le dit article, à en décliner la responsabilité ! Il n'en est que l'instigateur, pas l'auteur ; il n'a fait que fournir les lettres, les matériaux, et indiquer l'interprétation à leur donner...

C'est déjà bien !

Sans compter que, précédemment, M. Scheurer-Kestner l'a obligé, aussi, à convenir d'une inexactitude dont l'étrangeté mérite attention.

Le 11 juillet, lors de la deuxième et dernière visite que lui fit l'expert, l'honorable sénateur, ne s'occupant que de la corrélation entre l'écriture de Dreyfus et celle du bordereau, ignorait totalement le nom et jusqu'à l'écriture de M. Esterhazy, lesquels devaient lui être révélés seulement en novembre. Il ne pouvait donc en parler à M. Teyssonnières.

Or, celui-ci, qui tient paraît-il un journal de ses impressions et aventures quotidiennes, y a introduit à cette date, soit *quatre mois à l'avance*, au sujet des spécimens d'écritures consultés en cette entrevue, le nom d'Esterhazy.

— Qui vous l'avait appris ? interroge le défenseur.

— La rumeur publique...

— Oui-dà ? Et la dénonciation de M. Mathieu Dreyfus est du 18 novembre !

Maintenant, voici ensemble M. Paul Meyer et M. le général de Pellieux.

Celui-ci n'est pas une bête : il s'en faut !

Tant qu'il s'est senti sur son terrain, drapeau, chapeau, honneur, valeur, il a profité de l'avantage. Mais maintenant, il sent que ça glisse et ne s'aventure qu'avec prudence.

Tandis que le savant, avec sa bonhomie un peu narquoise, se meut à l'aise ; observe doucement qu'en pareille matière « les déclarations retentissantes » ne sont de rien. Lui, qui sait à peine distinguer entre la vallée de Barcelonnette et la vallée de la Meuse, s'il avait des troupes à y placer, il serait bien malheureux et « gafferait », c'est sûr.

Ses yeux pétillent de malice, derrière les vitres de son lorgnon...

Puis, dès un accord sur la presque exactitude du fac-similé du *Matin*, le duel s'engage.

Il n'est pas long. A la quatrième reprise, le

militaire est désarmé. M. Paul Meyer s'est contenté de réitérer la même question :

— Comment expliquez-vous que le fac-similé de 1896, presque conforme, d'après vous, à l'original, reproduise l'écriture d'Esterhazy, dont personne alors ne parlait ?

C'est le coup du journal de Teyssonnières ! Tout le monde, par double vue et sortilège, avait pressenti Esterhazy !

Mais ces assauts, si intéressants qu'ils puissent être, se ressentaient du préambule : de la menace formulée par M. de Pellieux, et aussi de l'effet produit par le lapsus qui lui avait fait dire, parlant de Dreyfus : « Coupable, *ou non.* »

Soit, la confrontation de M. Paul Meyer, avec l'illustre Couard (lequel a apporté un rapport sur la substitution de l'étendard de Jeanne Hachette, à Beauvais, pour établir que le bordereau n'est pas d'Esterhazy !), et où le professeur s'est contenté de dire à l'élève, avec une bonhomie malicieuse, « qu'il n'était pas gentil » ; la très intéressante déposition technique de M. Paul Moriaud, — regardé de travers, parce que Suisse, comme hier, l'avait été son émule d'égal mérite, M. Louis Franck, parce que Belge — sont demeurées au second plan devant la gravité de cette intervention armée, usant de la peur comme moyen d'intimidation.

Jugez donc en paix, bons jurés ! Tâchez de maintenir l'équilibre entre le respect de votre conscience et le souci de votre sécurité.

Dehors, personne toujours. On n'a pas encore eu le temps de prévenir...

X

LA JOURNÉE DU « COUP DE MASSUE »

17 février.

Une séance inénarrable, telles que durent être les assises du tribunal révolutionnaire ; un auditoire soulevé de passions diverses, échangeant des invectives, tout prêt d'en venir aux mains — et, pour les quelques rares observateurs en possession de leur calme, doués d'un peu de philosophie, un spectacle de démence dont les mots ne sauraient que faiblement rendre l'inanité.

Que s'est-il donc passé ?

Ceci.

Depuis le début du procès, l'élément militaire

est outré d'avoir à comparaître et à répondre, d'être assimilé, sous le joug de la loi commune, à l'élément civil.

De jour en jour, cette exaspération n'a fait que grandir. Habitués à exercer une autorité presque sans limites, à ne rencontrer jamais aucune sorte de résistance, les officiers ont pris toute question pour une offense et toute réserve dubitative pour un outrage personnel.

Les commentaires de la presse, les manifestations de l'auditoire, les potins de corridor, ont envenimé le malentendu, préparé l'éclat.

Toutefois, quel qu'en fût leur énervement, les généraux avaient supporté, sans briser les vitres, les confrontations avec des « pékins ». Mais, aujourd'hui, ils se sont rencontrés à la barre, *contradictoirement*, avec un subordonné, leur égal devant la justice !

De quelque façon respectueuse que le soldat remplit son devoir de citoyen, on s'imagine sans peine les révoltes de la hiérarchie, les colères de l'autorité !

La constatation d'une équivoque, d'une confusion, quant à la date du bordereau, est venue encore attiser l'incendie, mettre le feu aux poudres !

C'était après la fin de la démonstration de M. Moriaud ; la douce réapparition de Couard et de Varinard ; un retour agressif de M. de Pellieux ; les témoignages de MM. Géry et Héricourt, d'une science si approfondie et concluant ainsi que leurs collègues.

Quand, soudain, d'une controverse apparut ceci : Tout le monde croyait, dans les bureaux de la guerre que le bordereau était d'avril ; les généraux, aujourd'hui, attestent qu'il est de fin septembre ; et le rapport d'Ormescheville le faisait remonter à février.

Que croire ? Qui trompe-t-on ici ?

On n'arrive même pas à savoir si le lieutenant-colonel Picquart fut, oui ou non, délégué au procès Dreyfus par le ministre de la Guerre. On n'obtient, des trois témoins, que l'assentiment du silence.

Quant au rapport d'Ormescheville, dont, paraît-il, la publication fut incomplète, le point s'éclaircira plus tard. (1)

(1) Il s'est éclairci. M. Bard, rapporteur de la Chambre criminelle de la Cour de cassation, s'en étant référé, pour ses lectures, à la sténographie du *Siècle,* autorisée par le Président, après affirmation qu'elle était, *de tous points, semblable au texte.*

La contradiction flagrante relevée au sujet de la date du bordereau a passionné les esprits. Pendant la suspension d'audience, se tient un véritable meeting.

Mais quelle fureur de prosélytisme agite donc tous ces gens-là ! J'ai une petite idée, moi aussi, mais sans la démangeaison de la faire partager à personne. On ne convainc pas, dans le charivari des querelles, le tohubobu des gestes, la mise en scène des colères ou des indignations.

Tandis que des injures et presque des horions s'échangent, trois vers de Hugo me chantent en mémoire :

Oh ! je sais qu'ils feront des mensonges sans nombre,
Pour s'évader des mains de la vérité sombre !
Qu'ils s'en iront disant : « Ce n'est pas moi, c'est lui ! »
. . . .

A la reprise d'audience, M. le général de Pellieux s'est avancé vers la barre.

— La défense a lu tout à l'heure, publiquement, un passage du rapport du commandant d'Ormescheville qui n'avait été lu en 1894 qu'à huis clos.

» Je demande alors à parler... Je répéterai le

mot si typique du colonel Henry; on veut la lumière : « Allons-y ! »

» Au moment de l'interpellation Castelin, il s'est produit un fait que je tiens à signaler. On a eu, au Ministère de la Guerre, *la preuve absolue de la culpabilité de Dreyfus*. Et cette preuve, je l'ai vue !

» Au moment de cette interpellation, il est arrivé, au Ministère de la Guerre, un papier *dont l'origine ne peut être contestée* et qui dit — je vous dirai ce qu'il y a dedans : « Il va se pro-
» duire une interpellation sur l'affaire Dreyfus. Ne
» dites jamais les relations que nous avons eues
» avec ce juif. »

» Je l'affirme sur mon honneur, et j'en appelle à M. le général de Boisdeffre pour appuyer ma déposition.

» Voilà ce que je voulais dire. »

Sur le visage de *celui qui sait tout*, quelque chose d'indéfinissable a passé. Et dans la foule des exclamations, des cris, des bravos, des défis, des insultes, nous demeurons irréductibles, méfiants, dans l'attente...

Labori, Clemenceau se dressent au banc de la défense :

— Cette pièce, qu'on l'apporte ! Le fait est postérieur au jugement de 1894. Il n'y a pas de huis-clos. Un document, quel qu'il soit, ne constitue pas une preuve, s'il n'a pas été discuté. Les affirmations, les paroles de soldat ne suffisent pas ! C'est trop d'équivoques à la fin.

Mais les généraux sont lancés.

— La revision ? s'écrie M. de Pellieux. La communication de la pièce secrète n'est pas prouvée !

— Si ! Si !

Ces cris jaillissent de toutes parts. Les exclamations, les interpellations se croisent :

— Demandez à M. de Salles !

— Hé ! bien, et Mᵉ Demange ?

— Et le *distinguo* du général Mercier ?

C'est un tumulte sans nom ! et comme Labori se refuse à continuer le débat avant que M. de Boisdeffre (qu'on est allé chercher) n'arrive ; comme M. de Boisdeffre n'arrive pas, le président, très sagement, lève l'audience... sans que personne ou presque personne, se soit aperçu de l'entrée et de la sortie du témoin sensationnel : le commandant Esterhazy.

Extérieurement, la cohue du second jour, de

nouveau mobilisée, racole les passants, s'adjoint les badauds, et hurle.

Vendredi ! qu'apportes-tu, paix ou guerre, dans les vingt-quatre plis de ton manteau ?

XI

LA JOURNÉE DU HULAN

18 février.

Manu militari : c'est ainsi que tout se passe, désormais ; que la salle est emplie d'avance, rien que sur vue de l'uniforme ou de la carte du Cercle Militaire ; que les généraux, dont la parole prime la loi, ont toute licence pour enfreindre les arrêts de la Cour ; que le droit de réponse étant aboli ; que le sabre de Damoclès, par un nouvel ultimatum de M. de Boisdeffre, est suspendu à nouveau, au-dessus du front des jurés. — « Sans haine et *sans crainte* », dit la formule légale ! — et qu'un invisible tambour semble rouler, commande dans le sanctuaire des lois !

M. de Pellieux avait laissé échapper le mot, avant-hier : « J'en ai assez, à la fin ! »

On en a eu assez à la fin, de cette justice civile qui, malgré que bien zélée, avait, impuissante, laissé filtrer la lumière ; de cet Ordre des avocats exigeant d'un officier supérieur le respect du barreau ; de cet auditoire mi-partie, acclamant tantôt Mercier, tantôt Picquart.

On a mis bon ordre à cela.

L'assistance, maintenant, hue Labori, lorsqu'il prononce les mots d'équité et de droit ; M. Delegorgue mène l'affaire à la houzarde... les intellectuels qui viendront n'auront qu'à bien se tenir !

Même, si nous ne sommes pas sages, il ne faut point désespérer qu'une heureuse négligence laisse envahir le prétoire par les clients ameutés, encore actuellement en bas.

Tout peut arriver. M. Lannes de Montebello, indûment revêtu de la robe, tentera bien d'assommer notre confrère Paul Desachy, coupable d'avoir crié : « Vive la République ! »

C'est que M. de Boisdeffre, accouru à la rescousse de M. de Pellieux, va non seulement confirmer son dire, quant à l'exactitude et l'authenticité de la fameuse pièce de 1896, mais encore amplifier sur son ultimatum aux jurés. Il ne parlera pas de boucherie, lui, mais de démission en masse de l'État-Major ; il dénouera son tablier tricolore et, le tendant aux douze pacifiques citoyens qui apprécient « sans crainte » et délibèrent « en liberté », il leur dira : « Voilà. Si vous n'avez pas confiance, vous n'avez qu'à parler ! »

Ses subordonnés, dans la salle, trépignent, en délire ; commencent à faire taire les « pékins ».

Nous sommes vraiment à un tournant de l'histoire, suivant l'heureuse expression de Labori. Le Ministère de la Guerre refuse, brutalement, toute communication légale des pièces dont il est le détenteur ; pour protéger madame de Boulancy, présente au Palais, à quelques mètres de là, contre son cousin Esterhazy, qui l'a menacée de mort, et qu'elle puisse venir témoigner, ni le président, ni l'avocat-général ne lui veulent accorder la protection de deux gardes.

Comme ils ont tous soif de la vérité !

Et ce que le colonel Picquart doit les exaspérer, avec son calme esprit d'examen, sa lucidité singulière ! Il vient préciser que Lauth et Gribelin avaient le mot de son armoire ; que le dossier complémentaire a circulé beaucoup plus qu'on ne l'a prétendu ; que la pièce : « Cette canaille de D... », entre autres, a séjourné pendant assez longtemps au pouvoir de M. Du Paty de Clam.

N'était-ce pas, précisément, le « document libérateur » ?

— Il y a même telle de ces pièces dont il serait bon de vérifier l'authenticité. Il y en a une, notamment, qui est arrivée au Ministère à un moment bien déterminé, au moment où le commandant Esterhazy avait besoin d'être défendu, où il était devenu nécessaire de bien prouver que l'auteur du bordereau était un autre que lui. Eh bien ! elle est arrivée à point, paraît-il. On ne me l'a jamais montrée, mais on m'en a parlé, tout en ne voulant jamais me dire d'où elle venait. Mais je trouve que cette pièce, étant donné le moment où elle apparaissait, étant donnés surtout les termes dans lesquels elle était conçue, *termes qui sont absolument invraisemblables*, eh bien ! cette pièce, il y a lieu de la considérer *comme un faux*.

Labori se penche :

— Ne serait-ce pas celle qu'invoquait hier M. de Pellieux ?

— C'est celle dont a parlé M. le général de Pellieux ; s'il n'en avait pas parlé hier, je n'en aurais pas parlé aujourd'hui. C'EST UN FAUX !

Mais le général Gonse contredit, en ajoutant son attestation, quant à l'authenticité de ladite pièce, aux formelles affirmations de MM. de Pellieux et de Boisdeffre.

Et M. Esterhazy apparaît.

J'ai fait son portrait en janvier, ici même, lors de sa comparution devant le Conseil de guerre. Je n'ai que peu de traits à y ajouter.

Il semble encore plus « embusqué » que précédemment, dans tous les sens du mot ; plus hérissé de méfiance. Il a le bec crochu, le crâne chauve, la tête aplatie, la prunelle fugace des carnassiers à larges ailes.

Mais il ne plane pas...

Comme un oiseau de proie sur un perchoir, il va demeurer là, fixé à la barre, les paupières clignantes, un bref frisson aux épaules.

Que va-t il répondre ? Rien.

Il ne répondra pas : il méprise Zola...

M⁽ᵉ⁾ Tézenas a bien compris que c'était la seule tactique possible ; que même les oui, les non, auraient leurs dangers. Son subtil esprit l'a servi à merveille, et l'on ne peut qu'admirer l'ingéniosité du détour.

Mais la scène est shakespearienne, étouffante pour les assistants.

Mᵉ Albert Clemenceau, sans aucune sorte d'arrogance, s'élevant, par le ton, à la hauteur tragique de la situation, mais implacable comme un justicier, interroge, interroge, interroge.

Entre chaque question est une minute de silence, solennel, écrasant! Voilà qu'on en revient aux lettres, à celles qu'il a reconnues :

« *Les Allemands mettront tous ces gens-là* (les Français) *à leur vraie place avant qu'il soit longtemps.* »

« *Voilà la belle armée de France! C'est honteux!... Mais je ne partirai pas sans avoir fait à toutes ces canailles une plaisanterie de ma façon.* »

« *Nos grands chefs, poltrons et ignares, iront une fois de plus, peupler les prisons allemandes.* »

« *Le général Saussier est un clown que les Allemands mettraient dans des baraques de foire.* »

« *Si les Prussiens arrivaient jusqu'à Lyon, ils pourraient jeter leurs fusils en gardant les baguettes pour chasser les Français devant eux* ».

Puis ceci, de vie privée, quant à l'amoureuse ayant cessé de plaire :

« *Je la hais, tu peux m'en croire, et donnerais tout au monde pour être aujourd'hui à Sfax et l'y faire venir. Un de mes spahis, avec un fusil qui partirait comme par hasard, la guérirait à tout jamais* ».

Enfin la lettre contestée, la seule, et sans que le fait encore ait été éclairci par des enquêtes et expertises contradictoires (1) :

« *Ce peuple ne vaut pas la cartouche pour le tuer... Si ce soir on venait me dire que je serai tué demain, comme capitaine de Uhlans, en sabrant des Français, je serais certainement parfaitement heureux... Comme tout cela ferait triste figure dans un rouge soleil de bataille, dans Paris pris d'assaut et livré au pillage de cent mille soldats ivres !*

» *Voilà une fête que je rêve.*

---

(1) Authentifiée depuis, par ordonnance judiciaire.

» *Ainsi soit-il !* »

J'observe les officiers, là-bas. Pas un qui bronche, pas un qui bouge ! Ils semblent ne pas entendre, ne pas comprendre ces choses dont le cœur me bat à rompre, dont j'ai les tempes trempées de sueur !

Leur solidarité ne s'émeut pas ! Leur patriotisme accepte ! Il y a cependant là de braves gens, de nobles hommes ? A quoi pensent-ils donc ? A qui pardonneraient-ils ces blasphèmes ? Qu'y a-t-il donc entre cet homme et eux ?

Les officiers du 74e de ligne, ses collègues à Rouen, n'avaient pas telle résignation, rapporte Huret, en ce moment à la barre ; le tenaient pour suspect, le traitaient de « rastaquouère ».

Pas un traître, admettons — mais ces lettres ?

Ah ! bah ! boutade légère, fantaisie qui ne compte pas ! « Vive l'armée ! Vive Esterhazy ! » sont cris jumeaux. Pourquoi distinguer ? On le va porter en triomphe. « Saluez la victime ! » ordonnera un thuriféraire. Le prince Henri d'Orléans lui viendra serrer la main.

Ce pendant que l'on enjoint aux modérés criant « Vive la France ! » d'avoir à militariser leur acclamation ; et que l'on assomme, à tour de bras, ceux qui crient : « Vive la République ! »

Le geste est beau ! « Au comble de l'émotion, dit
» le *Soir*, un officier qui assistait à l'audience et
» se trouvait sur l'escalier n'a pu exprimer ses
» remerciements à la foule autrement qu'en lui
» envoyant des baisers. »

Comme dans les cirques, alors ?... aurait écrit Esterhazy.

Et Paris, après dîner, est envahi d'officiers de la réserve ou de la territoriale, dans les cafés où le bon esprit règne, venant s'offrir à l'ovation.

XII

LA JOURNÉE DES INTELLECTUELS

19 février.

Une petite séance courte, de déblayage pourrait-on dire ; aux fins d'arriver au réquisitoire, et, peut-être aussi, par une dernière épreuve, de parvenir à décourager cet admirable lutteur qu'est Labori.

Peine perdue ! Il n'est pas de ceux qui défaillent ou désertent ! Son œuvre est faite, d'ailleurs, elle est acquise. Il n'est plus question que de prolonger l'effort qui sera l'honneur de sa carrière, et peut-être — attendez les événements ! — la gloire de sa vie !

Les bons confrères peuvent ricaner « qu'il s'est cassé les reins » ; insinuer qu'il est malade quand il est calme, et qu'il est gris (j'ai moi-même entendu le propos), quand il est violent ; cette excellente madame P... peut souhaiter qu'on l'écartèle en place de Grève, il est de taille à supporter le poids des envies et le fardeau des haines.

C'est un « monsieur ».

Comme est un monsieur cet autre, svelte, fluet, impassible, que nous voyons pour la dernière fois à la barre, et qui répond au nom de lieutenant-colonel Picquart.

Lui aussi, comme Labori, comme M. Paul Mayer, comme M. Grimaux, demande à s'expliquer sur un incident personnel ; tient à montrer quels procédés de polémique furent employés pour le déconsidérer.

Le Petit Journal imprima qu'il était marié, divorcé, et faisait élever ses enfants en Allemagne.

— Je ne suis pas marié ; je ne l'ai jamais été ; je n'ai pas d'enfants ; et, si j'en avais, ce n'est pas en Allemagne que je les ferais élever.

Lui, soldat, ne pouvait rectifier. Sa famille l'essaya. Il s'agissait de faits matériellement inexacts : toute réparation fut refusée.

M. de Pellieux, alors, s'avance : en civil. Il a quitté son uniforme, dit-il, parce que son rôle est terminé.

Mais le changement de harnais ne l'a pas rendu moins agressif. Et, se tournant peu à peu vers son subordonné en état de prévention, sous le coup d'une décision du Conseil d'enquête, donc doublement ligotté, et qu'a déjà provoqué à égalité de grade, mais non de situation, M. Henry, le général traite le colonel de Turc à Maure ; déclare son attitude étrange ; le qualifie de » Monsieur, » — « un Monsieur qui porte *en-* » *core* l'uniforme de l'armée française et qui » est venu ici, à la barre, accuser trois officiers » généraux d'avoir fait un faux ou de s'en être » servi ».

— Fait, non ! S'en être servi, et s'en servir, oui ! riposte Georges Picquart.

Et il ajoute, complétant sa pensée, en cri d'alarme, mais aussi en flèche du Parthe :

— Rappelez-vous les papiers Norton !

Picquart est hué : de Pellieux, applaudi. C'est drôle que ce dernier ne soit pas offusqué par l'uniforme au dos d'Esterhazy !

M. le lieutenant-colonel Picquart salue et sort,

comme dans la chanson de Ferny, ou mieux se case dans la salle.

Pas une fois, au cours de ces débats, et quelques occasions qu'on lui en ait pu fournir, il ne s'est départi de la correction, de la réserve absolue qu'il s'était juré d'observer. Mais aussi, s'il a encouru des inimitiés puissantes, il s'est assuré des sympathies inaliénables et énergiques.

M. Stock, l'éditeur, vient témoigner quant aux lettres de M. Esterhazy que lui communique son ami M. Autant fils. Puis il atteste la bonne foi de M. Zola; dit tenir d'un des juges de Dreyfus « que des pièces furent montrées secrètement au Conseil ; qu'il peut en énumérer quatre ».

Vous pensez si le président le reconduit !

C'est le tour de M. Lalance, député protestataire au Reichstag.

— Au Reichstag ! Encore un étranger ! bafouille une vieille baderne, dans mes environs.

Évidemment : il est Alsacien. Mais on sait que cette origine est en baisse depuis l'intervention de M. Scheurer-Kestner.

Ce que dit M. Lalance ? Ecoutez : c'est intéressant.

— Monsieur le Président, je prends la liberté de

donner à messieurs les jurés quelques indications sur les origines de cette affaire. Je crois que c'est une question qui n'a pas été présentée ici et qui a quelque intérêt.

» J'ai connu les familles Sandherr et Dreyfus, c'est-à-dire celles de l'accusateur et de l'accusé ; j'ai vécu avec elles, je les ai vues de près. Sandherr père était un protestant qui s'était fait catholique ; il avait l'intolérance des néophytes.

» En 1870, au moment de la guerre, des bandes dirigées par lui parcouraient les rues en criant : « A bas les Prussiens de l'intérieur ! » Ces Prussiens, c'étaient les protestants et les juifs. Ces cris n'eurent aucun écho : les protestants, les juifs et les catholiques ont fait tous également leur devoir pendant et après la guerre. Il n'y a pas, en Alsace, de divisions religieuses, pas plus qu'il n'y a de divisions politiques. Lorsqu'en 1874, on fut appelé à envoyer des députés à Berlin, ce fut un juif qui proposa la candidature de l'évêque de Metz ; ce sont les curés qui ont fait nommer les députés protestants.

» M. le colonel Sandherr, que je connaissais depuis son enfance, était un bon militaire, un brave et loyal citoyen, mais il avait hérité de son père l'intolérance. De plus, en 1893, il fut atteint de la maladie cérébrale dont il devait mourir trois ans après.

» Il fut envoyé cette année-là à Bussang, dans les Vosges, pour y faire une cure. Pendant son séjour, il y eut, à Bussang, une cérémonie patriotique, la remise du drapeau au bataillon de chasseurs à pied. Tous les baigneurs s'y rendirent. Auprès d'eux, il y avait un juif, Alsacien sans doute, qui pleurait d'émotion.

» Le colonel Sandherr se retourna vers ses voisins et leur dit : « Je me méfie de ces larmes. » Ces messieurs lui demandèrent d'expliquer sa pensée, et ils lui dirent : « Nous savons qu'il y a
» dans l'armée des officiers juifs qui font bien leur
» devoir, qui sont patriotes et intelligents. » Le colonel Sandherr répondit : « Je me méfie de tous
» les juifs. »

» Voilà l'homme, messieurs les jurés, qui a dirigé l'accusation. On peut supposer qu'il s'est laissé diriger par la passion plutôt que par la justice.

» Quant à la famille Dreyfus... »

Mais le président coupe court.

Et Labori donne lecture de la magnifique page

que voici et dont le signataire est M. Gabriel Séailles, professeur de philosophie à la Sorbonne :

« Pourquoi j'ai signé ? Homme d'étude, je ne puis apporter ici que le témoignage d'une conscience libre et sincère. Après le procès de Dreyfus, l'idée ne m'est pas venue un instant de mettre en doute la légalité de l'arrêt rendu contre lui.

» Je ne voudrais pas diminuer l'initiative de M. Zola, mais ce n'est pas lui qui a ouvert le débat : c'est l'inconnu qui a transmis à un journal du matin le fac-similé du fameux bordereau.

» Ce jour-là, la question a été portée devant l'opinion publique. Il a été fait appel à la conscience de chacun de nous. On n'échappe pas à la logique des faits.

» D'autres événements ont surgi, d'autres documents nous ont été présentés. On nous a montré une écriture qui, de l'aveu de son auteur, offrait avec celle du bordereau une effrayante ressemblance ; nous avons assisté à un procès dont la marche nous a étonnés.

» Les témoins s'y changent en accusés. Nous avons lu un acte d'accusation qui nous a déconcertés, parce que nous y avons vainement cherché ce que nous croyions y trouver. On peut se condamner au silence, on ne peut s'empêcher de penser.

» En dépit que j'en eusse, mon esprit travaillait sur les données qui lui avaient été fournies et mes idées se résumaient en ce dilemme, de deux choses l'une, ou Dreyfus a été condamné sur le bordereau, c'est-à dire sans preuves, ou il a été condamné sur des pièces secrètes non communiquées à la défense, c'est-à-dire illégalement.

» Ce jugement presque involontaire m'est tombé lourdement sur le cœur. Si la loi, qui est notre garantie à tous, que nous pouvons avoir à invoquer demain, doit être toujours respectée, ne doit-elle pas l'être surtout quand, dans un individu, ce sont des milliers d'individus qu'on prétend condamner et déshonorer.

» Comment j'ai été amené à signer une protestation ? Le voici :

» Je venais de corriger une leçon de morale, faite par un étudiant. J'avais dit à ces jeunes gens ce que tous, j'en suis assuré, vous voulez qu'on leur dise : que la personne humaine est sacrée, que la justice est intangible, qu'elle ne peut être sacrifiée ni à la passion, ni à l'intérêt de quelque nom qu'on le décore.

» Pour la bonne foi de M. Zola, les épreuves même qu'il subit suffisent à l'attester ; il a agi avec son tempérament à la façon d'un homme qui est enfermé dans une chambre où l'air devient étouffant, se précipite sur la fenêtre et au risque de s'ensanglanter, enfonce la vitre pour faire un appel d'air et de lumière. »

C'est rudement beau ! Si beau que l'assistance daigne écouter, rend l'hommage involontaire du silence.

M. Duclaux, membre de l'Institut, directeur de l'Institut Pasteur, l'écrivain auquel sont dues les admirables *Lettres d'un Solitaire* que publia le *Siècle*, dit qu'il signa parce qu'il jugea utile « qu'un groupe d'hommes libres vînt attester que les débats du procès Esterhazy n'avaient pas dissipé l'obscurité du premier procès et qu'il était nécessaire de faire la lumière ».

M. Anatole France, membre de l'Académie française, l'incomparable styliste, l'incomparable ironiste, qui ne dédaigne pas de joindre à un subtil talent, d'insoupçonnées et exquises sensibilités, vient déclarer qu'à son avis Zola « a agi avec courage, pour la justice et la vérité, dans le sentiment le plus généreux ».

Et madame de Boulancy?

Elle ne vient pas : elle a trop peur.

Et M. Thys?

On y renonce : on lui ferait perdre son emploi.

Et M. Casella?

On y renonce aussi. Quoique... Mais ça, l'avenir en décidera !

Et M. le général Billot? Et M. Souffrain ?

C'est la Cour, cette fois, qui y renonce, par un arrêt. Le premier, du Conseil des ministres, n'aurait pas obtenu la permission de venir ; le second serait introuvable.

Et la lettre du « Uhlan »?

Oh! ça, la Cour n'y tient pas du tout, du tout ! Même l'autorisation du ministre de la guerre, quant à la communication de l'expertise, ne l'a pas décidée. Et par un arrêt encore, elle biffe ce détail négligeable du débat.

... Comment donc jugeait-on sous l'Empire? Saint Delesvaux, *ora pro nobis !*

Ce soir, le carnaval commence : on ne se retrouvera que mardi. Une lassitude profonde, immense, est sur nous tous. Même le personnel de dehors, qui hurle moins...

XIII

LA JOURNÉE D'ÉMILE ZOLA

21 février.

Réquisitoire de M. Van Cassel : la pluie qui tombe ; succédané du rapport Ravary, à l'encontre du colonel Picquart : et vraiment, fantaisie un peu bouffonne à l'égard de M. Émile Zola.

Je sais bien qu'en ce moment il n'y a pas d'Europe — nous seuls ! et c'est assez ! comme dans *Médée* — je n'ignore pas qu'il faut être vendu, traître et espion pour s'apercevoir que d'autres nations existent, et tenir compte de leur opinion.

Mais enfin, quand demain, après-demain, en Belgique, en Suisse, en Hollande, en Danemark, en Suède, en Roumanie, en Grèce, en Russie, pour ne parler que des puissances neutres ou amies, on lira rien que le début, les deux lignes préliminaires du laïus de l'avocat-général, je m'imagine la stupeur, le rire, la huée qui les accueilleront.

« Messieurs les Jurés,

— » Un homme qui a écrit de nombreux romans, qui s'est fait une notoriété APPARENTE... »

Ira-t-on plus loin ? Ira-t-on jusqu'à ce passage où M. Van Cassel, d'un air dégoûté, dit qu'après tout « les œuvres de M. Zola ne relevaient *que* de la littérature, et que la littérature elle-même ne relevait *que* de l'Académie » ; accuse Zola, avide de renommée, d'avoir voulu se procurer « le socle le haussant au titre de grand homme qu'il assume aisément » (*sic*).

Ceci est plaisant. Ce qui l'était moins, c'était d'entendre ce dégoulinement de gouttière sous le ciel gris.

C'eût été du patagon, si ce n'était du charabia. Cette fois, l'accusé a vraiment l'air de souffrir !

S'il y avait eu de la flamme, de la passion, de l'injustice, de la révolte, de la colère, de l'indignation, un élan de fureur, un cri d'alarme, au moins ç'eût été de la bataille. Mais rien! le néant! Du macaroni qui file! De la guimauve qui se roule, s'enroule, se déroule, colle, poisse, glue entre les mains de l'opérateur, dompteur de serpents pour rhume!

On avait froid. On bâillait ferme. L'un même, pour se distraire, ou pour couper ses périodes, plongeait son nez aigu dans le drap de lit qui lui sert de mouchoir — peut-être bien la bannière de Jeanne Hachette, le spécimen que Couard apportait dans son petit paquet !

Ce qu'il disait ? Ah ! Dieu, comment s'y reconnaître! Tous, autour de moi, navrés, avaient lâché le crayon.

Que le « petit bleu », source de la poursuite contre Esterhazy, était peut-être bien de Picquart, et la communication à l'*Éclair* aussi ; que les lettres d'Esterhazy, où il est parlé de l'armée et de la France dans les termes que l'on sait, n'ont aucune sorte d'importance ; qu'où la malignité des adversaires d'Esterhazy s'atteste, c'est dans la création de cette légende d'accolades entre juges et acquitté, que dément une lettre à lui adressée par le général de Luxer — or, ce sont juste les partisans de M. Esterhazy qui l'ont inventée pour les besoins de la cause, publiée, divulguée ! — et que jamais, au grand jamais, M. de Pellieux parlant de boucherie, ni M. de Boisdeffre parlant de démission, n'avaient eu la moindre idée d'exercer l'ombre d'une pression sur les jurés !

C'est à peu près tout. Quand il a eu terminé, au restaurant du Palais, toutes les huîtres étaient ouvertes... Mais le fond de la salle avait témoigné, pêle-mêle, et parfois de manière si intempestive que c'était une gaîté, une approbation sans bornes, un enthousiasme sans réserves.

C'est si beau, le talent !

*
* *

Alors, l'homme de « notoriété apparente », l'auteur des *Rougon-Macquart* et des volumes de critique qui feront époque dans l'histoire de l'art, le pauvre « demi-intellectuel » selon Barrès, s'est levé.

Il lit mal, d'une voix assourdie, tandis que ses nerfs crispés font frémir les feuilles entre ses doigts. Ah ! pauvre grand homme lancé dans l'aventure, à l'automne de sa vie, toute la santé physique de son être usée par l'incessant labeur, comme il apparaît touchant et héroïque de s'être fait le « professeur d'énergie » de toutes nos âmes sans direction !

« A la Chambre, dans la séance du 22 janvier, M. Méline, président du Conseil des ministres, a déclaré, aux applaudissements frénétiques de sa majorité complaisante, qu'il avait confiance dans les douze citoyens aux mains desquels il remettait la défense de l'armée. C'était de vous qu'il parlait, messieurs. Et, de même que M. le général Billot avait dicté son arrêt au conseil de guerre chargé d'acquitter le commandant Esterhazy, en donnant du haut de la tribune à des subordonnés la consigne militaire du respect indiscutable de la chose jugée, de même M. Méline a voulu vous donner l'ordre de me condamner, au nom du respect de l'armée, qu'il m'accuse d'avoir outragée...

— M. Méline n'a donné aucun ordre, interrompt le Président.

... « Je dénonce à la conscience des honnêtes gens cette pression des pouvoirs publics sur la justice du pays. Ce sont là des mœurs politiques abominables qui déshonorent une nation libre.

» Nous verrons, messieurs, si vous obéirez. Mais

il n'est pas vrai que je sois ici, devant vous, par la volonté de M. Méline. Il n'a cédé à la nécessité de me poursuivre que dans un grand trouble, dans la terreur du nouveau pas que la vérité en marche allait faire. Cela est connu de tout le monde. Si je suis devant vous, c'est que je l'ai voulu. Moi seul ai décidé que l'obscure, la monstrueuse affaire serait portée devant votre juridiction, et c'est moi seul, de mon plein gré, qui vous ai choisis, vous l'émanation la plus haute, la plus directe de la justice française, pour que la France enfin sache tout et se prononce. Mon acte n'a pas eu d'autre but, et ma personne n'est rien, j'en ai fait le sacrifice, satisfait simplement d'avoir mis entre vos mains, non seulement l'honneur de l'armée, mais l'honneur en péril de toute la nation.

» Vous me pardonneriez donc, si la lumière dans vos consciences n'était pas encore entièrement faite. Cela ne serait pas de ma faute. Il paraît que je faisais un rêve, en voulant vous apporter toutes les preuves, en vous estimant les seuls dignes, les seuls compétents. On a commencé par vous retirer de la main gauche ce qu'on semblait vous donner de la main droite. On affectait bien d'accepter votre juridiction, mais si l'on avait confiance en vous pour venger les membres d'un Conseil de guerre, certains autres officiers restaient intangibles, supérieurs à votre justice elle-même. Comprenne qui pourra. C'est l'absurdité dans l'hypocrisie, et l'évidence éclatante qui en ressort est qu'on a redouté votre bon sens, qu'on n'a point osé courir le danger de nous laisser tout dire et de vous laisser tout juger.

» Ils prétendent qu'ils ont voulu limiter le scandale ; et qu'en pensez-vous, de ce scandale, de mon acte qui consistait à vous saisir de l'affaire, à vouloir que ce fût le peuple, incarné en vous, qui fût le juge ? Ils prétendent encore qu'ils ne pouvaient accepter une revision déguisée, avouant ainsi qu'ils n'ont qu'une épouvante au fond, celle de votre contrôle souverain. La loi, elle a en vous sa représentation totale : et c'est cette loi du peuple élu que j'ai désirée, que je respecte profondément, en bon citoyen, et non pas la louche procédure grâce à laquelle on a espéré vous bafouer vous-mêmes.

» Me voilà excusé, messieurs, de vous avoir dérangés de vos occupations, sans avoir eu le pouvoir de vous inonder de la totale lumière que je rêvais. La lumière, toute la lumière, je n'ai eu que ce passionné désir. Et ces débats viennent de vous le prouver, nous avons eu à lutter pas à pas, contre une volonté de ténèbres extraordinaire d'obstination. Il a fallu un combat pour arracher chaque lambeau de vérité, on a discuté sur tout, on nous a refusé tout, on a terrorisé nos témoins, dans l'espoir de nous empêcher de faire la preuve. Et c'est pour vous seuls que nous nous sommes battus, c'est pour que cette preuve vous fût soumise entière, afin que vous puissiez vous prononcer sans remords dans votre conscience. Je suis donc certain que vous nous tiendrez compte de nos efforts et que, d'ailleurs, assez de clarté a pu être faite. Vous avez entendu les témoins ; vous allez entendre mon défenseur, qui vous dira l'histoire vraie, cette histoire qui affole tout le monde et que personne ne connaît. Et me voilà tranquille, la vérité est en vous maintenant ; elle agira.

» M. Méline a donc cru dicter votre arrêt, en vous confiant l'honneur de l'armée. Et c'est au nom de cet honneur de l'armée que je fais appel moi-même à votre justice. Je donne à M. Méline le plus formel démenti : je n'ai jamais outragé l'armée. J'ai dit, au contraire, ma tendresse, mon respect pour la nation en armes, pour nos chers soldats de

France qui se lèveraient à la première menace, qui défendraient la terre française. Et il est également faux que j'aie attaqué les chefs, les généraux qui les mèneraient à la victoire. Si quelques individualités des bureaux de la guerre ont compromis l'armée elle-même par leurs agissements, est-ce donc insulter l'armée tout entière que de le dire? N'est-ce pas plutôt faire œuvre de bon citoyen que de la dégager de toute compromission que de jeter le cri d'alarme, pour que les fautes, qui, seules, nous ont fait battre, ne se reproduisent pas et ne nous mènent pas à de nouvelles défaites?

» Je ne me défends pas d'ailleurs; je laisse à l'histoire le soin de juger mon acte, qui était nécessaire. Mais j'affirme, qu'on déshonore l'armée, quand on laisse les gendarmes embrasser le commandant Esterhazy, après les abominables lettres qu'il a écrites. J'affirme que cette vaillante armée est insultée chaque jour par les bandits qui, sous prétexte de la défendre, la salissent de leur complicité, en traînant dans la boue tout ce que la France compte encore de bon et de grand. J'affirme que ce sont eux qui la déshonorent, cette grande armée nationale, lorsqu'ils mêlent les cris de : « Vive l'armée ! » à ceux de « A mort les juifs ! »

Et ils ont crié : « Vive Esterhazy ! Grand Dieu ! le peuple de saint Louis, de Bayard, de Condé et de Hoche, le peuple qui compte cent victoires géantes, le peuple des grandes guerres de la République et de l'Empire, le peuple dont la force, la grâce et la générosité ont ébloui l'univers, criant : « Vive » Esterhazy ! » C'est une honte dont notre effort de vérité et de justice peut seul nous laver.

» Vous connaissez la légende qui s'est faite. Dreyfus a été condamné justement et légalement par sept officiers infaillibles, qu'on ne peut même suspecter d'erreur sans outrager l'armée entière. Il expie dans une torture vengeresse son abominable forfait. Et comme il est juif, voilà qu'un syndicat juif s'est créé, un syndicat international de sans-patrie, disposant de millions par centaines, dans le but de sauver le traître au prix des plus impudentes manœuvres. Dès lors ce syndicat s'est mis à entasser les crimes, achetant les consciences, jetant la France dans une agitation meurtrière, décidé à la vendre à l'ennemi, à embraser l'Europe d'une guerre générale, plutôt que de renoncer à son effroyable dessein. Voilà, c'est très simple, même enfantin et imbécile, comme vous le voyez. Mais c'est de ce pain empoisonné que la presse immonde nourrit notre pauvre peuple depuis des mois. Et il ne faut pas s'étonner si nous assistons à une crise désastreuse, car lorsqu'on sème à ce point la sottise et le mensonge, on récolte forcément la démence.

» Certes, messieurs, je ne vous fais pas l'injure de croire que vous vous en étiez tenus, jusqu'ici, à ce conte de nourrice. Je vous connais, je sais qui vous êtes. Vous êtes le cœur et la raison de Paris, de mon grand Paris, où je suis né, que j'aime d'une infinie tendresse, que j'étudie et que je chante depuis bientôt quarante ans. Et je sais également, à cette heure, ce qui se passe dans vos cerveaux ; car, avant de venir m'asseoir ici, comme accusé, j'ai siégé là, au banc où vous êtes. Vous y représentez l'opinion moyenne, vous tâchez d'être, en masse, la sagesse et la justice. Tout à l'heure, je serai en pensée avec vous dans la salle de vos délibérations, et je suis convaincu que votre effort sera de sauvegarder vos intérêts de citoyens, qui sont naturellement, selon vous, les intérêts de la nation entière. Vous pouvez vous tromper, mais vous vous tromperez dans la pensée, en assurant votre bien, d'assurer le bien de tous.

» Je vous vois dans vos familles, le soir, sous la

lampe ; je vous entends causer avec vos amis, je vous accompagne dans vos ateliers, dans vos magasins. Vous êtes tous des travailleurs, les uns commerçants, les autres industriels, quelques-uns exerçant des professions libérales. Et votre très légitime inquiétude est l'état déplorable dans lequel sont tombées les affaires. Partout la crise actuelle menace de devenir un désastre, les recettes baissent, les transactions deviennent de plus en plus difficiles. De sorte que la pensée que vous avez apportée ici, la pensée que je lis sur vos visages, est qu'en voilà assez et qu'il faut en finir. Vous n'en êtes pas à dire comme beaucoup : « Que nous importe qu'un innocent soit à l'île du Diable ! Est-ce que l'intérêt d'un seul vaut la peine de troubler ainsi un grand pays ? » Mais vous vous dites tout de même que notre agitation, à nous les affamés de vérité et de justice, est payée trop chèrement par tout le mal qu'on nous accuse de faire. Et, si vous me condamnez, messieurs, il n'y aura que cela au fond de votre verdict : le désir de calmer les vôtres, le besoin que les affaires reprennent, la croyance qu'en me frappant vous arrêterez une campagne de revendications nuisibles aux intérêts de la France.

» Eh bien! messieurs, vous vous tromperez absolument. Veuillez me faire l'honneur de croire que je ne défends pas ici ma liberté. En me frappant, vous ne feriez que me grandir. Qui souffre pour la vérité et la justice devient auguste et sacré. Regardez-moi : (*Murmures.*) ai-je mine de vendu, de menteur et de traître? Pourquoi donc agirais-je? Je n'ai derrière moi ni ambition politique, ni passion de sectaire. Je suis un libre écrivain, qui a donné sa vie au travail, qui rentrera demain dans le rang et reprendra sa besogne interrompue. Et qu'ils sont donc bêtes ceux qui m'appellent l'Italien, moi né d'une mère française, élevé par de grands-parents beaucerons, des paysans de cette forte terre, moi qui ai perdu mon père à sept ans, qui ne suis allé en Italie qu'à cinquante-quatre ans, et pour documenter un livre. Ce qui ne m'empêche pas d'être très fier que mon père soit de Venise, la cité resplendissante dont la gloire ancienne chante dans toutes les mémoires. Et, si même je n'étais pas Français, est-ce que les quarante volumes de langue française que j'ai jetés par millions d'exemplaires dans le monde entier, ne suffiraient pas à faire de moi un Français utile à la gloire de la France!

» Donc, je ne me défends pas. Mais quelle erreur serait la vôtre, si vous étiez convaincus qu'en me frappant, vous rétabliriez l'ordre dans notre malheureux pays ! Ne comprenez-vous pas, maintenant, que ce dont la nation meurt, c'est de l'obscurité où l'on s'entête à la laisser, c'est de l'équivoque où elle agonise ! Les fautes des gouvernants s'entassent sur les fautes, un mensonge en nécessite un autre, de sorte que l'amas devient effroyable. Une erreur judiciaire a été commise et, dès lors, pour la cacher, il a fallu, chaque jour, commettre un attentat au bon sens et à l'équité. C'est la condamnation d'un innocent qui a entraîné l'acquittement d'un coupable ; et voilà, aujourd'hui, qu'on vous demande de me condamner à mon tour, parce que j'ai crié mon angoisse, en voyant la patrie dans cette voie affreuse. Condamnez-moi donc ! Mais ce sera une faute encore, ajoutée aux autres, une faute dont plus tard vous porterez le poids dans l'histoire. Et ma condamnation, au lieu de ramener la paix que vous désirez, que nous désirons tous, ne sera qu'une semence nouvelle de passion et de désordre. La mesure est comble, je vous le dis : ne la faites pas déborder !

» Comment ne vous rendez-vous pas un compte

exact de la terrible crise que le pays traverse ? On dit que nous sommes les auteurs du scandale, que ce sont les amants de la vérité et de la justice qui détraquent la nation, qui poussent à l'émeute. En vérité, c'est se moquer du monde. Est-ce que le général Billot, pour ne nommer que lui, n'est pas averti depuis dix-huit mois ? Est-ce que le colonel Picquart n'a pas insisté pour qu'il prît la revision en main, s'il ne voulait pas laisser l'orage éclater et tout bouleverser ? Est-ce que M. Scheurer-Kestner ne l'a pas supplié, les larmes aux yeux, de songer à la France, de lui éviter une pareille catastrophe ? Non ! non ! Notre désir a été de tout faciliter, de tout amortir, et si le pays est dans la peine, la faute en est au pouvoir qui, pour couvrir les coupables et dans des intérêts politiques, a tout refusé, espérant qu'il serait assez fort pour empêcher la lumière d'être faite. Depuis ce jour, il n'a manœuvré que dans l'ombre, pour les ténèbres, et c'est lui, lui seul, qui est responsable du trouble éperdu où sont les consciences.

» L'affaire Dreyfus ! Ah ! messieurs, elle est devenue bien petite à l'heure actuelle, elle est bien perdue et bien lointaine, devant les terrifiantes questions qu'elle a soulevées. Il n'y a plus d'affaire Dreyfus ; il s'agit désormais de savoir si la France est encore la France des Droits de l'homme, celle qui a donné la liberté au monde et qui devait lui donner la justice. Sommes-nous encore le peuple le plus noble, le plus fraternel, le plus généreux ? Allons-nous garder en Europe notre renom d'équité et d'humanité ? Puis, ne sont-ce pas toutes les conquêtes que nous avions faites et qui sont remises en question ? Ouvrez les yeux et comprenez que, pour être dans un tel désarroi, l'âme française doit être remuée jusque dans ses intimes profondeurs, en face d'un péril redoutable. Un peuple n'est point bouleversé de la sorte, sans que sa vie morale elle-même soit en danger. L'heure est d'une gravité exceptionnelle : il s'agit du salut de la nation.

» Et quand vous aurez compris cela, messieurs, vous sentirez qu'il n'est qu'un seul remède possible : dire la vérité, rendre la justice. Tout ce qui retardera la lumière, tout ce qui ajoutera des ténèbres aux ténèbres, ne fera que prolonger et aggraver la crise. Le rôle des bons citoyens, de ceux qui sentent l'impérieux besoin d'en finir, est d'exiger le grand jour. Nous sommes déjà beaucoup à le penser. Les hommes de littérature, de philosophie et de science se lèvent de toutes parts, au nom de l'intelligence et de la raison. Et je ne vous parle pas de l'étranger, du frisson qui a gagné l'Europe tout entière. Pourtant l'étranger n'est pas forcément l'ennemi. Ne parlons pas des peuples qui peuvent être demain des adversaires. Mais la grande Russie notre alliée, mais la petite et généreuse Hollande, mais tous les peuples sympathiques du Nord, mais ces terres de langue française, la Suisse et la Belgique, pourquoi donc ont-elles le cœur si gros, si débordant de fraternelle souffrance ? Rêvez-vous donc une France isolée dans le monde ? Voulez-vous, quand vous passerez la frontière, qu'on ne sourie plus à votre bon renom légendaire d'équité et d'humanité ?

» Hélas ! messieurs, ainsi que tant d'autres, vous attendez peut-être le coup de foudre, la preuve de l'innocence de Dreyfus, qui descendrait du ciel comme un tonnerre. La vérité ne procède pas ainsi d'habitude ; elle demande quelque recherche et quelque intelligence. La preuve ! Nous savons bien où elle est, où l'on pourrait la trouver. Mais nous ne songeons à cela que dans le secret de nos âmes, et notre angoisse patriotique est qu'on se soit exposé à recevoir un jour le démenti de cette preuve, après avoir engagé l'honneur de l'armée dans un mensonge. Je veux aussi déclarer nettement que, si nous avons notifié comme témoins certains membres des ambassades, notre volonté formelle était à l'avance de ne pas les citer ici. On a souri de notre audace. Je ne crois pas qu'on en ait souri au ministère des affaires étrangères, car, là, on a dû comprendre. Nous avons simplement voulu dire à ceux qui savent toute la vérité que nous la savons, nous aussi. Cette vérité court les ambassades; elle sera demain connue de tous. Et, s'il nous est impossible d'aller dès maintenant la chercher où elle est, protégée par d'infranchissables formalités, le gouvernement qui n'ignore rien, le gouvernement qui est convaincu comme nous de l'innocence de Dreyfus, pourra, quand il le voudra, et sans risques, trouver les témoins qui feront enfin la lumière.

» Dreyfus est innocent, je le jure. J'y engage ma vie, mon honneur. A cette heure solennelle, devant ce tribunal qui représente la justice humaine, devant vous, messieurs les jurés, qui êtes l'incarnation même du pays, devant toute la France, devant le monde entier, je jure que

Dreyfus est innocent. Et, par mes quarante années de travail, par l'autorité que ce labeur a pu me donner, je jure que Dreyfus est innocent. Et, par tout ce que j'ai conquis, par le nom que je me suis fait, par mes œuvres qui ont aidé à l'expansion des lettres françaises, je jure que Dreyfus est innocent. Que tout cela croule, que mes œuvres périssent, si Dreyfus n'est pas innocent ! Il est innocent.

» Tout semble être contre moi, les deux Chambres, le pouvoir civil, le pouvoir militaire, les journaux à grand tirage, l'opinion publique qu'ils ont empoisonnée. Et je n'ai pour moi que l'Idée, un idéal de vérité et de justice. Et je suis bien tranquille, je vaincrai.

» Je n'ai pas voulu que mon pays restât dans le mensonge et dans l'injustice. On peut me frapper ici. Un jour, la France me remerciera d'avoir aidé à sauver son honneur. »

On s'attendait à des violences, des protestations furibondes couvrant la voix de l'orateur.

Et trois, quatre fois seulement, des rumeurs se sont élevées. Les plus abrupts, les plus hostiles ont, malgré eux, subi la sensation que l'univers civilisé avait les yeux fixés sur cette petite salle où se débat l'un des plus grands problèmes de ce temps.

* *
*

C'était le tour de Labori.

Cariatide en toge, qui porte sur ses épaules, depuis treize jours, le poids d'un monde de fureurs, sa figure de bon garçon pâlie et solennisée, le ton calme, le geste restreint, il a étonné même ses amis par l'ordonnancement magistral de son argumentation.

Éloquent, oui certes ; mais avec une autorité insoupçonnée, une puissance, une ampleur qui ont fini par obtenir l'hommage du silence, et cette victoire : l'attention !

Que les jurés condamnent, que les jurés absolvent ; qu'ils soient des citoyens intimidés par tant d'objurgations et de menaces, ou qu'ils soient des héros d'abnégation, ainsi que le furent les bourgeois de Calais, à jamais illustres, ce qu'ils auront entendu là va les suivre et les hanter, germera dans leur cerveau et leur cœur.

Tout d'abord, en phrases brèves, il décrit la situation : les trois cents députés, les cent cinquante sénateurs, partisans de la revision, mais n'osant affronter une certaine presse, ni risquer l'appui du gouvernement avant les élections. Et puis le peuple indécis, par portions tronqué, résistant encore, prémuni par son instinct de la justice et du droit...

Ensuite il parle du « Syndicat », de ce mot arme de guerre, dont on entend paralyser les courages, effaroucher les timidités. Il démontre que c'est le droit de la famille, des amis, d'employer toutes leurs ressources à s'efforcer de prouver une innocence à laquelle ils croient, à tenter de se laver d'une souillure infamante et qu'ils jugent imméritée.

S'ensuit-il de là que Zola soit un vendu ? Que tous autres, qui lui ont apporté, en ces heures d'épreuves, l'appui de leur nom, le témoignage de leur sympathie, la confirmation de leur amitié, l'aient fait ignominieusement, contre salaire ? Et il cite tous les philosophes, les savants, les artistes, les politiciens, les publicistes qui se sont engagés, résolument, dès qu'il y eut péril, surtout, à la suite du grand écrivain.

On est quelques-uns, tout de même ! Et pas précisément le déchet !

D'ailleurs, l'esprit de doute qui est au cœur de l'homme n'avait guère besoin, en la cause, d'être très sollicité. A preuves, les deux admirables et prophétiques articles de l'*Autorité*, dont Labori donne lecture : « ces cris de conscience où, dès 1894, M. Paul de Cassagnac mettait le plus pur de sa chevalerie et de sa loyauté ».

Et contre le huis-clos, déjà, cette phrase : « Prendre à un homme, un soldat, son honneur, sans dire pourquoi, équivaut à ressusciter les tribunaux secrets de l'Espagne et des Pays-Bas ! »

Or, il y a eu plus que le huis-clos : il y a eu l'illégalité monstrueuse du document montré aux juges, et à l'insu de la défense et de l'accusé !

*
* *

Labori examine le document porté à l'*Éclair* et par lui publié le 15 septembre 1896. Il démontre, par le texte même des commentaires, et le nom remplaçant l'initiale, que cette publication, dirigée contre Dreyfus, ne pouvait être du fait de M. le lieutenant-colonel Picquart.

Il remémore cette rencontre entre MM. Salles et Demange, le premier révélant au second la confidence reçue d'un des membres du Conseil de guerre, et sur laquelle, à cette barre, on ne l'a point voulu laisser déposer.

Il rappelle l'étonnement de tous ceux qui observent et réfléchissent devant les autres documents soi-disant révélateurs : l'insuffisance du bordereau, la puérilité du rapport Ormescheville.

Il « mouche » une partie de l'auditoire qui a piaillé contre lui sur le mot de désintéressement, de cette apostrophe cinglante :

— Si nous vous avions payés, vous manifesteriez pour nous !

Puis il fait ressortir ce que Zola pouvait gagner à la bagarre, lui, heureux, riche, célèbre, ayant conquis, par sa plume, ce qui assure la vieillesse glorieuse, paisible, honorée.

Mais l'instruction contre Esterhazy conduite en apothéose ; mais le ministre de la guerre, à la tribune de la Chambre, indiquant le verdict à rendre, par une affirmation nouvelle (et rien qu'une parole, toujours !) de la culpabilité de Dreyfus, devaient déterminer à agir.

Il l'a fait. Peu ont compris. C'est le sort de tous ceux qui vont à l'encontre des pouvoirs publics. Il l'a fallu cependant pour reviser toutes les erreurs judiciaires, depuis Jésus-Christ jusqu'à Pierre Vaux, en passant par Jeanne d'Arc ; pour flétrir toutes les violences qu'a justifiées la raison d'État, depuis la Saint-Barthélemy jusqu'au massacre des otages, en passant par les excès de la Terreur et l'exécution sommaire du duc d'Enghien.

Ici, Labori atteint, réellement, le *summum* de l'éloquence, le beau mouvement oratoire dont se dilatent les yeux, dont se suspendent les haleines, dont palpitent les cœurs.

Il est applaudi...

*
* *

Et alors, sans transition, comme on charge, il fonce sur cette imputation : l'injure à l'armée.

Qu'est-ce que l'armée ? La nation entière, tous officiers se valant. En haut, quelques chefs, faillibles autant que le restant des mortels.

Forment-ils donc une caste à part? Mais si l'état-major était décimé par l'épidémie ou la mitraille, si, accomplissant la menace de M. de Boisdeffre, il démissionnait demain, la patrie en serait-elle perdue ?

Aucunement ! De plus jeunes mains, des mains

non moins valeureuses, reprendraient, aux mains défaillantes des aînés, le bâton du commandement.

Et ce serait tout. *Il n'y a pas d'hommes indispensables.*

On se le doit dire, et se le répéter, pour s'élever contre une suprématie de l'arme qui serait plus oppressive, chez nous, que chez les Turcs ou les Tartares, où, du moins, le chef est responsable devant son peuple, sa dynastie, Dieu même, s'il est de droit divin.

Ici, ce serait l'oligarchie militaire, la dictature d'un groupe anonyme, plus puissante et plus respectable que la loi.

Ne point vouloir cela, ni l'admettre, est-ce donc outrager l'armée ? Et puis qui donc l'outrage, obstinément, quotidiennement ? Qui donc l'a le plus outragée, sinon précisément ceux qui, aujourd'hui, s'en instituent les défenseurs ?

Et Labori donne lecture de divers passages de l'*Intransigeant*.

Celui-ci, d'abord, du 3 mars 1897, paru sous la signature de M. Charles Roger, fragment d'une lettre attribuée à « un officier supérieur en activité de service, un *renseigné* ».

« C'est une monstruosité de voir le commandement suprême de l'armée aux mains d'un vieillard septuagénaire qui, sur le terrain, en paix comme en guerre, a été jugé depuis longtemps à sa valeur qui est nulle.

» Quant à Boisdeffre, sottement entiché d'une noblesse qui n'a même pas le mérite mince, aujourd'hui, d'être sérieuse, c'est, comme vous le dites si exactement, *un paresseux, un ignorant comme une carpe*, ayant du bagout, de l'aplomb, du toupet, *tellement rossard qu'il n'a jamais eu le courage d'apprendre un mot d'allemand* et que le chef d'état-major de l'armée, pour lire la moindre note dans cette langue, est obligé d'avoir recours à un interprète. C'est un comble ! Ce que les Prussiens doivent se tordre et se moquer de nous.

» Du reste, grâce à ses chefs — tel maître, tels sous-ordres — cet état-major est tellement singulier que l'officier supérieur à la tête aujourd'hui du fameux S. S. (service de renseignements), *ne sait pas lui-même un traître mot de langue étrangère.*

» Autre comble ! Le généralissime Saussier, qu'en dire ? Ç'a été un brave capitaine de l'ancienne armée d'Afrique, devenu général et détestable manœuvrier, aujourd'hui complètement fourbu.

» D'après ces chefs suprêmes, on peut non pas juger de tous les autres — il en est fort heureusement de bons — mais on peut juger *du nouveau et terrible guêpier où nous serions en cas d'un coup de torchon.* »

Celui-ci, même journal, 3 octobre 1897, sans signature :

« La justice militaire, aussi boiteuse que l'autre, mais plus aveugle et plus brutale... Ces criantes injustices sont révoltantes et jettent dans l'esprit des soldats des ferments de révolte, légitime après tout. »

Celui-ci, même journal, 14 juillet 1896, extrait d'un article de M. Henri Rochefort :

« On n'embrasse l'état militaire que dans l'espoir de tuer des hommes et, quand on n'est pas de force à tuer ceux des autres, on extermine les siens. La grande croyance *des idiots qui se sont succédé au ministère de la guerre* est que, si nous avons été battus en 1870, c'est parce que nos troupes étaient insuffisamment disciplinées. »

Celui-ci, même journal, 6 septembre 1870, sans signature :

« L'obéissance passive, l'égoïsme et la brutalité féroce, ce sont là les grands principes que l'on s'efforce de faire pénétrer dans le cœur et dans le cerveau des soldats... Si l'armée était vraiment une grande famille ; si elle était l'école de l'honneur, de la dignité et du devoir, si elle était l'institution démocratique qui convient au peuple français, elle serait invincible et il n'y aurait pas parmi elle de déserteurs.

» Mais la vérité c'est que l'on cherche à faire de nos soldats des mercenaires, et *que les plus éclairés, les plus fiers, les plus ardents, les meilleurs, sont précisément ceux qui ont le plus impérieux besoin de se soustraire à ce rôle odieux.* »

Celui-ci, même journal, 12 avril 1894, extrait d'un article de M. Henri Rochefort :

« Eh bien ! le public a le regret de constater que ce fameux « esprit militaire » qu'on inculque aux professionnels de l'armée, arrive en un temps relativement assez court à atrophier les plus belles intelligences. *De récents jugements rendus par les conseils de guerre démontrent qu'il y a un véritable danger national à laisser plus longtemps à des juges aussi peu préparés aux fonctions judiciaires le droit de vie et de mort sur des accusés dont ils sont hors d'état d'apprécier la culpabilité.* »

Cet autre, de la *Libre Parole* du 5 novembre 1894, sous la signature de M. Édouard Drumont :

« Regardez ce ministère de la guerre qui devrait être le sanctuaire du patriotisme et *qui est une caverne, un lieu de perpétuels scandales, un cloaque qu'on ne saurait comparer aux écuries d'Augias,* car aucun Hercule n'a encore essayé de les nettoyer. Une telle maison devrait embaumer l'honneur et la vertu : il y a toujours au contraire *quelque chose qui pue là-dedans.* »

Enfin, le fougueux article de M. de Cassagnac, contre le général Billot, paru, du matin même, dans l'*Autorité*.

Zola a pu être violent, mais, certes, il ne l'a pas été davantage — et l'on ne sache pas qu'aucun de ceux-là (fort heureusement, d'ailleurs) ait jamais été poursuivi.

. . . .

Parle, parle, bon artisan ! Ici, c'est travail perdu. Mais par les fenêtres ouvertes le vent emporte les semailles de vérité. Beaucoup seront perdues, tombées sur le roc, happées par les oiseaux pillards.

Mais il reste, en notre terre de France, assez de généreux sol pour que — « Quand même ! », ô Déroulède ! — pousse la moisson !

XIV

LA JOURNÉE DE LABORI

22 février.

Je n'ai pas dit assez l'écrasante besogne qu'accomplit, en quatorze jours, le défenseur qui plaide là. Il fit tête à tout et à tous ; accumula les conclusions ; dressa, pour l'avenir, à la grande stupeur des imbéciles, le monument juridique qui survivra aux événements... *quand ceci sera de l'Histoire.*

Maintenant, à pleines voiles, couvert par la liberté de la défense, et selon les instructions de Zola, il abandonne celui-ci, pour refaire, pour reprendre le procès de 1894.

Il remonte jusqu'aux origines ; il en déploie les

phases, comme un manteau de ténèbres où l'œil hésite à plonger.

Il refrène son éloquence, ainsi qu'on mate un cheval trop fougueux ; il l'oblige à parcourir au pas, à tout petits pas, le chemin suivi jadis par l'accusation — chemin oblique, chemin tortueux !

Et, dès l'origine, il faut le reconnaître, quelque chose d'insolite apparaît. Ce suspect n'est même pas traité en prévenu : il est traité en condamné.

D'emblée.

Le 13 octobre, on le convoque à se rendre le surlendemain au ministère.

Le 14 (donc sans l'avoir vu ni entendu), on signe l'ordre d'arrestation et on a fait préparer sa cellule au Cherche-Midi.

Le 15, afin de renforcer le dossier, trop faible, paraît-il, et d'obtenir une preuve davantage concluante, M. du Paty de Clam imagine la fameuse dictée, puéril stratagème, insuffisant vraiment à déterminer le déshonneur et la perte d'un officier français.

Puis, le 29 suivant et le 1ᵉʳ novembre, par des indiscrétions aucunement imputables à la famille — d'abord ignorante (seule madame Dreyfus savait, et M. du Paty de Clam lui avait interdit de parler) ensuite intéressée à ce que rien ne s'ébruitât et ne devînt irréparable ; enfin, plus portée à choisir des confidents favorables qu'hostiles, — la *Libre Parole*, l'*Éclair*, étaient mis au courant, y mettaient le public.

Pour l'attitude du prisonnier, Me Labori s'en réfère au directeur même de la prison, le commandant Forzinetti ; au témoignage écrit de celui-ci, publié dans le *Figaro*, en novembre dernier, et qui valut, à son auteur, la révocation.

Car incessamment, de ce jour-là à aujourd'hui, le vieil officier n'a cessé d'affirmer sa croyance en l'innocence de Dreyfus.

Quant à l'instruction, les révélations survenues ont établi combien négatif en fut le résultat.

Pas de voyages à l'étranger. Pas de rapports aux attachés d'ambassade. Le vide, le néant! Car la fameuse pièce « secrète », le document « libérateur » était au fond de tiroir, depuis huit mois, au ministère, jaunissant dans les cartons, quand eut lieu l'affaire Dreyfus, et que la similitude d'initiale — « Cet animal de D... » — incita à l'appliquer au prévenu. Encore n'est-ce que bien plus tard qu'on lui donna de l'importance.

M. le général Mercier, prenant tout sur lui,

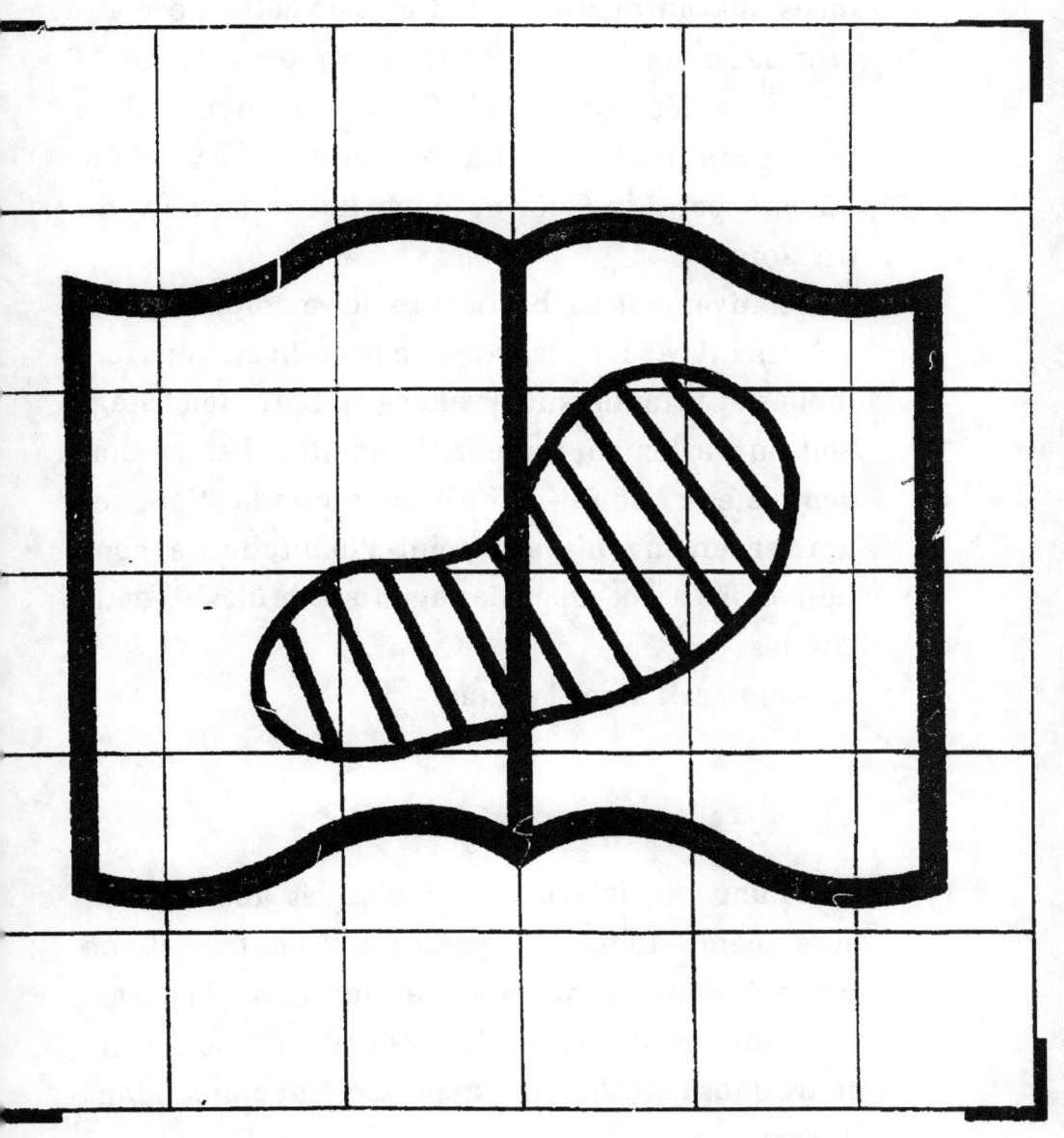

substituant son arbitraire à la pauvreté des indices, n'avait même pas fait état de cette pièce auprès des deux seuls collègues auxquels il communiqua ses décisions : MM. Guérin et Dupuy. Il ne leur avait parlé que du bordereau. Ceci a été affirmé par M. Guérin, dans une interview du *Gaulois*.

Relativement au bordereau lui-même, très discrètement Mᵉ Labori rappelle les affirmations formelles et retentissantes venues soit du Reichstag, soit du Parlement italien. En équité, elles se doivent retenir, ne fût-ce qu'à titre d'indication, les gouvernements n'ayant point l'habitude de condescendre à s'occuper des agents « brûlés », donc inutiles.

Ceci paraît assez logique.

*

Comme se discerne l'état d'esprit aboutissant, hors même toute déloyauté, aux contradictions apportées aux débats pour des questions de dates, des minuties de détail, où nul n'a pu se reconnaître dans l'incohérence générale. Le commandant Ravary, le lieutenant-colonel Henry, l'archiviste

Gribelin, le général de Pellieux lui-même, ensemble à la barre, entre eux, contre le lieutenant-colonel Picquart et Mᵉ Leblois, n'ont pu arriver à s'entendre, à s'accorder, à préciser de même, l'époque exacte d'une visite ou d'une constatation.

C'est qu'hypnotisés par une préoccupation unique, une obsession constante, la plupart en étaient arrivés à une positive auto-suggestion.

On en retrouve la trace dans les agissements de M. du Paty de Clam, qualifié, par Zola, de « diabolique », mais aussi d' « inconscient ».

Quand il imagine d'installer un jeu de glaces, pour surprendre les mouvements de physionomie du « sujet » ; quand il s'obstine à vouloir employer une lanterne sourde, à déclic brusque, pour que le sursaut du réveil, sous le jet de flamme, lui livre peut-être une exclamation indicatrice ; quand il terrorise madame Dreyfus, en lui faisant entrevoir, pour son mari — il était assez bon prophète, — presque le sort du Masque de fer, il faut bien convenir qu'il manifeste, tout au moins, un zèle judiciaire intempestif et quelque excentricité.

C'est à la même inspiration, la même instigation, faudrait-il dire hiérarchique, donc d'essence supérieure, que céda en tout loyalisme et fidélité, et aussi en toute conscience, M. le colonel Maurel, président du Conseil de guerre.

Il faut que Labori donne lecture du compte rendu de la séance, alors paru dans l'*Autorité*, et notant tous les incidents entre la défense et l'accusation, pour que l'on apprécie, à distance, quel fut l'acharnement de la lutte, la ténacité de M⁰ Demange, la ...vivacité du colonel Maurel.

Celui-là, aussi, croyait bien faire, comme tous — ou presque tous !

Y compris M. Bertillon, homme honorable, monomane respectable, « sourd comme une pierre » à tout ce qui n'est pas son système et peut en contredire les déductions.

Le cas de M. Lebrun-Renault est plus complexe ; mais n'ayant pas entendu sa déposition, il serait injuste de lui attribuer une quelconque attitude.

De celle qu'il eut jadis, des témoins font foi : MM. Eugène Clisson, Dumont, Fontbrune, de Vaux, madame Chapelou. Les uns l'ont rencontré, le soir même de la dégradation de Dreyfus, et ils ne citent aucune sorte d'aveux. D'autres, MM. Clemenceau et Gohier, ont reçu de madame Chapelou les confidences parues dans l'*Aurore* du 25 jan-

vier, confirmées par une interview du *Temps*.
« Après le procès et la condamnation, j'ai entendu M. le capitaine Lebrun-Renault déclarer, non pas une fois, mais cent fois que Dreyfus n'avait pas fait d'aveux. »

Nous voici passés de la preuve par omission à la preuve par affirmation.

Celle-ci se double de l'altercation, l'autre jour, à côté, dans le couloir, entre le commandant Forzinetti et M. Lebrun-Renault.

Le vieux brave avait empoigné son camarade par le pan de sa tunique : « Un journal prétend que vous avez déclaré avoir reçu des aveux. Vous m'avez dit le contraire, encore il y a six mois. C'est donc que vous êtes un f... menteur ? »

S'il y a un rapport, conclut Labori, il date de trois mois, pas plus.

**
* **

Et nous voici à la scène de la dégradation.

C'est à l'*Autorité* que Labori en emprunte le texte, à l'*Autorité* qui, le rappelle-t-il encore, a non moins de haine contre Dreyfus que la *Libre Parole*.

« Le premier coup de neuf heures sonne à l'horloge de l'École. Le général Darras lève son épée et jette le commandement, aussitôt répété sur le front de chaque compagnie :

» Portez vos armes !

» Les troupes exécutent le mouvement.

» Un silence absolu lui succède.

» Les cœurs cessent de battre, et tous les yeux se portent dans l'angle droit de la place où Dreyfus a été enfermé dans un petit bâtiment à terrasse.

» Un petit groupe apparaît bientôt : c'est Alfred Dreyfus, encadré par quatre artilleurs, accompagné par un lieutenant de la garde républicaine et le plus ancien sous-officier de l'escorte, qui approche. Entre les dolmans sombres des artilleurs, on voit se détacher très net l'or des trois galons en trèfle, l'or des bandeaux du képi ; l'épée brille, et l'on distingue de loin la dragonne noire tenant à la poignée de l'épée.

» Dreyfus marche d'un pas assuré.

» Regardez donc, comme il se tient droit, la canaille, dit-on.

» Le groupe se dirige vers le général Darras, devant lequel se tient le greffier du Conseil de guerre, M. Vallecalle, officier d'administration.

» Dans la foule, des clameurs se font entendre.

» Mais le groupe s'arrête.

» Un signe du commandant des troupes et les tambours et les clairons ouvrent un ban et le silence se fait de nouveau, cette fois tragique.

» Les canonniers qui accompagnent Dreyfus reculent de quelques pas, le condamné apparaît bien détaché.

» Le greffier salue militairement le général et, se tournant vers Dreyfus, lit, d'une voix très distincte, le jugement qui condamne le nommé Dreyfus à la déportation dans une enceinte fortifiée et à la dégradation militaire.

» Puis le greffier se retourne vers le général et fait le salut militaire.

» Dreyfus a écouté silencieusement. La voix du général Darras s'élève alors et, bien que légèrement empreinte d'émotion, on entend très bien cette phrase :

» — Dreyfus, vous êtes indigne de porter les armes. Au nom du peuple français, nous vous dégradons !

» On voit alors Dreyfus lever les deux bras et, la tête haute, s'écrier d'une voix forte, sans qu'on distingue le moindre tremblement :

» — Je suis innocent, je jure que je suis innocent ! Vive la France !

» — A mort ! répond au dehors une immense clameur.

» Mais le bruit s'apaise aussitôt. On a remarqué que l'adjudant chargé de la triste mission d'enlever les galons et les armes du dégradé, avait porté la main sur celui-ci, et déjà les premiers galons et parements, qui ont été décousus d'avance, ont été arrachés par lui et jetés à terre.

» Dreyfus en profite pour protester de nouveau contre sa condamnation, et ses cris arrivent très distincts jusqu'à la foule :

» — Sur la tête de ma femme et de mes enfants, je jure que je suis innocent. Je le jure. Vive la France !

» Cependant l'adjudant a arraché très rapidement les galons du képi, les trèfles des manches, les boutons du dolman, les numéros du col, la bande rouge que le condamné porte à son pantalon depuis son entrée à l'École Polytechnique.

» Reste le sabre : l'adjudant le tire et le brise sur son genou : un bruit sec, les deux tronçons sont jetés à terre comme le reste.

» Le ceinturon est ensuite détaché, le fourreau tombe à son tour.

» C'est fini. Ces secondes nous ont semblé un siècle ; jamais impression d'angoisse plus aiguë.

» Et de nouveau, nette, sans indice d'émotion, la voix du condamné s'élève :

» — On dégrade un innocent !

» Il faut maintenant, au condamné, passer devant ses camarades, et ses subordonnés de la veille. Pour tout autre, c'eût été un supplice atroce...

» — Ce sont des adversaires qui parlent, messieurs les jurés, remarque Labori.

» Dreyfus ne paraît pas autrement gêné, car il enjambe ce qui fut les insignes de son grade, que deux gendarmes viendront relever tout à l'heure, et se place lui-même entre les quatre canonniers, le sabre nu, qui l'ont conduit devant le général Darras.

» Le petit groupe, que conduisent les deux officiers de la garde républicaine, se dirige vers la musique placée devant la voiture cellulaire et commence à défiler devant le front des troupes, à un mètre à peine.

» Dreyfus marche toujours la tête relevée. Le public crie :

» — A mort !

» Bientôt, il arrive devant la grille, la foule le voit mieux, les cris augmentent, des milliers de poitrines réclament la mort du misérable qui s'écrie encore :

» — Je suis innocent ! Vive la France !

» La foule n'a pas entendu, mais elle a vu Dreyfus se tourner vers elle et crier.

» Une formidable bordée de sifflets lui répond, puis une clameur qui passe comme un souffle de tempête au travers de la vaste cour :

» — A mort ! A mort !

» Et, au dehors, un remous terrible se produit dans la masse sombre et les agents ont une peine inouïe à empêcher le peuple de se précipiter sur l'École militaire et de prendre la place d'assaut, afin de faire plus prompte et plus rationnelle justice de l'infamie de Dreyfus.

» Dreyfus continue sa marche. Il arrive devant le groupe de la presse.

— Vous direz à la France entière, dit-il, que je suis innocent. »

*
* *

Rien ne saurait traduire exactement l'effet de cette lecture.

Elle a été marquée par un incident assez rare, je crois, et significatif : le défenseur, les joues soudain inondées de larmes, interrompu, vaincu par sa propre émotion.

Tandis que l'accusé et quelques-uns de ses amis, à l'audition d'un récit ne les concernant nullement, visant un tiers inconnu, partageaient ce grand frisson, issu d'une croyance commune.

Et des gens, qui ne sont point encore arrivés à partager tout à fait leur conviction, dont l'âme demeure incertaine, se défend, bien qu'irritée du mystère et chaque jour un peu conquise, des gens, à entendre cela, avaient le cœur serré comme dans un étau.

Des femmes pleuraient. Un silence inaccoutumé avait envahi la salle...

Je n'en conclus rien : je constate. Et je dis ce que j'ai vu.

. . . .

C'est d'une voix étouffée que Labori donne lecture des lettres par lesquelles au ministre, à sa femme, à son défenseur, après comme avant la dégradation, le condamné encore proteste de son innocence, implore, recommande que, lui parti, on cherche, on cherche toujours !

Mais c'est d'une voix vibrante qu'après avoir énoncé les diverses manœuvres auxquelles M. du Paty de Clam eut recours, pour arracher des aveux à Dreyfus encore après l' « exécution », il conclut, accusant la lâcheté des pouvoirs publics, en possession des moyens de dissiper tout équivoque et n'en usant point :

« Voilà messieurs, de quoi cet édifice effrayant que nous avons à porter sur les épaules est fait : édifice de mensonge pour les uns, pour ceux qui sont les auxiliaires humbles et misérables de cette besogne de ténèbres, mais édifice d'hypocrisie de la part des plus hauts, et ce sont les plus coupables ! Qu'ils ne l'ignorent pas et qu'ils entendent mes paroles, si elles atteignent jusqu'à eux, et qu'ils se souviennent que le nom de l'histoire qui est marqué au pilori le plus humiliant, c'est le nom de Ponce-Pilate ! »

Une clameur d'admiration s'élève, tonne, passe en ouragan, monte jusqu'au grand Christ immobile — et conspue les Pharisiens !...

Si bien que l'élément militaire, en nombre, en force, éprouve le besoin de réagir.

Impérieusement, des ordres de silence sont

jetés. Dans ce palais, où règne la Loi, des officiers s'attribuent le monopole de l'autorité, font expulser, par les municipaux, qui leur déplaît.

Un jeune lieutenant du 2ᵉ tirailleurs, M. de Niessen, menace « de passer son sabre au travers du corps de qui se permettra d'applaudir encore ce Labori ».

On sort parmi les rugissements...

XV

LA JOURNÉE DES « CANNIBALES »

23 février.

Émile Zola, par un jury triplement menacé dans ses biens et sa sécurité, dans ses fils, dans l'organisation de la défense nationale, Emile Zola a été condamné, hier, à un an de prison et 3,000 francs d'amende; Perrenx, gérant de l'*Aurore*, à autant d'amende et seulement quatre mois de prison.

Les deux questions posées au jury étaient :

1re *question*. — Perrenx est-il coupable d'avoir diffamé le premier Conseil de guerre de Paris en publiant dans l'*Aurore* du 13 janvier, journal dont il est gérant, un article signé Émile Zola, contenant les passages suivants (suivent les citations)?

2º *question*. — Zola est-il coupable d'avoir procuré au gérant Perrenx, ou à tout autre rédacteur, les moyens de commettre cette diffamation?

Après quarante-cinq minutes de délibération, le jury est venu répondre « oui » sur les deux points, livrant ainsi les accusés au bon plaisir des magistrats.

Ceux-ci ont appliqué le maximum.

Toutes les responsabilités, quant au jugement de l'Histoire, devant être établies, voici quelle était la composition du jury. Je ne la donne point aux fins d'intimidation qui la firent, trois semaines durant, publier par la presse adverse — nous ne dressons pas, ici, de listes d'otages ; nous ne traçons point, sur les demeures, le signe qui marque pour la dévastation ou le massacre ; contre ceux qui pensent différemment, nous ne crions pas : « A mort ! »

C'est donc à titre de document, rien autre : pour le monde civilisé présentement ; ensuite pour la vengeresse postérité, qui ne flétrira pas, mais rira.

M. Antoine Jourde, commerçant, 85, rue Vitruve ;

M. Pierre Emery, négociant, 159, rue Saint-Antoine ;

M. Victor Bernier, monteur en cuivre, 15, passage Saint-Sébastien ;

M. Édouard Gressin, employé, 18, boulevard Pasteur ;

M. Émile Nigon, mégissier, 9, rue de Valence ;

M. Charles Fouquet, grainetier, rue de Javel, 90.

M. Jean Bouvier, rentier, 17, rue du Pont, à Joinville-le-Pont ;

M. Charles Huet, maraîcher, 37, rue Saint-Denis, à Bobigny ;

M. Désiré Bruno, marchand de nouveautés, 59, rue Carnot, à Stains ;

M. Auguste Dutrieux, négociant, 94, rue de la Chapelle ;

M. Joseph Moureire, tréfileur, 12, rue Popincourt ;

M. Albert Chevannier, marchand de vin, 3, rue Monge ;

Car l'on ne pouvait, en bonne conscience, exiger trop d'héroïsme de ces paisibles citoyens, exhortés, conjurés, invoqués par l'État-Major.

Quoi qu'on en aie, ils ont jugé sous le sabre : ceci est l'exacte vérité.

S'en doit-on plaindre ? Je ne le pense pas. C'est

mieux ainsi. Le verdict complète l'acte, en accentue davantage la puissance et la signification.

Quant à l'élévation du chiffre, c'était le tarif : il convient qu'on ait proportionné la peine à l'accusé, et alloué le maximum à celui qui est — et reste — le premier laboureur littéraire de ce temps !

*
* *

En prologue, Labori termine sa plaidoirie, magistralement, superbement.

Il examine la fameuse pièce, la dernière — il y en a tant que l'on pourrait confondre ! — celle dont a argué en dernière heure M. le général de Pellieux : la carte, la lettre, etc. L'authenticité de la carte, il y croit, mais non pas de l'annotation qui y est tracée, non plus que de la lettre y adjointe.

Il discute le bordereau encore, les rapports des experts jurés, tout ce fatras, toutes ces folies !

Il rappelle l'admirable carrière militaire de M. le lieutenant-colonel Picquart, sorti de l'École de Guerre où il professa : chef de bataillon à trente-deux ans, chevalier de la Légion d'Honneur, promu au choix le plus jeune lieutenant-colonel de l'armée française. Il le disculpe de toutes les imputations dont on prétendit le compromettre ou le salir ; établit sa correction impeccable, son honorabilité parfaite, sa conscience rare ; affirme qu'il sortira de tout ceci, non pas réhabilité, mais grandi.

Il remet au point, aussi, la vérité, quant à la famille Dreyfus : trois frères sur quatre optant pour la France, en 1872, l'aîné, ayant fait son service militaire comme Français, demeurant là-bas pour veiller aux intérêts de leur entreprise industrielle. Puis celui-là, en 1897, malgré tout, abandonnant Mulhouse, rentrant à Belfort, se faisant naturaliser Français, après avoir fait opter ses six fils pour la nationalité française... deux avant l'Affaire, quatre APRÈS !

Enfin, il trace — et de façon combien vengeresse ! — le portrait d'Esterhazy ; fait l'historique de ses menées, de ses ténébreux et fantastiques agissements,

Puis il conclut :

« Je me place sur le terrain étroit où nous a conduits la plainte du ministre de la guerre.

» Il reste qu'en 1894, en l'absence de preuves, un homme, un ministre éphémère, a pris sur lui de condamner un de ses officiers. Il reste que, depuis, on a tout fait pour maintenir l'erreur sous

la protection des ténèbres. Il reste que la lettre de
M. Zola fut un cri de justice et de vérité. Oui ;
cette lettre a rallié tout ce que la France, à défaut de quelques perturbateurs, compte de plus
grand et de plus pur.

» Ne vous laissez pas troubler ! Ne vous laissez
pas intimider non plus ! L'honneur de l'armée
n'est pas en cause. On a parlé des dangers de
guerre. Ne croyez pas à ces dangers. Et d'abord
tous ces braves officiers — qui ont pu se tromper
— se battraient tous avec le plus ferme courage
et nous conduiraient à la victoire.

» Ne frappez pas Émile Zola, messieurs les jurés !
Vous savez bien qu'il est l'honneur de la France.
C'est par le cœur, c'est par l'énergie morale qu'on
fait les batailles victorieuses. Et moi aussi, je veux
crier : « Vive l'armée ! » quand je vous demande
d'acquitter Zola. Je veux crier en même temps :
« Vive la République ! Vive le droit ! Vive l'idéal
éternel de justice et de vérité ! » et c'est avec une
confiante tranquillité, messieurs les jurés, que
j'attends votre sentence ! »

Comme avant-hier, comme hier, il termine
dans une tempête de cris.

*
* *

C'est le tour de M. Clemenceau.

Sa face tourmentée, aux yeux jeunes, au rictus ironique, cette face d'ambre aux pommettes saillantes, aux méplats caractérisés, comme sculptée, creusée, fouillée au couteau dans une bille de buis, se détache bien en vigueur sur la pourpre des robes.

Et si son éloquence entend se restreindre, demeurer maîtresse de soi, plier ses ailes en quelque sorte, dans un milieu inaccoutumé, dans un cadre étranger, sa voix incisive, mordante, a de beaux accents de tristesse et de persuasion.

Il fait le procès de la « chose jugée » en tant que dogme ; démontre, par son propre exemple, en quelle obscurité on se débattit ; combien il fut difficile et grave de se former une conviction.

Puis il conclut :

. . . .

« Nous sommes devant vous. Vous allez prononcer tout à l'heure. Beaucoup de Français se disent : « Il est possible que Dreyfus ait été condamné irrégulièrement ; mais il a été condamné justement : et cela suffit. » C'est le sophisme de la raison d'État ! Nous dansons, tous les 14 juillet, sur les ruines de la Bastille ; nous avons conservé cette Bastille inférieure : la raison d'État ! C'est la raison d'État qui, par la guillotine, a arrêté le magnifique mouvement de 1789.

» Il n'y a pas de justice en dehors de la loi. Sans doute, c'est douloureux de se trouver en conflit avec les militaires, de braves gens qui ont cru bien faire. Il arrive à tout le monde de vouloir bien faire, et de se tromper ! Cela arrive aux civils sans uniforme. Cela arrive aussi aux civils en uniforme ; car les militaires ne sont pas autre chose.

» Messieurs les jurés, rendez-nous le service d'arrêter un commencement de guerre religieuse. Vous avez vu ce qui s'est passé en Algérie. Dites, au nom du peuple français, qu'il faut la justice, même pour les juifs, dites à la guerre religieuse qui commençait : « Tu n'iras pas plus loin ! »

» Nous comparaissons devant vous, messieurs les jurés. Vous comparaissez devant l'histoire. »

La péroraison s'achève dans un tumulte d'orage, qui, désormais, ira croissant.

M. Van Cassel, sorti pour une minute de sa langueur habituelle, se sentant appuyé par la masse des officiers en civil ou en uniforme, maîtres de la place, déploie enfin dans sa réplique quelque véhémence. Labori, enroué jusqu'au sang, défaillant, magnifique, crache son suprême défi à la face du Mensonge, et clame son invocation dernière à l'immanente Justice !

Alors, les jurés se retirent.

. . . .

Trente-cinq minutes, on les a attendus. Mais le cœur ne battait qu'aux haineux, redoutant la clémence. Qu'importait, à nous autres, dans la voie désormais tracée !

A ce moment, j'ai eu la très nette sensation que si, par miracle, il y avait acquittement, cette poignée de furieux se précipiterait sur l'accusé, là, dans le prétoire... que quelque grand crime rôdait.

Je l'ai dit à des camarades : on s'est groupé. L'exquise femme de Labori, toute jeune et si jolie, avait amené, cette fois, ses deux garçonnets : « Comme ça, on sera tous ensemble », disait-elle pâlotte, mais brave, avec un semblant de sourire. Madame Zola, les autres amis, parents, alliés, s'étaient massés au centre de la salle.

Quand le dernier « oui » est tombé de la bouche

du chef des jurés, des cris d'Apaches sur le sentier de guerre ont fait trembler les vitres. Ainsi prévenu, le public du dehors a répondu en hurlant à la mort.

— Cannibales ! a crié Zola avec dégoût : le même mot que Voltaire, défenseur de Calas.

Tandis qu'autour de lui, un pacte tacite de résistance liait les âmes... pour ton triomphe, ô Vérité !

Et pur si muove ! Et pourtant Elle marche !

LE SECOND PROCÈS
D'ÉMILE ZOLA

VERSAILLES, 23 MAI 1898

LE SECOND PROCÈS D'EMILE ZOLA

Personne à la gare du Havre, pas davantage à la gare de Versailles (rive droite) où se morfondent dans la cour, sous un soleil cuisant, quatre gendarmes à cheval et une douzaine de sergots.

Personne n'a l'air rébarbatif; il semblerait que l'indolence de la ville :

... Cette Palmyre où dort la royauté !

ait gagné les plus belliqueux.

On se salue, on se fait des révérences, des petits sourires : on est tout à fait grand siècle.

Dans la salle à manger de l'hôtel des Réservoirs où, naïve, je m'en suis allée déjeuner pour avoir une vision de veillée d'armes, nous sommes juste quatre... en trois groupes ! M. Edmond Ployer, l'éminent bâtonnier de l'Ordre, l'avocat du Conseil de guerre — hélas ! — avec son secrétaire, M. Aubépin ; M. Arthur Meyer qu'une guêpe malavisée a pris pour une rose et à qui elle a piqué le doigt ; votre servante — et c'est tout !

Dans l'immense hall tout blanc, on a l'air de jouer aux quatre coins.

J'y jouerais bien, moi ! Mais les autres sont des gens graves. Et puis, c'est l' « ennemi » : alors on se tient !

Deux œufs, un soupçon de galantine et une tasse de café (ceci pour bien établir mon détachement relatif des choses de ce monde) et me voilà devant le Palais de Justice.

Des reporters en masse, des camarades faisant le lézard en plein midi, mais notant ce qui se passe, assez fiévreusement.

Zola, Labori, les deux Clemenceau, Bruneau et Desmoulins sont arrivés, peu avant, tous les six en automobile ; à la grande stupeur des badauds, à la grande fureur des manifestants.

Car il y a des manifestants : deux bonnes douzaines. La mission algérienne n'est pas encore de retour ; mais le manque de discernement des électeurs, et la clôture de la foire aux candidats, ont créé des loisirs à quelques personnes qui les viennent utiliser ici.

On les voit circuler avec animation — et avec Esterhazy !

Celui-ci semble particulièrement nerveux. L'ordonnance de non-lieu rendue par M. le juge d'instruction Bertulus, et qui lui attribue définitivement, sans nul recours, la lettre où, après avoir souhaité de finir « comme capitaine de uhlans en sabrant des Français », il termine : « Paris pris d'assaut et livré au pillage de cent mille soldats ivres, voilà une fête que je rêve. Ainsi soit-il ! » ladite constatation, sans appel, paraît l'avoir jeté hors des gonds.

Il médite évidemment quelque chose... mais quoi ?

Attenterai-je à l'honneur de l'armée, offenserai-je la majesté du drapeau, en osant dire que le grand jour ne convient pas au genre de beauté de M. Walsin-Esterhazy ?

Avec son paletot jaune, son gilet vert, son nez en bec, il a l'air, sauf respect, d'un vieil ara déplumé.

Autour de lui quelques-uns, que l'on connaît, se ramassent, accordent leurs sifflets pour la sortie. Car on ne siffle pas des lèvres ou dans une clef. L'élan des sentiments, la spontanéité de la manifestation, s'atteste par le petit instrument de métal que chacun a apporté de Paris, dans son gousset.

C'est ce qu'on appelle avoir de la précaution !

*
* *

La salle d'assises est exiguë, mais paraît plus vaste, d'être si lumineuse. On dirait un atelier de peintre, à cause des deux grands vitrages qui la recouvrent ; de la tribune du fond, au-dessus de l'entrée, où l'on s'imaginerait mieux un orgue que du public.

Mais sur la table à modèle, c'est le tribunal... Ici, également dans mon respect incommensurable pour la magistrature, je ne me permettrai aucune critique envers la plastique de ces messieurs. A peine oserai-je insinuer que Sarah Brown devait être mieux.

Et encore ! Peut-être cela dépend-il des goûts !

Les jurés, à mon sens, ont autrement de physionomie et d'allure que ceux de Paris, au précédent procès ; qui, si identiques de faciès, de crâne, si uniformément impassibles, donnaient l'impression, dans la pénombre, d'une double rangée de pots à fleurs sur une fenêtre de prison.

Seules les fleurs manquaient...

Aujourd'hui elles sont dans l'auditoire. Beaucoup de jolies femmes printanièrement élégantes : du rose, du bleu, du mauve, piquant de notes délicates le vert clair des murs, selon la tradition de l'Art nouveau.

Un buste de République naturellement ridicule ; un cadran affreux ; un Christ dont la peinture est, tout de même, un peu trop délabrée, composent l'ameublement.

Voici Zola, Perrenx, Vaughan, Fasquelle, George et Albert Clemenceau, Desmoulins, Bruneau, Labori, ses secrétaires Hild et Monira.

Voici, en uniforme, les plaignants : le général de Luxer, les colonels Ramel et Bougon, les lieutenants-colonels Gaudelette et Marsy, les commandants Privals et Leguay.

Voici Mes Ployer, Las Cases et Deligand, Me Aubépin.

Je n'aperçois pas, dans cette masse compacte et

confuse, M. le lieutenant-colonel Picquart ; mais on ne saurait n'y pas voir M. Jules Auffray, avocat et chef de claque.

A-t-il exercé présentement ? Je n'en sais rien. L'assistance semble être dans les mêmes prix ; mais la garnison suffit à cela.

*
* *

La Cour, messieurs !

On se lève, déférents...

Voici M. le Premier. Dieu ! qu'il ressemble à Saint-Germain ! C'est le même œil de malice et la même structure. Mais quant au verbe, il articule moins bien.

M. le conseiller Tardif, qui devait présider, sauf intervention de son chef hiérarchique. Il a l'air réfléchi et distingué.

Voici M. Doublet, juge au tribunal de Versailles, robe noire auprès des deux robes rouges ; comme M. le procureur de la République du crû sert d'ombre — et de second — à M. le procureur général Bertrand.

Oh ! comme il a l'air grinchu, celui-ci ! Je serais désolée de paraître rire d'une souffrance, même passée; mais, tout le long de l'audience, il semblera avoir le pied encore happé dans l'ascenseur. On dirait un rat blanc, pris par la patte... et rageur !

Lecture du greffier; appel des jurés de la session, dont deux absents : l'un excusé par certificat de médecin; l'autre défaillant sans excuse et condamné, séance tenante, à deux cents francs d'amende, plus les frais.

Brieux qui est là dans l'auditoire observe, pour sa prochaine pièce sur le monde judiciaire ; Renouard dessine, imperturbable, la bouche narquoise, l'œil à l'affût.

Quelques propos sont échangés : puis, avant le tirage au sort du jury de jugement, Labori dépose des conclusions d'incompétence.

Sitôt le dernier mot tombé, comme un diable jaillit d'une boîte, au grand effroi des petits enfants, M. le Procureur général Bertrand se déploie d'un élan brusque.

Il est en colère — déjà ! Et quelque chose d'un peu comique se dégage, à surprendre, chez tous, cette préoccupation d'énergie. Nous qui sommes, justement, si prédisposés à la gentillesse !

— Ceci est une protestation, dit-il, et non pas

un argument de droit. J'ai saisi la pensée qui vous anime. Vous avez uniquement exprimé le regret de ne pas pouvoir perpétuer ce débat, perpétuer cette agitation inutile et scandaleuse à laquelle on mettra un terme, je vous assure.

Brrrou!... Ça ne sera toujours pas avec des mots!

Puis la « vindicte publique » reprend, développe cette théorie : qu'un article de journal est poursuivable non seulement au siège de sa rédaction, à son lieu d'origine, mais encore en tout endroit où il a pu pénétrer.

Entre temps, M. Bertrand a une phrase délicieuse, qui obtient un certain succès de gaieté :

— Vous demandez le jury parisien? Vous n'êtes pas difficile !

On ne le lui fait pas dire!

Mais, chose bizarre, devant la véhémence de l'accusation, voilà que c'est Labori qui est calme ; annonce qu'il restera « silencieux le plus possible, modéré toujours ».

Les magistrats s'entreregardent : cette nouvelle attitude, ce Labori en sucre, ne leur dit rien qui vaille.

Ils se retirent, inquiets, délibèrent vingt minutes ; puis reviennent avec un arrêt de rejet.

Alors Labori demande cinq minutes, pour que MM. Zola et Perrenx aient le temps d'aller signer leur pourvoi en cassation.

Et, de nouveau, la Cour disparaît.

C'est amusant comme une partie d'échecs, ce jeu de la procédure, même si l'on est profane ! Dans le regard des vieux routiers de la toge, on en suit les péripéties.

*
* *

Pendant l'entr'acte, Albert Clemenceau nous conte sa déplorable aventure. M. le président Périvier ne le veut admettre auprès de son frère qu'en civil ; M. le bâtonnier Ployer ne le veut voir au banc de la défense qu'en avocat ; et M. le général de Luxer le ferait immédiatement jeter dehors ou mettre dedans (peut-être bien les deux) s'il se présentait en tenue.

— Alors ?

— Mets-toi en chemise ! lui dit Jacquemaire.

— C'est vrai aussi ! Il ne peut pourtant pas venir en uhlan !

Mais trêve de plaisanteries : revoici le tribunal.

Cette mauvaise pièce de Labori, qui a un drôle de sourire, depuis le début, sous sa moustache, dépose les secondes conclusions que voici :

« Plaise à la Cour,

» Attendu qu'à la suite de l'arrêt de ce jour qui vient de rejeter l'exception d'incompétence soulevée *in limine litis* et sous toutes réserves par les concluants, ceux-ci se sont pourvus en cassation contre ledit arrêt, conformément à l'article 417 du Code d'instruction criminelle ;

» Attendu qu'aux termes de l'article 416 du Code d'instruction criminelle les pourvois formés contre les arrêts rendus sur la compétence ont un effet suspensif ; que ce principe est d'ailleurs proclamé par une jurisprudence constante ;

» Par ces motifs,

» Donner acte aux concluants de ce qu'ils se sont pourvus en cassation contre l'arrêt par lequel la cour a rejeté l'exception d'incompétence proposée ;

» Ordonner, en conséquence, qu'il sera sursis aux débats, dans les termes de l'article 416 du Code d'instruction criminelle jusqu'à l'arrêt de la Cour de cassation à intervenir sur le pourvoi ;

» Sous toutes réserves,
» Et ce sera justice. »

Cette fois, c'est la débandade, la déroute !

Les dépits éclatent, les impatiences trépignent... personne n'est plus maître de soi.

M. le Procureur général, d'une voix étranglée, déclare qu'il s'incline devant la loi — tiens pardi ! lui qui la représente ! — mais « que la cause est jugée ».

Labori, que l'énervement gagne, rappelle le ministère public (ça, c'est drôle) au respect de la légalité.

— Je conteste le droit à M. le procureur général de tenir ce langage, de dire que nous avons été condamnés par le jury de la Seine. Une condamnation ne tient pas quand elle a été obtenue illégalement. Or, tout le monde sait que, si la Cour de cassation a cassé sur une nullité de la plainte, sur la valeur de laquelle il pouvait exister des incertitudes, aucune incertitude au contraire ne peut exister sur la nécessité où l'on était de casser, à raison de l'intervention illégale de MM. de Boisdeffre et de Pellieux auxquels nous n'avons pu ni répondre ni poser des questions.

M. le Premier enlève la parole à Labori, après que celui-ci a fini de parler, et déclare qu'il n'y a rien au-dessus de la loi « pas même Zola ».

Puis tous s'en retournent dans la chambre des délibérations, pour statuer ; en reviennent avec un arrêt aux termes duquel, par application de l'article 416 du Code d'instruction criminelle ainsi conçu : « Art. 416. Le recours en cassation contre les arrêtés préparatoires ou d'instruction, ou les jugements en dernier ressort de cette qualité, ne sera ouvert qu'après l'arrêt du jugement définitif ; l'exécution volontaire de tels arrêts ou jugements préparatoires ne pourra en aucun cas être opposée comme fin de non-recevoir », la présente déposition ne s'appliquant point aux arrêts ou jugements rendus sur la compétence, *il est sursis au débat jusqu'à ce que la cassation ait statué sur le pourvoi.*

Comme pour donner un coup de boutoir, M. Périvier, à la fin de sa lecture, se tourne vers Labori :

— Vous avez ce que vous voulez, tant mieux !

Puis, aux jurés :

— Vous êtes libres. La Cour aussi va se séparer, puisque M. Zola ne veut pas accepter le débat.

*
* *

Et nous revoici dans la rue.

En face, derrière une fenêtre grillée, on aperçoit Couard, l'expert. Que diable peut-il bien faire là ? Puis, en avant, le groupe de tantôt, M. Vervoort, M. Esterhazy, etc.

L'automobile, qui s'en retourne, provoque, en tant que moyen de déjouer tout complot, un accès de frénésie. C'est un joujou brutal et rapide : le coup de couteau qui pourrait trancher le jarret d'un cheval s'émousserait contre l'insensible armature ; et il en cuirait à qui se mettrait en travers !

Aussi, et bien que M. Esterhazy ait fait mine de s'élancer, la déception est-elle immense — et cocasse ! Du passage de Zola, il ne reste même plus un bouffée de fumée, qu'ils sont encore là, piteux, à menacer dans le vide.

A qui s'en prendre ? Comment utiliser cette noble ardeur ?

La *Libre Parole*, hier, désignait deux adresses où « retrouver » soit Zola, soit Picquart. On a suivi l'indication, guetté ce dernier. Une bande de voyous l'a assailli, injurié ; est montée ensuite sur l'impériale du wagon qu'il occupait, afin, le long du parcours, de l'escorter d'insultes.

C'était la revanche de la plainte portée par lui, non pas en diffamation où la preuve n'est pas admise, mais devant une juridiction où tout ce qui est insinué, articulé contre son honneur se pourrait établir — si c'était vrai !

Mais ils souhaitent la lumière, ceux-là, comme les chauves-souris souhaitent le jour !

Il viendra, n'ayez peur ! Chaque heure gagnée par ces chicaneries utiles marque un progrès fait, des esprits conquis, des cœurs ralliés... le temps est avec nous, comme l'avenir est à nous !

LE TROISIÈME PROCÈS
D'ÉMILE ZOLA

VERSAILLES, 18 JUILLET 1898

LE TROISIÈME PROCÈS D'ÉMILE ZOLA

Il fait chaud : on n'a vraiment pas la force de se haïr ! Les colères fondent, les rancunes s'affaissent... le coup d'œil agressif s'achève en coup d'œil langoureux.

Il faudra Déroulède (qui me semble dépourvu de fossettes) et l'incandescent Marcel Habert, tous deux à l'aise dans ce four crématoire, pour qu'un peu d'animation réveille les torpeurs, vienne rappeler qu'il est nécessaire de se chamailler.

C'est dommage : la fraternité de l'étouffement régnait ! Accusés, plaignants, défense, partie civile et auditoire, dans les yeux de chacun cette pensée se lisait : « Si on plantait là tout le baluchon pour s'en aller ensemble, à l'ombre, prendre quelque chose ? Peut-être, dans la fraîcheur et les coudes sur la table, arriverait-on à s'expliquer... bien mieux qu'ici ! »

Mais ces pensées conciliatrices, ces rêves édéniques, tôt se devaient dissiper : on ne s'était pas dérangé pour ça ! Quand l'appareil de la justice entre en mouvement, il faut qu'il fonctionne, fût-ce à vide, fût-ce à blanc !

C'est ce qu'on se dit sur le trottoir, où le soleil menace de fondre l'asphalte ; c'est ce qu'on se dit à l'intérieur de la salle, où la température dépasse l'étiage des vers à soie. Alors, on se résigne...

Mais la résignation ne va pas sans lutte. A la tribune de fond, à l' « orgue » comme nous disons, la lutte se traduit, multicolore, vivace, jolie, par le papillonnement des éventails.

En bas, c'est moins gracieux ; les cols se tendent, les visages s'empourprent, l'impression s'accentue : qu'on voudrait bien « être ailleurs. »

Le vitrage surtout est terrible, qui transforme la salle en atelier de photographe ; au travers des carreaux la lueur darde, aveuglante — et brûlante aussi !

A tel point que Georges Clemenceau s'insurge ;

déclare qu'il veut bien être jugé, condamné, mais pas cuit, rissolé à la chinoise.

Alors, on fait changer les accusés de côté, jusqu'à ce que s'interpose, là-haut, comme un nuage passant sur l'astre, la silhouette du tapissier, requis pour la circonstance au nom de la loi.

Dans son zèle, il a décroché les rideaux de fenêtre : on en distingue les anneaux, les cordons de tirage ; puis des toiles à matelas. Désormais, quand la discussion juridique sera trop ardue, on aura de quoi se distraire, en levant les yeux pour suivre les progrès de l'opération.

Et quand les rayons auront tourné, quand le président lèvera l'audience, ce sera tout à fait fini — ô symbole des lenteurs judiciaires !

Ce qui se passe ? Oh ! tenez-vous bien à le savoir ? Les à-côtés sont bien plus amusants.

Voici le colonel Picquart, accompagné de deux inspecteurs de la sûreté, qui fait une entrée plutôt sensationnelle. Il a son calme visage, son tranquille sourire ; cet air de quiétude, de confiance, de force morale, de douceur, qui en font vraiment, dans le trouble contemporain, une physionomie à part.

Voilà le « malfaiteur », le « monstre » : Émile Zola, aussi bien pacifique, point changé, ayant même perdu de sa nervosité, pris l'assurance imperturbable dont se précède la victoire.

Et la séance débute par le dépôt des conclusions des plaignants.

1º M. le général de Luxer, commandant la 14ᵉ brigade d'infanterie, demeurant à Paris, rue de Staël, nº 1.

2º M. le colonel de Ramel, commandant le 24ᵉ régiment d'infanterie, demeurant à Paris, avenue Bosquet, nº 10.

3º M. le colonel Bougon, commandant le 1ᵉʳ régiment de cuirassiers, avenue du Trocadéro, nº 12

4º M. le lieutenant-colonel Gaudelette, de la garde républicaine, caserne des Célestins.

5º M. le lieutenant-colonel Marcy, au 1ᵉʳ régiment du génie à Versailles.

6º M. le commandant Rivals, ci-devant au 12ᵉ régiment d'artillerie à Vincennes, actuellement sous-directeur de l'école de pyrotechnie à Bourges.

7º M. le commandant Leguey, du 113ᵉ d'infanterie à Paris, 85 *bis*, avenue Gambetta.

A être reçus partie civile « tant comme ayant

composé le conseil de guerre, tant que, au besoin, en leur nom personnel, ce à titre individuel ».

On pense si Labori réplique du tac au tac, demandant juste le contraire.

Et l'on pense également si la Cour s'empresse de rejeter ses conclusions, par un arrêt dont voici l'attendu :

« Attendu en substance que si, en principe, les corps constitués ne peuvent agir qu'à la condition d'avoir la personnalité civile, il n'en est pas ainsi en matière criminelle. »

*
* *

Mais, auparavant, Labori, Mᵉ Las Cases, M. le procureur général Bertrand, ont développé chacun leur thèse, et échangé quelques aménités.

Labori est dans un bon jour. Ce que ressentent tous les clairvoyants, il l'éprouve. A quoi sert de se fâcher? Le temps marche, et avec lui les événements. Chaque jour suffit à sa peine et à sa récolte d'indices nouveaux.

Aussi, sa bonhomie, sa belle humeur sont

extrêmes; n'ont d'égale que la parfaite urbanité de M. le Premier.

On nous l'a changé, celui-là ! Si belliqueux, il y a deux mois, le voici seulement spirituel ; avec une pointe d'ironie — tournée vers qui ? Peut-être bien contre le destin moqueur, disposant à sa guise de l'opinion.

M. Bertrand, lui, ne dérage pas. On m'affirme que hors cette frénésie accidentelle, c'est un aimable homme. Je veux bien le croire... mais que la violence convient donc mal à ceux dont l'ordinaire pondération dissimule les défauts et met en relief les qualités !

Voix forcée, geste forcé ; de l'emphase et rien au fond, même pas la vibration d'un élan sincère ; ah ! « vindicte publique » combien vous apparaissez factice, tout artificielle et de convention !

Quant à Mᵉ Las Cases, la charité chrétienne m'interdirait d'en parler, si l'obligation professionnelle ne m'y contraignait.

Courtaud, mastoc, le teint enluminé, il a l'air d'un œuf rouge à barbe — d'un œuf même pas dur : mollet ! Il dit d'une voix banale, des choses vulgaires; tandis que sa manche de chemise, écussonnée d'un trop gros bouton d'argent, émerge.

Il sue beaucoup...

Quant au procureur général, une trouvaille de mot le met hors pair ; déchaîne la joie silencieuse, et légèrement féroce, des intellectuels présents. Il dit que Zola, pour échapper à la responsabilité de son acte, s'est jeté dans le « maquis de la procédure ».

On ne le lui fait pas dire ! Et, chez les subversifs, d'entendre un magistrat proférer tel blasphème, la satisfaction est intense. Il va bien, le « compagnon » Bertrand !

Une autre phrase est à retenir, de Labori, dans l'ordre sérieux, alors. C'est quand il déclare que jamais Zola ne se retranchera derrière la nullité de la citation ; qu'il est prêt, aujourd'hui comme hier, comme demain, à affronter le débat, pourvu qu'il soit plaidé à fond ; que l'ensemble de son article, des faits qui l'ont motivé, soit visé, discuté — et non morcelé misérablement.

Puis il dépose des conclusions tendant à établir, selon le rapport de M. Chambaraud, à la Cour de cassation, la connexité, l'indivisibilité de certains faits, ramenés dans la citation et ceux figurant dans ses significations, paragraphe B.

Bien entendu, la Cour rejette.

Alors, Labori lui demande acte de ce que MM. Zola et Perrenx se vont pourvoir en cassation.

C'est accordé, mais, en même temps, la Cour juge que l'arrêt précédemment rendu est un arrêt préparatoire et d'instruction, donc non suspensif, et ordonne passer outre aux débats.

— Nous avons l'honneur de faire défaut, déclare Labori.

En conséquence, accusés et défenseurs quittent l'audience.

*
* *

Ici se place l'intermède.

Alors que nous somnolions, doucement bercés dans ce flot de subtilités juridiques, une voix tonne, de la tribune :

— Hors de France ! Allez-vous-en !

C'est quelqu'un, là-haut, qui a une crise.

D'en bas, M. Hubbard répond :

— Faites sortir les gueulards !

— Qui a dit cela ? rugit Déroulède, qui franchit trois dames, deux bancs, et six chaises, pour se venir pencher sur la balustrade.

— C'est moi ! réplique M. Hubbard.

— Lâche ! Misérable ! Vendu aux Juifs !

Ce sont les enfants qui s'amusent : Marcel Habert et Déroulède. Ils n'y tenaient plus, ces chers petits, d'être restés si longtemps tranquilles !

On se bouscule, on s'injurie. Le président entre, et menace. Puis M⁰ Ployer prend la parole ; M. le procureur général lui succède ; et la Cour, après une brève suspension d'audience, condamne Zola et Perrenx, par défaut, au maximum : à un an de prison et 3,000 francs d'amende, par un arrêt dont voici les attendus principaux :

« Considérant qu'il est établi et fondé dans les termes mêmes de la lettre adressée au président de la République du 13 janvier 1899, publiée dans l'*Aurore*, que les inculpés se sont rendus coupables du délit de diffamation relevé contre eux ;

» Que cette diffamation, dont les prévenus ont calculé froidement l'extrême gravité, a profondément troublé les esprits et suspendu les affaires ;

» Qu'elle est encore aggravée par l'attitude des prévenus qui semblent, l'un et l'autre, en vouloir prolonger les désastreux effets, au risque d'amoindrir dans l'armée la confiance des soldats pour leurs chefs et d'abaisser la discipline, qui est la base essentielle de toute bonne organisation militaire ».

. . . .

On s'en va. Il paraît qu'on s'est cogné tout à l'heure, entre soi, ou avec la police, lors du départ de Zola.

Les militaires acclament Déroulède, mais tout de même :

> Nous n'irons plus au bois,
> Les œillets sont coupés !

On a de plus en plus chaud. On s'en va boire de vagues limonades, tandis que deux cris se répondent, au lointain.

— Vive l'armée !
— A bas la Cavagne !

Des gens passent, emmenés au poste.

— Qu'est-ce qu'ils ont fait, qu'est-ce qu'ils ont fait ? interroge la foule curieuse.

... Ils ont crié : « Vive la République ! »

LE PROCÈS ZOLA-JUDET

3 AOUT 1898

PROCÈS ZOLA-JUDET

Voici, d'après le *Temps*, l'arrêt par lequel la 9ᵉ chambre correctionnelle, siégeant hier sous la présidence de M. Puget, s'est, à l'encontre des préférences énoncées par M. le substitut Laisné, déclarée compétente dans le présent débat.

« Le tribunal, statuant sur la compétence :

» Attendu que les articles incriminés renferment des imputations dirigées tant contre Zola fils que contre Zola père, à raison des fonctions d'officier comptable rendues autrefois par ce dernier ; qu'il y a donc lieu d'examiner si le tribunal est compétent pour connaître de la poursuite ;

» Attendu que Zola, dans son assignation,

expose que, s'il a cru pouvoir dédaigner les attaques dont il était l'objet depuis plusieurs mois, il ne saurait agir de même à propos de diffamations et d'injures adressées à son nom ;

» Qu'il (Judet) le reconnaît dans l'article du 23 mai en disant : « Les maladies combinées de » son talent, de son caractère, ne livrent pas en- » core la clef de sa conduite, le secret de sa chute. » A l'origine, il doit y avoir certainement une cause » plus profonde, quelque tache sinistre, quelque » mystère inouï, quelque fêlure inconnue, quelque » honte corruptrice, que nul n'a sondée et qui do- » mine implacablement l'œuvre impure comme la » vie infâme de Zola ».

» Attendu par conséquent que Judet ne relate les faits qu'il impute à Zola père que pour expliquer « le rapport singulier qui noue la destinée du » fils anarchiste à celle d'un père voleur » et démontrer qu'il était juste, inévitable, que Zola ait discerné d'emblée, dans cette armée qu'il déteste, Dreyfus comme l'officier modèle : il devait aller, spontanément, sans effort, à la trahison, comme les pornographes vont à l'aberration, comme les bêtes stercoraires vont au fumier et se délectent dans la pourriture.

» Attendu que dans un article postérieur à l'assignation, en date du 18 juillet, Judet, expliquant encore plus clairement ses intentions, s'exprime ainsi : « Un heureux hasard, en m'initiant au
» déshonneur d'un mort, qui appartient à l'histoire,
» a trahi la source ignorée, la cause profonde, la
» réelle explication des haines de Zola contre
» l'armée;
» J'ai pensé qu'il était légitime de le démasquer
» et nécessaire de frapper à la tête; maître de son
» secret, j'ai disqualifié, comme elle méritait, la
» faussé générosité derrière laquelle s'abrite le
» syndicat de nos ennemis... Pour abattre le pa-
» villon il fallait dénoncer la marchandise suspecte,
» il fallait diffamer, puisque l'affirmation d'un for-
» fait irrécusable est une diffamation ; j'ai donc
» diffamé volontairement, froidement, le père de
» Zola, puisque le fils essaie de prendre sa re-
» vanche posthume aux dépens de la France ; j'ai
» crevé l'abcès purulent de la dynastie de Zola... »

» Attendu que dans ces conditions le tribunal n'a pas à examiner si les imputations dont Zola père est l'objet sont ou non de la compétence de la juridiction correctionnelle ;

» Qu'en effet ces imputations n'ayant été diri-

gées contre Zola père qu'incidemment, à la suite d'une longue et violente campagne contre Zola fils, le but avoué de Judet ayant été uniquement d'atteindre ce dernier, et pour employer ses propres expressions, « de terrasser Émile Zola, le porno-
» graphe et le destructeur de la patrie, par Fran-
» çois Zola, le lieutenant voleur remis une fois de
» plus au pilori », il s'agit seulement pour le tribunal d'apprécier si les délits de diffamation et d'injures relevés par Zola fils, simple particulier, sont ou non établis ;

» Attendu, en droit, que la façon dont doit être interprété l'article 34 *in fine* de la loi de 1881 ressort des termes employés devant la commission du Sénat par le rapporteur M. Pelletan qui, à propos de la disposition additionnelle de cet article, s'est exprimé en ces termes :

« Votre commission n'admet le délit de diffama-
» tion des morts qu'autant qu'elle passe par-des-
» sus leur tombe pour aller frapper les vivants ;
» la loi n'a plus alors des ombres de personnes,
» elle a des personnes réelles qui ont pu subir un
» dommage et qui ont droit à une réparation : tel
» est le sens de la disposition additionnelle que
» nous avons l'honneur de vous proposer » ;

» Attendu que cette interprétation est conforme à la manière de voir de M. le garde des sceaux exprimée comme suit dans sa circulaire en date du 9 novembre 1881, relative à l'application de l'article 34 :

« La loi n'autorise les héritiers à poursuivre les
» imputations diffamatoires ou injurieuses dirigées
» contre leurs auteurs qu'autant que les diffama-
» teurs auront eu l'intention de porter atteinte à
» leur propre considération ;
» Elle repousse donc entièrement la diffamation
» envers les morts. La réserve qu'elle fait au
» profit des héritiers ne consacre pas un droit
» nouveau ; elle aurait été inutile à formuler s'il
» avait fallu écarter les solutions antérieures de la
» jurisprudence. L'action n'est en effet dans ce
» cas que l'action personnelle de l'héritier dif-
» famé. »

» Par ces motifs, se déclare compétent ; dit qu'il sera passé outre aux débats ».

AUTOUR D'UN PROCÈS

On sait que la loi interdit le compte-rendu des affaires de diffamation ; et l'on pense bien que, respectueuse de ses décrets, de tempérament soumis et craintif, je n'irais pas me risquer à l'enfreindre, nous exposer à ses rigueurs.

Non que la magistrature, en ce moment, me cause un effroi extrême : par un étrange revirement, le temple de Thémis semblerait devenu, avec les irréductibles Sorbonnes, quelque chose comme le lieu d'asile des idées proscrites, le refuge suprême des libertés.

Mais c'est lui témoigner plus de déférence que de ne la pas affronter ; et c'est pourquoi, dans les neiges d'antan, je préfère rechercher ce qui ressemble davantage au spectacle d'aujourd'hui.

Pour faciliter, d'ailleurs, les similitudes, j'enlèverai les noms propres, qui datent et démodent. Le public comprendra mes réticences, approuvera ma réserve, et saura s'assimiler ce qui, du passé, peut convenir au présent.

. . . .

Paris, 189...

C'est aujourd'hui que vient, en correctionnelle, le procès intenté par l'ex-général Boulanger (M. Boulanger comme on dit présentement) au journal qui, pour le combattre, évoqua la mémoire de son père, imprima que l'ex-avoué de Rennes était un voleur.

On a pu approuver ou ne pas approuver l'attitude de l'homme qui, à l'apogée de sa carrière, en possession de la plus haute situation qui se puisse conquérir, a tout compromis pour se lancer dans une aventure d'intention généreuse, mais de terrible responsabilité.

Seulement, il est impossible de méconnaître qu'entre tant d'attaques dont il fut l'objet, celle-ci, vraiment, a dépassé les bornes de la polémique permise, de la violence admissible.

D'abord, en soi, le fait n'est rien moins que certain.

Étourdi du coup qui le frappait ; habitué dès l'enfance, par les soins d'une mère admirable, à vénérer la personne et le souvenir de son père, le condamné, le proscrit, contre qui se liguent actuellement la presque majorité des pouvoirs de l'État, se trouve dans l'impuissance absolue d'établir le mal-fondé de l'imputation.

En effet (ainsi que le fera remarquer tout à l'heure son éloquent et énergique porte-parole), les archives de la corporation, ouvertes toutes grandes à ses adversaires, se sont tenues, devant lui, obstinément closes.

En vain, par trois, quatre lettres, a-t-il sollicité communication du dossier paternel : on lui a objecté, constamment, des fins de non-recevoir ; et que ces pièces « secrètes », uniquement d'ordre administratif et professionnel, ne pouvaient être communiquées même aux familles des intéressés !

Ah ! il fait bon être fils d'avoué, par le temps qui court !

Donc, là, on patauge en pleine incertitude. Tout

ce qu'on sait du défunt est honorable, d'infaillible probité ; tout ce qu'on n'en sait pas (et ce que prétendent savoir les autres), les détenteurs officiels, amis des accusateurs, refusent d'en laisser prendre connaissance.

Voilà pour la matérialité du fait, son équivoque — et les compromissions qu'il suppose !

Quant à la moralité qu'il comporterait, s'il était admis, s'il était indéniable, on ne la distingue pas très clairement.

Ou mieux, elle apparaît si monstrueuse qu'on hésite à l'envisager. C'est la résurrection du péché originel, de la tare héréditaire ; la tradition des âges barbares, des époques féroces ; l'abolition du libre-arbitre, de la responsabilité — le rétablissement de la réprobation ancestrale, poursuivant, dans l'innocence enfantine, la culpabilité des aïeux !

Un fils responsable de ce qu'a fait son père ? Cent ans après la Révolution... qui affranchit la progéniture du serf et la postérité du bourreau !

Scientifiquement, physiquement, dans le sens de l'indulgence, cette théorie transformée a pu surgir, pour expliquer le legs de maux corporels ; servir à absoudre des « victimes », où la loi, jadis, moins informée, voyait des coupables.

Mais moralement !

La conscience publique s'en est soulevée ; les ennemis loyaux ont capitulé, se sont écartés, avec dégoût, d'un champ de bataille où de telles armes étaient employées !

Quant aux quelques « courtisans du malheur », selon la jolie expression de Daudet, présents à l'audience, on devine leur indignation.

Il y avait là Gyp, le jeune Marcel Habert, le jeune Jules Auffray, le jeune Goussot, etc. Tous, en leur fidélité, étaient unanimes à réprouver le sacrilège ; qu'on vînt, plus d'un demi-siècle après, troubler la paix des sépultures, arracher les morts de leur tombe, clouer des ossements au pilori — et arguer, contre un fils, des fautes possibles du père.

Les gens de cœur n'aiment point ces procédés.

*
* *

En ma qualité de femme, je connais mal la casuistique procédurière. On m'excusera donc de ne pas entrer dans ce qu'un haut magistrat — serait-ce pas M. Quesnay de Beaurepaire, un peu avant la constitution de la Haute-Cour ? — dénomma, d'une malheureuse inspiration. le « maquis de la procédure ».

On a discuté beaucoup, de part et d'autre, pour préciser la portée légale de la diffamation posthume, si le vivant, l'héritier, était en droit ou non de s'en déclarer lésé. On s'est acablé sous les textes; on s'est renvoyé, comme volant, les citations.

Je ne suis pas grand clerc en la matière; ce sont là des logogriphes très embrouillés; des labyrinthes très arides, où de plus savants que moi perdent joliment leur latin. On m'excusera donc d'y couper au court.

L'incident le plus important, c'est que le principal accusé s'étant retranché derrière le « secret professionnel » (pour ne pas dire au tribunal d'où et de qui il tenait les prétendus documents sur la foi desquels il accusait l'avoué de Rennes), l'avocat du général Boulanger a déposé contre lui, en tant que complice, et contre X..., l'inconnu fournisseur desdites pièces, une plainte en faux et usage de faux.

Les plaidoiries? Il n'est, ma foi, rien à en dire... ou si peu ! La cause était claire comme de l'eau de roche, parlait d'elle-même.

Le rôle de Mᵉ *** se devait borner à ce qu'il a fait : établir l'intention de nuire; et réhabiliter, par des actes notariés, officiels — visibles, ceux-là ! — la mémoire diffamée, peut-être affreusement calomniée du défunt !

Sous ce rapport, véritablement, la lumière a été complète. Et si le malheureux officier ministériel eut jamais une défaillance (ce qui, j'y insiste, n'est pas établi), on peut proclamer qu'il la racheta par toute une carrière d'activité, de probité, de dévouement au bien public !

Ah ! l'abominable doctrine encore, qui enfonce l'homme dans sa faute, lui interdit le rachat de ses faiblesses, l'expiation ! Dieu n'est pas si sévère, qui a fait le Purgatoire; qui a déclaré, par la bouche du Christ indulgent et remetteur de péchés, qu'il y aurait plus de joie au ciel pour un repenti que pour dix justes !

Dans le coin des vrais chrétiens, Marcel Habert, Jules Auffray, et Gyp, je suis bien sûre que l'on pensait ainsi !

*
* *

Il y avait trois avocats pour les accusés, un petit, un moyen, et un grand.

S'ils n'ont pas dit tous trois la même chose (le petit a du talent), l'argument-type était le même : « En déclarant, en publiant à son de trompe que le père du plaignant était un filou, jamais, au grand jamais, on n'avait eu l'intention de lui nuire ; à travers sa personnalité, c'est la cause dont il était le représentant qu'on visait; la chose n'a été lancée que pour sauver la patrie et la République. »

A vrai dire, cela a paru piteux : on aurait préféré plus d'audace, moins d'arguties.

C'est le « moyen » qui a commencé : prétentieux, braillard et insupportable. Tous les lieux communs défilaient par sa bouche, comme les Beni-Bouffe-Toujours à l'enterrement de Hugo. Mais s'il s'écoutait avec bienveillance, il était le seul : un formidable ennui pesait sur l'auditoire.

Le petit a parlé ensuite, fort aussi. On eût dit que la véhémence dût illusionner sur l'anémie de la cause. C'est un malin, ce petit-là ! Et, par l'envolée des manches, il a révélé des dessous de lingerie rose dont le jeune barreau était révolutionné. Les dames aussi.

Le grand est venu, pour la bonne bouche, c'est

le cas de le dire, onctueux et sucré. On dirait que sa langue est une friandise. Il la suce en parlant, puis avale sa salive comme quelque chose de très bon, les yeux clos, à la manière des chats gourmands.

Que l'on me pardonne la trivialité de l'expression, mais il est tout à fait « rigolo ! »

Je regardais le président, pendant que se débitaient ces harangues où ronflaient les grands mots, comme des roulis de baguettes sur des tambours de foire.

Il avait un masque fin où, fugaces, imperceptibles, comme les sillons légers que le vent trace sur l'onde, indéchiffrables, les impressions passaient.

La Cour s'est retirée, puis est revenue avec le jugement suivant :

. . . .

Malgré tout mon bon vouloir, il m'a été impossible de retrouver la fin du précédent article, et ma mémoire demeure rebelle à y suppléer.

Il y a si longtemps !

On m'excusera, j'en suis certaine ; et l'on comprendra que je me sois limitée au suggestif rapprochement qu'inspiraient des circonstances tellement identiques avec des personnages tellement différents.

Je suis restée à l'axe de la roue, au point immuable, comme sur un îlot où très peu trouvaient place... et presque tous ont tourné! Qui était pour la liberté est avec l'oppression; et les metteurs de joug sont devenus les porteurs de torches!

Les hommes passent, le principe reste. Il faut s'y attacher comme au mât du navire pendant la tempête, — y dût-on être crucifié par la foudre ou cloué par l'équipage!

L'AFFAIRE
PICQUART ET LEBLOIS

21 SEPTEMBRE 1898

L'AFFAIRE PICQUART ET LEBLOIS

Que font ces deux hommes en correctionnelle ?
Voici. L'un, officier de l'armée française, ayant agi avec l'assentiment de ses chefs et se voyant soudain désavoué, disgracié, dépêché au loin, en butte à toutes les intrigues, en proie à tous les pièges, en objet à tous les traquenards, a usé de son droit d'homme, de son droit de citoyen, pour se confier — *sous le sceau du secret professionnel* — à un membre du barreau.

Depuis quand (et à quelque hiérarchie qu'on appartienne) est-il interdit de recourir aux offices de l'avocat ? Il appartient à la trinité sacrée dont le prêtre et le médecin sont les deux autres incarnations. Lui aussi, hors le prétoire, a fait vœu de silence.

Et voyez-vous qu'on éloigne, de la science ou de la foi, les porteurs d'uniforme, sous prétexte, que soit dans la fièvre, soit dans la contrition, ils pourraient révéler des secrets d'Etat?

Henry avait peut-être son confesseur. Du Paty a sans doute le sien. Quoi qu'ils aient murmuré, au tribunal de la pénitence, se serait-on avisé de les poursuivre, et aussi l'auditeur, pour divulgation de secrets d'Etat? Si Henry, se frappant la poitrine, avait avoué : « Mon père, j'ai fait un faux! » s'imagine-t-on l'odieux et le ridicule de l'intervention judiciaire à ce sujet?

En semblable occurrence, le Barreau vaut l'Eglise et la Faculté : on insulte l'honneur du Barreau!

Mais Leblois a parlé, le prêtre fut indiscret, le praticien fut bavard? D'accord. En quoi cela concerne-t-il le client, le pénitent, ou le malade?

Tandis qu'il faut même chercher, dans la seule action délictueuse (relevant exclusivement du Conseil de l'Ordre, de la juridiction professionnelle, et déjà frappée par ses soins), quel en fut le mobile, la portée, et le confident — l'honorable

M. Scheurer-Kestner, alors vice-président du Sénat; encore et toujours, suivant l'expression de Labori, « un des hommes les plus estimés de la République » — tandis que, même sur ce point, les avis sont partagés, comment admettre que puisse encourir aucune sorte, aucune part de responsabilité, celui qui, suivant les rites légaux dans les limites permises, se fia... et ne participa ensuite nullement à la transmission de ses paroles ?

Ceci déjà (origine, base, motif de l'intervention judiciaire), est déjà inepte et criminel.

Pour s'y résoudre, il a fallu :

1º Ne pas tenir compte de la déposition de M. de Pellieux, attestant que « par communication à Leblois » il avait entendu accuser le colonel Picquart, non pas d'avoir *montré les pièces* du dossier Esterhazy, même pas d'en avoir indiqué l'espèce ou la source, mais d'en avoir *résumé le sens* — ce qui est, on en conviendra, un peu différent, et échappe à toute répression légale;

2º Passer sous silence la persistante protestation de M. Leblois, déclarant avoir agi de sa seule initiative, sans même en avoir avisé l'intéressé.

A ce prix, on a pu agir.

* *

Et encore, on ne l'a pas osé!

Il a fallu se contenter des bagatelles de la porte... et rien ne se peut voir d'aussi curieux, d'autant piteux (j'allais écrire de plus navrant) que la reculade du ministère public, arguant de son scrupule pour se dérober aux conséquences de sa propre décision.

C'étaient les accusés qui demandaient à être jugés, quoi qu'il en dût résulter, acquittement ou condamnation. C'était l'accusateur qui déclinait l'offre; s'inscrivait contre leur zèle gênant, leur hâte intempestive; sollicitait l'attente après avoir provoqué l'action!

Ses phrases? Ah! qu'importe! Elles étaient lointaines, comme prononcées à l'autre bout du Palais! Elles bourdonnaient, inutiles, comme un essaim de mouches. On ne distinguait que la silhouette noire au geste de refus; on ne retenait que ce désir d'abstention.

Il justifiait le tout, on devine par quoi : les nouvelles poursuites contre le colonel Picquart; la réapparition de l'autorité militaire, impatiente évidemment de ressaisir son otage contre la revision, d'en immoler l'honneur, pour le moins, aux mânes de « l'admirable soldat », de l'être de dévouement,

de probité, de franchise, et de délicatesse, au
« martyr du devoir » que fut le faussaire Henry —
gloire de l'armée française, n'est-il pas vrai...
comme le Hulan?

Juger Picquart? Oh! l'imprudence! Leur Justice
a besoin de mitaines, et elle se chausse à Poissy.
La réalité matérielle, tangible, visible, n'est que
secondaire. L'intention prime la preuve...

Sans doute comme la force prime le droit.

« Qu'a fait M. le colonel Picquart, étant chef du
bureau des renseignements? Il a fait une enquête
contre le commandant Esterhazy. Je lui reproche,
ayant fait cette enquête, de l'avoir divulguée à
M° Leblois, d'avoir dit notamment à M° Leblois
que cette enquête qu'il avait faite contre le commandant Esterhazy, étant chef du bureau des renseignements, au ministère de la guerre, contenait
une pièce qui, à ses yeux, admet la culpabilité du
commandant Esterhazy. Voilà l'acte de divulgation que je lui reproche et qui constitue le délit
relevé à sa charge.

» Qu'est-ce que je reproche à M. Leblois? Ayant
pris ces renseignements, de les avoir divulgués
à M. Scheurer-Kestner : voilà le délit que je lui
reproche.

» Mais pour apprécier cet acte matériel de divulgation, ne faut-il pas que vous vous préoccupiez de la question de savoir quels sont les sentiments qui ont animé M. Picquart?

. . . .

» Le procureur général m'a informé aujourd'hui qu'il était avisé par lettre de M. le gouverneur militaire de Paris qu'un ordre d'informer avait été lancé contre le lieutenant-colonel Picquart, sous l'inculpation de faux pour le « petit bleu ».

» Que résulte-t-il de ceci? Il en résulte qu'un doute doit fatalement entrer dans mon esprit sur la question de savoir si cette enquête faite par le colonel Picquart contre Esterhazy a été faite, par lui, de bonne foi ou non.

. . . .

» Admettez que de cette information régulière faite devant la justice militaire il résulte que la pièce initiale, le point de départ de cette enquête, soit une pièce authentique dont s'est servi le colonel Picquart lorsqu'il a procédé à cette enquête qu'il a plus tard divulguée. Est-ce une enquête qu'il a faite loyalement, de bonne foi? Alors vous devez lui en tenir compte.

. . . .

» Admettez qu'au lieu de démontrer que cette enquête a été faite en vertu d'une pièce authentique, cette information démontre que le « petit bleu » est un *faux*, mais que le colonel Picquart n'a pas été l'auteur de ce faux, qu'il a été trompé, qu'il a manqué de perspicacité, qu'il a été induit en erreur. Cette démonstration influera aussi sur votre jugement, parce que vous ne pouvez pas tenir rigueur à M. Picquart d'avoir été trompé sur la valeur de cette pièce, d'avoir été induit en erreur, de ne pas y avoir prêté assez d'attention.

» Enfin si — et la troisième solution arrive ici — (ce que je dis en bon français, ce qui je l'espère n'arrivera pas), s'il est démontré, après information, que le colonel Picquart a fait le faux, a fait ce « petit bleu » de toutes pièces, et ce « petit bleu » ayant été la base initiale de son instruction, la culpabilité du colonel Picquart deviendra énorme. Il aura commis l'acte infâme d'un faussaire. Il n'y aura pas assez de sévérité pour le punir.

» Vous ne pouvez pas juger cette affaire en toute loyauté parce que vous ne savez pas si l'enquête faite par le colonel Picquart a été faite loyalement. Mais il est une autre considération aussi impérieuse que la première qui me fait demander la remise de cette affaire :

» Quelle était, aux yeux du colonel Picquart, la portée de l'enquête qu'il a divulguée ? Elle avait à ses yeux cette portée de démontrer l'innocence de l'ex-capitaine Dreyfus et la culpabilité du commandant Esterhazy, à raison des faits qui avaient motivé la condamnation.

» Je vous le dis, en toute sincérité, est-il possible que vous traitiez les faits de divulgation de cette enquête sans être fixés sur la question de savoir si le colonel Picquart était dans l'erreur ou dans la vérité, lorsqu'il prétendait que cette enquête démontrait l'innocence de Dreyfus et la culpabilité du commandant Esterhazy.

. . . .

» Eh bien, je vous le demande en toute franchise. Est-ce que vous pouvez statuer sur le délit de divulgation de cette enquête qui, aux yeux du colonel Picquart, le principal auteur, avait pour but de démontrer que l'arrêt de 1894 était un arrêt mauvais, à la veille du jour où la revision de cet arrêt va être prononcée ? »

« En toute sincérité !... En toute franchise ! »

Tandis qu'ainsi M. le substitut Siben s'escrime

contre l'imminence du débat, les masques sont bien captivants à observer.

Sur la face longue et fine du colonel Picquart a passé une expression d'infinie souffrance, de stupeur indicible, lorsque l'avocat de la République a parlé de la décision du gouverneur militaire de Paris le concernant.

Ses paupières ont battu, se sont refermées une seconde sur ses prunelles grises, à la fois comme s'il se réfugiait dans l'inexpugnabilité de son âme, et se refusait à envisager quelque chose de trop hideux.

Plus de pâleur encore, et plus de mélancolie, et une sérénité comme agrandie, après, semblaient s'être épandues sur son visage...

Lorsqu'il fut question d'une erreur possible, d'un « manque de perspicacité », ce fut le regard des généraux Gonse et de Pellieux, debout au premier rang de l'auditoire, qui cligna, vacilla, comme en déroute à travers le prétoire.

Tandis qu'au gré des opinions, les figures de Marcel Prévost, de Georges Montorgueil, de M. de Pressensé, des deux Clemenceau, de Gyp, d'Octave Mirbeau, d'Ernest Vaughan, de Mathias Morhardt, d'Henri Turot, etc., etc., reflétaient des sensations diverses, mais également passionnées.

Au fond, une poignée de « nationalistes » ricanaient. Ah ! on était loin des audiences du procès Zola ; des salles « faites » par MM. Jules Auffray et du Paty de Clam — et des manifestations « spontanées » au cours desquelles on assommait qui acclamait la République !

Il y avait des manques : la Grande victime que serra sur son cœur Henri, prince d'Orléans ; l'autre Henry ; et Lemercier-Picard, son âme damnée !

..
.

Quand Labori s'est levé, à son accent, à son attitude, on a pu deviner quel orage grondait en lui. Il n'était pas agressif : il était indigné. Sa voix, plus que des trépidations de colère, avait des vibrations de douleur. Il a été éloquent, certes, mais peut-être moins encore par l'effort de rhétorique que par l'élan d'une belle conscience, d'une honnêteté éperdue !

Il a commencé par demander au substitut à quelle date et dans quelles conditions la justice civile avait été avisée des nouvelles poursuites qu'entendrait exercer la justice militaire.

— Hier soir, à cinq heures, M. le procureur général m'a fait appeler dans son cabinet et m'a communiqué cette nouvelle.

Labori constate que quatre heures auparavant, *alors qu'il ne pouvait être question du prétexte invoqué aujourd'hui*, soit la veille, à une heure, le Parquet l'avait averti de son intention de demander la remise.

Et il attaque le vif de la question :

» Je proteste contre cela, quand je vois que les journaux qui se sont fait une tâche de salir et de calomnier le colonel Picquart en même temps que de lutter contre la vérité et contre la justice, sont les seuls qui, ce matin, publient la nouvelle qui a été portée hier à la connaissance du parquet.

» Cela, dit j'ajoute que je supplie le tribunal de ne faire droit, en aucune espèce de manière, à la demande de remise qui vous est soumise. C'est le droit de M. Picquart d'être jugé. Il faut que la justice soit droite et loyale.

» Voulez-vous que je vous dise, Monsieur l'avocat de la République, ce qui est au fond de cette demande de remise? Vous avez donné vos sentiments, tout à l'heure ; permettez-moi de donner les miens. Le parquet sent que l'instruction qui a porté sur tous les faits, qui a recherché les manœuvres, qui a voulu trouver les preuves de je ne sais quel syndicat ridicule, que cette instruction-là s'écroule. Et vous n'êtes pas en mesure, voyez-vous, de soutenir aujourd'hui la poursuite et de la soutenir au grand jour.

» Eh bien ! abordons la barre, entendons les témoins, plaidons. Si le tribunal estime qu'il est éclairé, il le dira. Si, après ma plaidoirie sur le fait spécial dont vous êtes saisi, il estime qu'il doit acquitter parce qu'il n'y a rien, ni éléments matériels, ni éléments moraux de l'inculpation, il acquittera. La procédure de revision n'a rien à voir dans l'affaire. Si, au contraire, après que nous aurons fourni nos explications au grand jour, la lumière n'est pas faite, et pour le tribunal et pour le pays, il vous accordera alors la remise que vous demandez. Mais la demander avant le débat, c'est vouloir étouffer une fois de plus la lumière.

» Ah ! nous n'avons pas été surpris quand on nous a dit hier que le parquet de M. le procureur de la République allait demander la remise. Nous ne l'avons guère été davantage quand on nous a dit qu'au lieu de mettre aujourd'hui M. Picquart en liberté, le parquet, par une mesure à laquelle, j'en étais bien sûr, le tribunal ne s'associerait pas, allait demander une remise provisoire à huitaine, pour refuser la mise en liberté.

» Nous avons protesté avec indignation. Nous avons dit qu'il fallait ou juger ou renvoyer au premier jour avec mise en liberté. Et hier soir, on m'apprenait que le parquet s'était rendu à mes raisons. C'est qu'il savait que la manœuvre qu'on préparait avait été précipitée et que ce matin éclaterait le coup de théâtre dont cette audience est le témoin. Voilà la vérité vraie.

» Je dis que dans ces conditions il est impossible qu'on accorde la remise avant le débat. »

Mais M. Bernard prend souci de la phrase de début du défenseur :

« Nous nous étions mis d'accord sur la nécessité d'une remise, quand je vous ai expliqué pour quel motif le tribunal la désirait. Vous savez très bien aussi que, quand je vous ai parlé de cela, j'ignorais absolument le mesure qui est prise aujourd'hui par le gouverneur de Paris contre le colonel Picquart. Par conséquent vous ne pouvez pas dire que le tribunal a été influencé par cette mesure. »

Et Labori vite de répondre :

« Je n'ai rien à dire ni rien à insinuer contre le tribunal ni rien contre le président qui vient de m'adresser la parole.

» Au contraire, Monsieur le Président, je retiens que, hier, quand vous me faisiez l'honneur de vous entretenir avec moi de la remise, vous n'attachiez la nécessité de cette remise qu'à une seule raison, le besoin d'attendre, pour juger nos deux clients, que la procédure de la revision ait suivi son cours et qu'on sût enfin quelle sera dans cette affaire la vérité dernière.

» Aujourd'hui, on est venu dire autre chose.

» Le parquet demandait huit jours, et j'ai protesté, ne tombant pas d'accord avec le tribunal, car j'avais de mon client la mission de plaider à tout prix. Je puis dire que je sentais tellement — par je ne sais quel pressentiment — la nécessité de plaider que, personne ne me démentira, j'ai dû, quand nous avons délibéré sur la conduite à tenir, m'engager contre tous mes amis pour que l'affaire vienne aujourd'hui.

» Par conséquent, il n'y avait pas d'accord. J'ai dit simplement, comprenant les pensées du tribunal — car on peut comprendre les pensées auxquelles on ne s'associe pas — qu'on pouvait croire utile de renvoyer l'affaire, mais qu'il était nécessaire de la renvoyer au premier jour, c'est-à-dire sans date déterminée, parce que dans huit jours la procédure de revision ne sera pas terminée.

» Mais j'ajoutais : Nous avons des adversaires dont nous avons tout à redouter. Que feront-ils pendant ces huit jours ? A quelles machinations auront-ils recours pour que cet homme reste encore dans un cachot, incapable de parler, menacé peut-être ? Je ne veux pas de ces huit jours. Voilà ce que je disais.

» Hier soir, le parquet se ralliait à mes idées. Seulement, dans l'intervalle, on avait pris ses mesures pour demander à la justice civile de livrer le colonel Picquart à la justice militaire dont on est plus sûr.

» Je dis qu'il était nécessaire — et j'en prends toute la responsabilité — de dénoncer publiquement et à la barre du tribunal les procédés qui m'inquiètent et que j'ai le droit de signaler à l'attention publique. »

Ensuite, il fait l'historique de la prévention, à peu près ainsi que je l'ai tracé, en introduction au présent article.

Puis, quant à la nature des faits visés par l'accusation, il invoque le témoignage de M. de Pellieux à l'instruction, dont j'ai aussi précédemment parlé ; discute la connexité des délits imputés aux deux prévenus, contrairement à la thèse du Parquet ; et conclut :

« Voilà ce que je voudrais plaider, que quand un homme mis dans les plus grands dangers par les menaces du colonel Henry, qui était alors le faussaire, qui poursuivait de sa haine intéressée le lieutenant-colonel Picquart, que quand cet homme, le lieutenant-colonel Picquart, va chez un avocat, il n'a pas commis un acte d'espionnage. Et je suis bien tranquille.

» L'opinion publique, rien que par ces courtes explications, sera fixée sur ce que représente l'inculpation dont le colonel Picquart est l'objet depuis deux mois. Ici, vous voyez que j'arrive au sujet même qui nous occupe.

» Quel étrange procès ! C'est pour cela qu'on a arrêté cet homme avec cette mise en scène que vous savez ; c'est pour cela qu'on l'a poursuivi, qu'on l'a livré aux plus infâmes et plus abjectes calomnies, car partout on a imprimé qu'il était un espion et un traître et que c'était pour cela qu'il était entre les mains de la Justice !

» Et cela, quand les faits ont été publiquement expliqués devant la cour d'assises de la Seine, quand c'est M. Picquart lui-même qui a fait connaître les conditions dans lesquelles ils se sont produits, quand il a comparu déjà devant un conseil d'enquête où l'autorité militaire avait considéré comme si dérisoire la prévention actuelle qu'on ne lui en avait même pas demandé compte !

» Vous verrez ce qui s'est passé devant le conseil d'enquête. Il n'est pas question de ces communications du dossier Esterhazy. Tout le monde sait bien en vérité que la prévention n'était qu'un prétexte. Tout le monde sait bien que la détention du colonel Picquart n'avait qu'une cause, c'était la présence de M. Cavaignac au ministère de la guerre.

» Tout le monde sait bien que l'arrestation du colonel Picquart avait pour but de fermer la bouche à l'homme qui disait que la pièce de 1896 était un faux, dans cette admirable lettre qu'un sinistre événement a singulièrement illustrée.

Et aujourd'hui on remettrait l'affaire ! Et on livrerait, on abandonnerait « cet homme-là » à la justice militaire — au péril ! Alors qu'il n'a même pas pu obtenir encore que soit fixée, judiciairement, la date pour laquelle seront assignés ses diffamateurs ? Veut-on donc, hélas, croupir éternellement dans ces pestilences dont s'empoisonne le pays... et que la France ne soit plus la France, et que c'en soit fait de la République ?

* *

Après que Me Jules Fabre, en quelques phrases sobres et émues, s'est associé au vœu de Labori ; alors que le tribunal s'apprête à se retirer dans la chambre des délibérations, voici que le lieutenant-colonel Picquart se lève.

C'est l'incident de la journée ; la simple et cependant solennelle déclaration qui va déjouer bien des ténébreuses hantises.

Dans ses habits modernes, sous sa redingote noire de « disgracié », le Monsieur qu'insultèrent, à tour de rôle, M. le lieutenant-colonel Henry et M. le général de Pellieux, porte vraiment le cœur d'un paladin, de quelque chevalier mystique, vainqueur de monstres.

Sans recherches, sans réflexion, du simple effet de sa loyauté, sous l'impulsion du destin qui le guide, il va dire — léguer, peut-être — les mots magiques qui le devront rendre invincible, ou graver son image ressemblante dans la mémoire des hommes.

Je sollicite, moi aussi, le jugement immédiat. D'autant plus que c'est seulement tout à l'heure, ici, que j'ai appris l'abominable inculpation dont je suis l'objet. On me l'avait annoncé... je n'avais pas voulu le croire!

Il me sera facile de me justifier.

Mais c'est peut-être la dernière fois que je parle en public : je coucherai probablement ce soir au Cherche-Midi.

Donc, je tiens à dire que si je trouve, dans ma cellule, le lacet de Lemercier-Picard ou le rasoir d'Henry, ce sera un assassinat. Je n'ai aucunement l'intention de me suicider : CE SERA UN ASSASSINAT.

L'émotion que soulèvent ces paroles est inouïe. La retraite du tribunal, la suspension de l'audience permettent la parole, le geste. Comme submergés, MM. Gonse et de Pellieux ont disparu. Et sans tumulte, sans cris, d'une irrésistible poussée, le prétoire est envahi.

Il y a des larmes sur de mâles visages ; des mains, de toutes parts, se tendent ; un murmure d'exclamations affectueuses s'élève, monte...

Et cette manifestation presque muette est saisissante au suprême degré.

Mais, après un quart d'heure, elle se doit interrompre : voici le tribunal.

Et voilà son arrêt :

« Attendu qu'à supposer établis dans leur matérialité et leurs effets légaux les faits qui font l'objet de la prévention, les circonstances dans lesquelles se présente actuellement l'affaire exposeraient le tribunal, s'il la retenait à son audience de ce jour, à ne pas apprécier sainement et équitablement la portée des actes reprochés au prévenu.

» Par ces motifs, renvoie au premier jour. »

— Vive Picquart !

Le cri a jailli, spontané, de toutes les poitrines ; les rares contradicteurs s'étant soustraits à la vue, trop pénible, d'une telle abomination de la désolation.

Car ils n'ont rien à redouter... et ils le savent!

Au contraire de ce qu'eux faisaient, il y a sept mois, ils ne sont ni injuriés, ni cognés, ni désignés charitablement aux fureurs de l'ignorance. Même un avocat s'époumonnant à crier: « Vive l'armée! » par manière de défi, croyait-il, est tout décontenancé de voir que personne ne songe à lui chercher noise; qu'on l'envisage avec bonhomie.

Le « Fardeau de la liberté », ô Tristan Bernard!

Ça le gêne bien.

Mais une voix tranquille prononce :

— Il faut cependant que je m'en aille. Merci. Adieu.

— Au revoir! Au revoir! clame la foule.

Et le colonel Picquart, entre ses deux agents, monte les gradins du tribunal, sourit, salue de la main... et disparaît.

A bientôt!

LEMERCIER-PICARD

25 OCTOBRE 1898

LEMERCIER-PICARD

La Cour de cassation se réunit jeudi prochain, pour statuer sur la revision.

Il me semble donc, qu'à cette heure, chacun a le devoir de dire ce qu'il sait, peu ou beaucoup ; de publier ce qu'il a entre les mains ; de se dessaisir de ces parcelles de vérité, qui ne sont pas la vérité entière, mais qui, rapprochées de ce qu'en peut posséder le voisin, sont susceptibles d'aider, par l'extension du fragment, à la reconstitution intégrale.

Personne, actuellement, n'a le droit de se dire : « Je n'en sais pas assez pour parler » ; car personne n'est sûr qu'un autre (qui s'en dit autant) ne détient pas le mot de ce qui lui semble énigme, indéchiffrable mystère !

Il n'est que ceux à en savoir trop, qui, armés de certitudes, sont en état de doser, au mieux de ce qui doit advenir, la révélation ou le silence...

On se souvient de Lemercier-Picard, le « pendu » de la rue de Sèvres, l'homme qui fut, le 2 mars, retrouvé étranglé, presque à genoux, au bout d'une ficelle, après entretien avec un visiteur demeuré inconnu ; chez qui fut saisi un papier identifié des initiales H. R. (je l'ai vu sur le bureau du magistrat-instructeur) (1) disant : « Devant le juge, opposez le silence absolu à toutes les questions qui vous seront posées. Votre avenir en dépend ; » qui, sous le nom de Vandamme, avait dit à M. le colonel Sever : « J'ai été employé au service des renseignements (2ᵉ bureau de l'État-Major général) comme agent secret » ; qui avait dit à M. Émile Berr, du *Figaro*, qu'il avait reçu trois cents francs, à titre d'indemnité pour services rendus, du ministère de la guerre ; qui avait écrit à M. Reinach dans la lettre que publia, sauf trois

(1) Chez lequel je fus citée à comparaître en suite de la publication des lettres Durandin, dans la *Fronde*.

noms, le *Temps*, et que compléta le *Radical* : « Aujourd'hui, je ne me crois plus tenu au secret ; aussi, vous me voyez tout à fait résolu à m'expliquer sur le rôle que j'ai joué à l'instigation de M. Rochefort, du colonel Henry et de M. du Paty de Clam » — ladite lettre datée du 18 janvier.

Peu de jours après, le 29 janvier, il adressait à Émile Zola la lettre que voici. Elle est inédite. J'en tiens (les originaux étant en lieu sûr) soit les clichés, soit les épreuves, à la disposition de qui de droit.

Paris, 29 janvier 98.

Monsieur,

La cause que vous défendez ne saurait plus longtemps me laisser dans l'indifférence. Admirateur de vos œuvres, je professe, pour votre haute personnalité, le plus profond respect ; c'est pourquoi, en présence de votre noble attitude dans l'affaire Dreyfus, je viens vous apporter un concours qui, dans les circonstances actuelles, étant donné le rôle d'agent que j'ai joué dans l'affaire Reinach-Rochefort, peut, au cours des débats engagés, et par mes révélations et par des documents en ma possession, apporter la plus vive lumière sur les agissements de plusieurs officiers de l'État-Major général, de concert avec Rochefort.

Qu'il me suffise pour le moment de vous dire que les

ordres m'étaient transmis par ce dernier, dans une propriété Villa-Saïd. A cette adresse, se tenaient les conciliabules auxquels j'assistais fréquemment et où se retrouvaient fréquemment le lieutenant-colonel Henry, du Paty de Clam et Cie. Cette adresse, du reste, ne fut choisie qu'après que les trente jours d'arrêts furent infligés à Pauffin de Saint-Morel.

Ici, je ne puis vous en dire plus ; si vous croyez devoir donner une suite à ma proposition, ou plutôt si vous désirez m'entendre, je crois à l'avance pouvoir vous affirmer que vous n'en aurez pas de regret.

Ma déposition seule, justifiée du reste par des documents, suffirait à produire sur le jury une telle impression que, quel que soit son parti pris contre les défenseurs de Dreyfus, il ne saurait se soustraire à l'obligation de faire éclater la vérité.

Si, après avoir consulté Me Labori, vous croyez devoir donner une suite, je vous serai très obligé de me fixer un rendez-vous, à moins que vous ne préfériez que je fasse ma déposition en l'étude de votre défenseur.

Le cas échéant, veuillez tout simplement mettre sous enveloppe l'adresse où je vous rencontrerai, sans rien ajouter, sans signature ; je comprendrai.

En cette attente, je vous prie de bien vouloir agréer, avec toute mon admiration, les respectueuses salutations de votre très humble serviteur,

LEMERCIER-PICARD.

T. S. V. P.

Adresse :

    23-12-1853, Poste restante,
      Place de la Bourse,
            Paris.

P.-S. — Pour vous donner une idée, si petite soit-elle, sur le concours que je puis vous apporter, je joins à ma lettre un des nombreux feuillets qui sont en ma possession ; comme tous les autres, celui-ci sort des bureaux de l'État-Major. Cette écriture est facile à reconnaître.

A cette missive, en effet, était jointe une page évidemment détachée d'un travail ; sur quart de papier écolier très ordinaire ; numérotée 4, en haut, au milieu ; et tracée d'une écriture fine, presque féminine, à tendance très ascendante vers la droite : ce que les graphologues appellent l'écriture d'ambitieux.

En voici le texte :

            (4)

a commandé le 161e régiment d'infanterie depuis 1892 jusqu'au jour où il partait pour Madagascar comme général de brigade ;

2° Le lieutenant-colonel Henry, accusé d'écrire dans les journaux — ce qui ne serait, on en conviendra, qu'un crime très relatif — s'en défend avec une énergie qui vaut bien la violence de ses dénonciateurs ;

3º Le général Gonse, accusé d'avoir manifesté une opinion favorable à Dreyfus, est peut-être l'homme de l'armée le plus convaincu de la culpabilité du traître ;

4º Le général de Boideffre. Celui-là est simplement le *Deux ex machina* qui a tout combiné pour perdre Dreyfus — dont sans doute il convoitait

Au 29 janvier, si en éveil que l'on pût être, tout cela pouvait passer encore pour œuvre d'imagination ou d'exagération.

* *

Dix-neuf jours plus tard, le 17 FÉVRIER, M. le général de Pellieux, à l'audience faisait la déclaration que l'on sait, quant à l'existence de la fameuse pièce secrète, survenue au ministère de la guerre postérieurement à la condamnation de Dreyfus, lors de l'interpellation Castelin.

Autrement dit : le faux du colonel Henry.

M. de Pellieux traitait ce document, on s'en souvient, « de preuve absolue de la culpabilité de Dreyfus, absolue !,dont l'origine ne pouvait être contestée. »

M. le général Gonse appuyait, attestait l'existence, la réalité, et l'absolutisme de la preuve.

A l'audience suivante, M. de Boisdeffre, chef de l'État-Major général, confirmait de tous points la révélation de M. de Pellieux, « comme exactitude et authenticité ».

Et LE LENDEMAIN, 19 FÉVRIER, voici (portant le timbre de l'avenue Marceau, 5ᵉ levée, et mentionnée « Urgent et personnel »,) la lettre qui m'arrivait à la *Fronde*.

Paris, samedi 3 heures.

Madame Séverine,

Trop étroitement lié à l'affaire qui se déroule en ce moment aux Assises, jusqu'à présent, pour des raisons d'ordre intime, j'ai cru devoir conserver une attitude pleine de réserve et me suis tenu dans l'ombre ; *mais quelques révélations faites par des chefs de l'État-Major, me visant directement*, m'autorisent, par ce fait même, à lever le voile sur le rôle que j'ai joué.

Voudriez-vous m'accorder une audience ce soir? j'aurai besoin de vous consulter. Si je viens à vous de préférence, c'est que je ne vous suis pas inconnu : je vous rappellerai en même temps en quelle circonstance j'ai eu l'honneur de m'adresser à vous.

En cette attente, veuillez agréer, je vous prie, mes respectueuses salutations.

M. Durandin.

P.-S. — Je repasserai rue Saint-Georges, à la *Fronde*, à 11 heures du soir, prendre votre réponse.

J'ai raconté, dans les numéros de ce journal datés des 7, 8, 9 et 10 mars, les moindres incidents de cette correspondance personnelle; et, comme quoi, le rendez-vous ayant été indiqué, l'homme ne vint pas.

Le nom m'était inconnu et je n'ai jamais su en quelles circonstances l'individu avait pu s'adresser à moi.

Le surlendemain, seconde lettre, non moins curieuse par le début. En voici la teneur, sauf sept mots indiquant le but du voyage et me prouvant péremptoirement que l'homme n'était pas dénué de ressources, ne s'adressait pas à moi pour une aide pécuniaire :

Paris, 21, 9 h. 30 soir.

Madame Séverine,

Dans la crainte que les menaces incessantes dont je suis l'objet depuis quelque temps ne fussent mises à exécution, j'ai pris une précaution qui me paraissait d'ordre supérieur ; samedi soir, j'ai pris le rapide et ai déposé en lieu sûr tout ce que je possédais relativement à l'affaire Dreyfus-Esterhazy. Rentré à Paris ce soir, mon premier soin fut de venir prendre votre réponse que je trouvai effectivement au bureau de la rédaction. Je regrette vivement ce fâcheux contre-temps, mais je m'empresse de dire qu'il n'y a rien de perdu.

Demain soir (mardi) je serai à la rédaction (*Fronde*) à 11 heures précises : il importe beaucoup que ma présence soit l'objet de la plus grande discrétion ; ici je ne puis pas vous en donner la raison, vous devez me comprendre suffisamment.

Dans cette attente, je vous prie d'agréer mes respectueuses salutations.

DURANDIN.

Mais, harcelé, traqué, pourchassé, encore cette fois, il ne parut point.

Et trois jours après (portant le timbre de la rue de Bourgogne, 9ᵉ levée) cette dernière missive :

Paris, 25 février.

Madame Sévérine,

Rien de ma faute. Je suis venu mardi soir à la *Fronde*, conformément au rendez-vous que je vous avais demandé, mais je vous l'ai déjà dit, je suis surveillé de près. Je suis arrivé à onze heures précises rue Saint-Georges, mais, filé, je n'ai pu réussir à pénétrer au journal; il faut cependant que je vous voie. Pouvez-vous me donner rendez-vous autre part qu'au journal ou chez vous?

Inclus, je vous envoie une petite note dont vous apprécierez le contenu; si vous croyez devoir me voir avant de l'insérer, adressez-moi un mot poste restante à l'adresse ci-dessous et fixez-moi un rendez-vous dans la soirée.

Recevez mes bien sincères salutations.

DURANDIN.

A. D. B. 1885. Poste restante.

Chambre des députés.

Je passerai prendre votre réponse entre 4 et 6 heures. Le cas échéant, après en avoir pris la copie, veuillez vous-même la faire parvenir à son adresse.

. . . .

Le 2 mars on le retrouvait mort.

. .

La « petite note » en question était une lettre à M. Henri Rochefort. Bien que l'auteur, ainsi qu'il est écrit ci-dessus, me l'eût envoyée aux fins d'insertion, il ne m'aurait point paru correct, lui décédé, de ne la point faire tenir, d'abord, au destinataire.

J'avisai donc celui-ci, publiquement, à cette même place (et par un excès de scrupule et de courtoisie appréciable en la circonstance), que je tenais le document à sa disposition.

Voici en quels termes répliqua l'*Intransigeant :*

« Une collaboratrice du journal en question déclare, de plus, avoir reçu de cet individu une lettre « ouverte » adressée à notre rédacteur en chef et dont le contenu, « bizarre et énigmatique », était destiné à être livré à la publicité.

» L'original de cette lettre, ajoute le journal féministe, est à la disposition de M. Rochefort.

» Un individu qui envoie à un journal une lettre qu'il aurait soi-disant écrite à quelqu'un est ou un aliéné, ou un maître-chanteur, ou un homme à la côte qui essaye de se faire payer ses inventions.

» M. Rochefort n'ayant eu affaire à personne autre que celui qui apporta à notre journal la copie du faux « Otto » faite par M. Emile Berr, n'a aucun motif de s'intéresser à un papier signé d'un homme qu'il ne connaît pas et qui ne peut être qu'un fou ou un mystificateur.

» Que la rédactrice de la *Fronde* garde donc ou ne garde pas la lettre du nommé Durandin, laquelle lettre ne vaut certainement pas le timbre-poste que nécessiterait son envoi au destinataire. »

Cette réponse, il faut bien le dire, renfermait quelques inexactitudes. Le paragraphe, par exemple, où il est affirmé que M. Rochefort ne connaissant que l'homme du faux Otto, également connu de M. Emile Berr — soit Lemercier-Picard, sous le pseudonyme d'Emile Durand, — ne reconnaissait pas Durand en Durandin, équivalait au télégramme expédié de Monte-Carlo, par M. Rochefort, au *Jour :*

« Jamais le rédacteur en chef de l'*Intransigeant* n'a été en relation avec l'homme de la rue de Sèvres. Jamais M. Rochefort ne lui fit remettre une somme d'argent. Tout ce que l'on a raconté hier et aujourd'hui, sur les rapports de M. Henri Rochefort et du sieur Lemercier-Picard est aussi faux qu'absurde. »

Pour l'identité de l'individu, après la constatation que fit M. Berr, à la Morgue — « J'ai, dès l'entrée, reconnu Lemercier-Picard » — il y eut celle non moins décisive de M. Charles Roger (Daniel Cloutier) ainsi résumée dans l'*Intransi-*

geant même : « C'est bien Emile Durand, l'homme qu'on vit dans nos bureaux. »

Pour l'écriture, lettres signées Roberty, Durieu, Martin, Vergnes, Lemercier-Picard, Durand, Durandin, celles que je publie ici et celles que la justice détient, sont identiques.

Et c'est bien à ce même homme que M. Rochefort, en audience publique de la 9ᵉ Chambre correctionnelle, le 3 février, reconnut avoir fait remettre, en deux fois, quatre cents francs.

Munie de l'autorisation en règle qu'on a pu lire, je publie aujourd'hui, sans m'associer aucunement à ce qu'elle peut renfermer et sans y changer une virgule, *à titre de document*, l'épître de Lemercier-Picard à M. Henri Rochefort. On remarquera que, faite pour être expédiée, elle est signée Durandin ; ce qui semble comporter qu'à deux lettres près, le signataire pensait (hors même la similitude d'écriture avec les manuscrits de même origine que le destinataire possédait déjà) être reconnu.

Elle est la réponse à un article paru du matin, dans l'*Intransigeant*.

17.

Paris, 25 février 1898.

A Monsieur Henri Rochefort.

Bravo, Monsieur ! Voilà un aveu sur (*sic*) lequel je ne m'attendais pas et qui au moment où il se produit a, sur les événements qui viennent de se dérouler, une importance réelle et d'une très grande portée. Seriez-vous en veine de confidence ! Si oui, je puis vous apporter mon concours qui, comme vous le savez, peut, dans un bref délai (et quelques (*sic*) soient les entraves que le gouvernement y mette), provoquer la révision du procès Dreyfus, pour laquelle tant d'honnêtes gens se sont vus traîner dans la boue par une presse immonde, et dont une sommité littéraire, que la France honore malgré tout, vient d'être la victime.

Ce sont de ces phénomènes qui se produisent assez fréquemment chez certaines natures : Peut-être dans l'isolement de votre cellule, pris d'un juste remords, sur la fin d'une vie assez tourmentée, vous êtes-vous posé cette question : « Si, par un juste retour des choses d'ici-bas, ne devrais-je pas expier pour Zola la peine que les 12 jurés viennent de lui infliger ? »

Peut-être aussi que, dans votre article d'aujourd'hui, HEUREUX CONDAMNÉ, votre plume a trahi votre pensée en faisant cet aveu spontané : « Zola n'a jamais rien su du procès Dreyfus, pas davantage du procès Estherazy (*sic*), et pas beaucoup plus de son procès. »

Eh oui ! Monsieur, vous, mieux que personne, avez qualité pour lui faire ce reproche et avec vous, j'ajouterai, à part, les membres du comité de la Villa-Saïd, nul ne pourra pénétrer les secrets du syndicat Esterhazy dont vous aviez la haute direction.

Vous enfin qui avec une feinte mal déguisée, avez insulté les magistrats de la 9ᵉ chambre, vous vous êtes posé en martyr d'un acte arbitraire, pourquoi n'avoir pas interjeté appel de ce jugement, et pourquoi cet empressement avant l'expiration des délais d'appel, à vous constituer prisonnier? Cet aveu, vous ne le ferez jamais, parce qu'il entraînerait votre popularité illusoire au fond du précipice, d'où même avec l'appui des collègues de l'Etat-major général, elle ne saurait plus briller qu'aux yeux de quelques aveugles.

Si cependant votre conscience, plus ou moins élastique se révoltait à faire cet aveu, je pourrais vous suppléer dans cette tâche si délicate, en ce moment même où vous promenez dans Paris les quelques lauriers apportés par des gens à votre dévotion, mais payés sur les fonds mis à votre disposition par le révérend Père Bailly ; inutile d'ajouter que le rôle que j'ai joué près de vous, avec ce que je possède, me donnent une certaine autorité en la matière, vous le savez; du reste, il est de certains documents que l'on ne peut contester, ceux-là pour votre confusion je les tiens en réserve.

Nous entrons dans la troisième période de ce procès mémorable, période non mions aiguë que les précédentes, où devront s'effacer devant la vérité toute nue, tous ceux qui, pour des raisons de lucre, avaient cru devoir prendre position contre sa manifestation.

Quant à cette vérité que tous les honnêtes gens réclament, je compte sur vous, mon cher monsieur H. Rochefort, pour m'aider à la faire éclater, dussiez-vous après solliciter le pardon de Léon XIII.

Je vous salue bien,

DURANDIN.

Je ne déduis rien de cette lettre; je n'y ajoute rien. Je la publie, parce qu'on m'en a laissée libre, et que je crois que c'est aujourd'hui le devoir. Mais j'y insiste — car je tiens à ce que le fait soit acquis — *sans aucune sorte de commentaires.*

*
* *

La fabrication du faux de 1896 est imputable, la chose est établie, à un triple personnel : instigation, entremise, main-d'œuvre.

Le colonel Henry, esprit faussé, cerveau capable d'assimilation, mais hors d'état de concevoir par lui-même, fut-ce le crime, fut le complice, je dirai presque le comparse, l'intermédiaire effectif entre la pensée et l'acte.

Il ne venait que secondairement, sur l'échelle des responsabilités, dans la hiérarchie des coupables ; et il s'est trouvé le plus durement châtié, il a eu, au moins, le courage de l'expiation.

Les instigateurs... l'immanente justice s'en chargera.

Mais quant au reste, de tout ce qui précède, du rapprochement des dates, des circonstances, de la patiente mosaïque que je me suis appliquée à reconstituer, il ressort que, matériellement, manuellement, l'ouvrier, l'artisan du faux fut Lemercier-Picard.

Rappelez-vous sa phrase, au lendemain de la production de ladite pièce par les trois généraux : « quelques révélations faites par des chefs de l'État-Major *me visant directement ?* »

Et faut-il une autre preuve ? Qu'on se souvienne de la description du faux par M. de Pellieux : « La note n'est pas signée d'un nom connu, mais elle est appuyée d'une carte de visite ; et, au dos de cette carte de visite, il y a un rendez-vous insignifiant, signé d'un nom de convention, qui est le même que celui qui est porté sur la pièce, et la carte de visite porte le nom de la personne. »

On voit la façon de procéder.

Or, chez Lemercier-Picard, on retrouve, au dos d'une carte du docteur Legrand — qui n'y est pour rien — cette indication mystérieuse et d'écriture inconnue : « Les fonds sont déposés rue Denfert-Rochereau. »

Et l'on s'explique pourquoi, en dépit du mandat décerné contre lui pour des faits à côté, par un juge ignorant, le 15 janvier, Lemercier-Picard surveillé, filé, n'est pas arrêté ; pourquoi il tremblait pour sa vie — « dans la crainte que les menaces incessantes dont je suis l'objet depuis quelque temps ne fussent mises à exécution » (21 février) — et pourquoi, le 2 mars, n'ayant, ainsi que l'a déclaré sa maîtresse, en maintes interviews, aucune sorte d'idées de suicide, on l'a retrouvé étranglé, presque à genoux, au bout d'une ficelle... comme le prince de Condé !

L'AFFAIRE DREYFUS

EN CASSATION

27-28-29 OCTOBRE 1898

EN CASSATION

I

Avez-vous, parfois, dans les bois tout pleins d'angoisse, dans les ténèbres accrues de la dernière heure, dans le frisson pénétrant de l'invisible, vu se lever la tremblante aurore, effacée et transie comme une tourterelle mouillée ?

Par-dessus le silence attentif, ce n'était rien d'abord, qu'une pâleur, une touche lactée, un reflet d'albâtre sous les voiles d'ombres — telle qu'une lampe venant de très loin à travers le brouillard.

Mais la lueur ne demeurait pas centrale, s'étendait, envahissait tout le ciel. Les objets devenaient distincts ; un murmure tombait des cimes, montait du sol. Délivrée de son deuil nocturne, la terre s'éveillait ingénue, puérile, avec l'enfance de la journée.

Lorsque, soudain, la première flèche dardait, vibrante, de l'arc d'or. Et l'immense hosannah retentissait, traduisant l'allégresse des instincts et des âmes, devant la lumière libératrice, divine chasseresse des doutes, des traîtrises et des effrois !

Rentrez dans vos trous, les hiboux, et dans vos tannières, les bêtes puantes : voici le jour !

C'est à cette sensation d'affranchissement qu'il faut se reporter, pour bien comprendre les phases par lesquelles nous a fait passer la séance initiale de la Cour de cassation.

A l'inverse du cours réel des heures, on était entré dans de la pénombre et on est ressorti dans de la clarté. Pour la première fois, depuis longtemps, on respirait à l'aise ; on se sentait, dans les yeux, une autre flamme que celle de l'ironie ou de la colère.

De la joie ? Non, ce serait banal. Un sentiment de bien plus austère beauté, un orgueil grave ; un contentement à se dire qu'au delà des partis, qu'au delà des passions, un acte de justice venait prouver au monde qu'on n'était tout de même pas Byzance...

Et puis que la monstrueuse erreur, que l'abominable crime allait être réparé.

On voudra bien reconnaître que, m'élevant contre l'irrégularité commise au procès de 1894 ; contre le simulacre d'action judiciaire intentée à Esterhazy ; contre le système d'étouffement appliqué au procès Zola, je ne me suis prononcée que rarement, et avec réserve, sur le fond même de l'affaire.

On peut donc m'en croire aujourd'hui ; s'en fier à ma prudence autant qu'à ma loyauté, si j'écris, si je m'écrie : « Alfred Dreyfus est innocent ! C'est un innocent que l'on a arrêté, jugé, condamné, dégradé, expédié au bagne, isolé du restant des humains, un innocent, *un innocent*, un innocent ! »

Car voilà tout d'abord, péremptoirement, ce qui ressort de l'audience d'hier.

*
* *

On sait le décor : la vaste salle tapissée de bleu, fleuronnée de fers de lance ; le plafond aux lourds caissons ; les trois fenêtres de droite à vitres claires, dont s'entrevoient les vitraux de la galerie Saint-Louis ; les trois croisées de gauche, sur l'une des cours intérieures, bientôt embuées par la chaleur, à paraître dépolies.

En fer à cheval, au fond, les conseillers qui siègent, barbes grises, fronts chauves pour la plupart ; la physionomie impénétrable et imposante de M. le président Loew ; le profil caractéristique et vivace de M. le procureur-général Manau. Au premier rang des bancs réservés au barreau, Mes Demange, Labori, Albert Clemenceau.

Là-bas, sous le Christ, à la droite du Président (dont la gauche demeure déserte en raison de la maladie d'un des juges), un homme brun, robuste, au collier de barbe noire, et qui lit — d'une voix posée.

Rien ne saurait rendre, en toute exactitude, la sérénité de l'endroit ; la modération des termes employés ; l'effet de ce discours sans gestes et sans commentaires.

Devant M. Bard, le rapporteur, il y a un carton vert, un carton de bureau dans lequel il puise. Au dos, à chaque extrémité, est un double scellé, où la cire écarlate met comme deux taches de sang.

Puis, un public qui se tait, respectueux ; chutant lui-même qui trouble le calme du moindre bruit ; désireux qu'il est d'entendre, de ne perdre aucune bribe des révélations qui se succèdent.

Plusieurs, par suite des controverses successives, nous sont devenues familières, mais elles se complètent, s'aggravent, de détails inconnus.

C'est ainsi que l'on peut suivre, point par point, l'animosité contre le « juif », sorti neuvième, sur quatre-vingts, de l'École de guerre ; intelligent, riche, ambitieux...

Tant que pas soupçonné, on se contente de le haïr ; dès que désigné à peine, sur une vague ressemblance d'écriture, on en fait une proie, une chair à épreuves !

C'est Henry, faussaire et faux témoin ; c'est du Paty, génial inquisiteur ; ce sont les subalternes, les égaux, les chefs, soit complices, soit dupes, qui n'en veulent plus démordre. Jusqu'au général Gonse, avec son air de brave homme, qui dit à Picquart (ainsi qu'il ressort de la deuxième lettre de celui-ci au Garde des Sceaux) :

— Eh bien, voyons ! qu'est-ce que ça peut vous faire que ce juif soit à l'île du Diable ?

— Mais s'il est innocent !

— Ça va faire une histoire ! Vous n'avez qu'à ne rien dire, on ne le saura pas.

Ce à quoi le jeune officier riposte :

— Quoi qu'il en doive advenir, mon général, je n'emporterai pas ce secret-là dans la tombe.

Alors, on l'expédie à Gabès...

*
* *

Je n'entrerai pas dans le détail du compte rendu analytique, mais on n'en saurait trop recommander l'étude.

Qu'il s'agisse du rôle d'Henry, de du Paty, d'Esterhazy, le mort, l'éclipsé, le fuyard, apportent, à leur insu, des présomptions, des preuves d'innocence, en faveur de celui-là même qu'ils ont fait condamner.

Toute l'affaire Dreyfus se résume ainsi : indiscrétions, recherches, choix du bouc émissaire ; les uns par inadvertance, les autres par hostilité personnelle, fanatisme religieux — peut-être aussi quelque criminel pour couvrir ses propres actes...

Mais ensuite, sur toute la ligne, la volonté de ne pas savoir ; l'inexorable ténacité à faire le silence, à murer la pierre du tombeau. Esterhazy coupable, c'est Dreyfus innocent : on sauvera Esterhazy ! Les voilà pris dans l'engrenage, entraînés par l'avalanche, emportés dans le torrent !

On égare M. Cochefert, en lui disant qu'on avait procédé à une longue enquête ; qu'on possédait des preuves « indiscutables », tracées par la main du traître — et rien de tout cela n'est vrai !

On trahit la loi ensuite, par l'envoi à M. le colonel Maurel, président du Conseil de Guerre, d'un pli cacheté renfermant quatre pièces (dont aucune, on le sait aujourd'hui, n'était applicable à Dreyfus), mais qu'annotent des commentaires de M. du Paty de Clam, et qui doivent — communiquées hors de la séance, de l'accusé et de son défenseur — venir à bout des scrupules, « enlever » la condamnation !

On falsifie des textes, la peur est venue : le dossier, à présent que Picquart est sur la piste, semble bien pauvre et bien maigre. Un faux est commis, que l'on ignorait jusqu'ici, adressé au captif, là-bas, pour le compromettre plus encore ; retenu par le Ministère des Colonies. Celui de 1896, celui d'Henry n'est que le second. Mais rien n'indique, bien au contraire, qu'il soit le dernier. Car Speranza, Blanche, la Dame voilée entrent dans la danse, — la farandole qui doit mener au saut final !

On entr'ouvre les armoires, on casse le fil des dossiers ; le document « libérateur » se promène sans que nul, au service de la défense nationale, songe une minute à s'en étonner !

On force toutes les hésitations, on vient à bout des consciences les plus méticuleuses par ce « Tarte à la crème ! » qu'est le faux de 1896. Il répond aux objurgations, rétorque les observations, guérit les migraines, les cors aux pieds, et les chagrins de ménage, comme les panacées des charlatans ! C'est là-dessus que tout repose : il est la pierre angulaire de l'État-Major ! Grâce à lui, de Pellieux n'enquête pas ; Ravary ne rapporte pas... et les malheureux juges du deuxième Conseil de guerre, s'ils n'acquittent point « par ordre », en ont l'apparence déshonorante, roulés qu'ils sont comme des nigauds !

*
\. .

Dès lors, tout est perdu, — surtout l'honneur !

On fabrique, de quatrième mouture, des procès-verbaux d'aveux ; on s'empêtre dans l'affaire Zola, jusqu'à exciper d'un document si parfaitement ridicule que son inauthenticité saute aux yeux ; un ministre de la guerre de France, par une Chambre française, en fait voter l'affichage — et, lorsque le faussaire est pris, s'est tué, il se trouve des aberrés pour célébrer sa gloire, son héroïsme, et lui vouloir élever une statue !

Ah ! cet interrogatoire d'Henry, par M. Cavaignac ! Depuis l'interrogatoire d'Esterhazy par Albert Clemenceau, on n'avait point éprouvé telle commotion nerveuse, tel trouble poignant.

Peu avant, on avait ri, justement, d'une lettre d'Esterhazy à propos d'un des fameux experts : « Belhomme est un idiot : il suffit de le regarder pour en être sûr... Belhomme est tout à fait gâteux : c'est visible. »

On estimait que Belhomme, pour cette dépréciation de son intellect, allait demander quelque dédommagement pécuniaire à l'irascible Hulan.

Quand, tout à coup, la placide voix de M. Bard s'est élevée d'un ton. Il lisait le dialogue bref, concis, haché, entre le ministre et le colonel Henry.

— Quand et comment avez-vous reçu la pièce de juin 1894? Quand et comment avez-vous reçu la pièce de novembre 1896?

— C'est moi qui les ai reçues. La première, je l'ai datée quand je l'ai reçue. La seconde aussi, la veille de la Toussaint. J'y ai mis la patte (*sic*) moi-même.

— Gardez-vous des papiers sans les reconstituer?

— Non. Pas plus de huit jours.

— Avez-vous gardé la pièce de 1896 entre vos mains?

— Jamais!

— Expliquez alors pourquoi les deux pièces sont mêlées?

— Non! C'est impossible. Jamais. Je le jure!

— Si, elles ont été interchangées!

— Jamais! Je le jure : il aurait fallu que ce fût moi!

— Le fait de l'intercalation est certain.

— Je ne sais pas.

— Allons, parlez!

— …..

— Vous avez mis des morceaux de l'un dans l'autre?

— Eh! bien, oui! J'ai arrangé les phrases.

— Ce n'est pas de vous, l'idée ?

— Je n'en ai parlé à personne. Le nom de Dreyfus y était. Je le jure !

— Votre explication est contraire à la matérialité du fait.

— Le papier de 1896 disait : « On va interpeller sur Dreyfus ».

— Non. Avouez donc !

— J'ai décollé la pièce de 1894 et mis de l'un dans l'autre.

— Vous avez fabriqué la pièce entière !

— Je jure que non !

— Comment cette idée-là vous est-elle venue ?

— Les chefs étaient inquiets. Je voulais les calmer.

— La pièce était signée ?

— ... Je ne pense pas avoir fait la signature.

— Et la phrase de la fin ?

— Je jure que non !

— Il y avait du papier gris bleuté et du violet pâle, quadrillé. Les intercalations ne s'adaptaient point.

— ... Quels morceaux ?

— Vous n'avez pas à m'interroger !

— Je jure que je n'ai fait que la fin !
— Qu'y avait-il ?
— La première partie, l'en-tête et la signature.
— Allons, voyons, dites tout.
— Je jure... Je ne peux pourtant pas dire ce qui n'est pas !
— Il y avait l'enveloppe, l'en-tête, et « mon cher ami ».
— Il y avait aussi quelques mots. Je le jure !
— Non. L'enveloppe, l'en-tête, « Mon cher ami », et la signature !
— ... Oui.

Ainsi, après huit parjures, fut fait l'aveu « spontané » dont on fit honneur à la loyauté du colonel Henry.

*
* *

Nous avions tous le cœur cœur serré. A peine si l'on entendit, d'une oreille distraite, au dehors, les antisémites essayer d'arriver jusqu'au tribunal. L'attention dépassait les clameurs.

Et l'on s'en fut, après audition des deux premières lettres de Georges Picquart au garde des sceaux, songeant à lui, captif, qui s'est offert aux persécutions pour que triomphât la justice, et au pauvre être qui, là-bas, à bout d'espoir, ne l'attend plus.

Aurore qui se lève ! Vérité vengeresse !

II

Un détail, en ceci, est bien caractéristique : c'est l'attitude d'une certaine presse, et l'absence de certaines gens.

On va me comprendre.

L'affaire que voilà vaut, et même exige, d'être suivie avec une assiduité méticuleuse, si vraiment l'on veut en saisir les moindres indications, en acquérir la parfaite et scrupuleuse connaissance.

Il suffirait, peut-être, de sauter une audience d'un des quelconques procès qui se sont venus greffer sur le débat primitif pour n'avoir plus la même rectitude de vision, la même certitude de jugement.

Procès Esterhazy, procès Zola, procès Judet, procès Picquart, ont été indispensables à ouïr, successivement, pour quiconque se targue de transmettre, au public, un avis motivé. L'appréciation est négligeable lorsqu'elle omet de s'appuyer sur l'étude et l'expérience des faits. Elle ne résulte plus que des tendances, n'est plus que l'expression contestable des sentiments d'un individu.

Or, au long de toute cette série, on a vu M. Rochefort à une des premières audiences du procès Zola; M. Déroulède à une des dernières, plus à une séance de Versailles; M. Millevoye nulle part, et de même M. Drumont. Comment peuvent-ils avoir une opinion sur ce qu'ils n'ont ni vu, ni entendu? Comment, surtout, peuvent-ils l'émettre, avec la prétention d'en faire acte de foi à l'usage des lecteurs?

C'est bien assez qu'il y ait impossibilité matérielle, pour ceux-ci, de voir de leurs yeux, d'écouter de leurs oreilles, sans qu'encore on ne les informe que par ouï-dire, de troisième main.

Il y a les comptes rendus judiciaires, je sais bien... Mais, suivant que la nature de l'affaire est favorable ou non au parti adopté, la consigne vient activer ou modérer le zèle. Avant-hier, à part de très rares exceptions, on ne s'évertuait pas, chez les antirevisionnistes, à prendre des notes, que l'on savait, d'avance, devoir demeurer inutilisées.

Cela s'est vu, dans les journaux d'hier. Encore cette fois, la sténographie — qui dit tout — a été employée par les mêmes partisans du « tout au jour ».

Du groupe nationaliste annoncé par un avis spécial, dans les feuilles spéciales, pas l'ombre ! Alors qu'il eût été si logique qu'au Cherche-Midi, au Palais, à Versailles, tous les hommes qui se sont actionnés à empêcher la réparation de l'erreur de 1894 vinssent attester de leur droiture, par leur présence et l'examen rigoureux des événements.

Il n'y a pas à objecter le respect de la « chose jugée » : on sait comment, par eux, elle fut traitée en mainte occasion. Ils n'auraient rien perdu à s'instruire ; ils auraient seulement manifesté une délicatesse de conscience, un souci de probité qui leur aurait valu une autorité bien plus grande : celle de l'auditeur et du spectateur — celle du témoin !

Tandis qu'ils ont fait l'autruche, pour éviter le péril de la lumière, le danger de la vérité... et du trou où ils ont la tête, ils formulent des vues d'ensemble !

※
＊ ＊

A la fin du rapport de M. Bard, quelques phrases ont soulevé le discret murmure qui est, dans cette enceinte, la plus haute marque d'approbation.

C'est quand il a prié la Cour de vouloir bien ne pas annuler sans examen. Si toutes les calomnies, déversées en abondance, avaient un atome d'exactitude, ce serait, cependant, le but suprême. Les trente-sept millions qu'alloue délibérément M. Judet à ses adversaires n'étaient, la chose est évidente, pas versés à d'autres fins.

Or, M. Bard se rencontre là-dessus avec tous les gens qui réfléchissent ; qui veulent qu'au moins la crise soit féconde et qu'il en naisse un résultat d'intérêt commun.

Le sort de Dreyfus préoccupe, bien certainement, en raison de l'iniquité dont il fut victime et des souffrances qu'il endura. Mais son salut, sa libération, s'ils sont l'essentiel, ne sauraient suffire à l'étendue de notre effort.

Il ne s'agit pas de triompher, d'avoir raison. La joie en est permise, quand la lutte fut aussi dure ;

seulement, il ne faut pas s'y attarder. Ce serait enfantin. Et elle ne saurait être au niveau de l'aventure, que lorsque nous aurons atteint le but réel — *qui est de convaincre.*

La réussite dans l'ombre ne nous dit rien.

« Ce ne serait pas la vraie justice, dit M. Bard ; la vraie justice est celle qui exige la lumière, la lumière complète, alors surtout qu'il s'agit d'une affaire où sont en jeu les intérêts les plus hauts ».

Et il conclut à l'enquête, la sollicite. Il faut que la Cour, pour statuer, ait communication de toutes les pièces et de tous les dossiers.

« Il n'est pas possible que ce soit l'autorité militaire qui soit juge... Il faut que ces preuves soient examinées avec d'autres yeux et un esprit libre de toute idée préconçue... Ce serait vous faire injure que de penser que vous pouvez vous dérober. Il y a eu déjà assez de défaillances dans cette trop longue série d'incidents déplorables. »

Grand, maigre, le parler doux, le geste sobre, la physionomie grave, l'air ascétique, dans sa robe noire aux plis flottants, Mᵉ Mornard dépose, au nom de madame Dreyfus, des conclusions.

Et, sur la gauche, tout blanc, avec ses cheveux crespelés retombant en arrière, sa barbe frisée à l'angle épointé, ses gros sourcils, son teint de vigneron, M. le procureur général Manau se lève.

*
* *

Un mot reviendra souvent dans son discours, celui-ci : « les braves gens ». Et son réquisitoire sera non moins que d'un magistrat expert et d'un esprit indépendant, l'œuvre d'un brave homme.

S'il a reçu tout ou partie des trente-sept millions, il n'y paraît pas. Car c'est d'un gros mouchoir qu'il s'éponge le front, et sa robe, à l'omoplate droite, porte une belle pièce — comme une cicatrice.

Il a l'air d'un robin du temps de Charles IX, de ceux qui, imbus de la suprématie de la loi sur l'épée, voire sur le sceptre, rendaient des arrêts et non pas des services.

Il examine les deux faits nouveaux : l'indignité reconnue d'Henry « cheville ouvrière de l'accusation de 1894 » ; la contradiction flagrante, à trois ans de date, des expertises sur le bordereau.

En passant, il raille le style de la fameuse pièce, archi-suffisant à en démontrer la supercherie : il stigmatise l'érection d'une statue au faussaire, la souscription lancée en défi ; il tient un raisonnement dont la conséquence, qu'il ne veut que logique, arrive à être terrible...

Si Henry avait vécu, avait été condamné pour faux et faux témoignage, la revision était de droit, devenait obligatoire. Lui mort, elle n'est plus que facultative ; mais la volonté de la loi s'affirme, formelle.

Alors, à quelques-uns, cette pensée nous vient, rapprochée d'une phrase du rapporteur : « L'autorité militaire a opposé et oppose encore des résistances à la revision. »

Ne le lui aurait-on pas dit, au prisonnier, que sa fin était « due » en raison de ce qu'allait entraîner son existence, que son cadavre barrerait l'avenir comme le bras de la duchesse de Guise dans les ferrures de la porte ?...

. . . .

Puis M. Manau fait sourire, rien que par le rappel des oracles du trio : Couard, Belhomme, et Varinard. Le contraste même est piquant, de cette bouche sévère répétant ces aphorismes ahurissants :

« Les experts sont d'autant plus sujets à l'erreur que la promptitude de leur coup d'œil et leur sagacité sont plus remarquables ».

Ils appelaient ça expliquer leur méthode de travail, les malheureux !

Alors, quand on ajoute à ces divagations solennelles les brouillons de lettres d'Esterhazy au général X... quant à ses augures, on arrive à de drôles de réflexions...

que change en méditations davantage austères l'audition de quelques-unes des *Lettres d'un innocent.*

.·.

Après que M. Manau a conclu, lui aussi, demandant l'enquête pour « la consolation et la joie de tous les braves gens », nous avons, à la reprise de l'audience, la surprise — est-ce bien une surprise ? — d'une lettre du général Gonse, qui proteste contre les propos rapportés par Georges Picquart, et lui donne « le démenti le plus formel »...

On verra.

Me Mornard commence sa plaidoirie, forcément très technique, et s'attachant, comme tous les discours précédents, aux deux faits nouveaux. Il insiste sur ce qu'Henry (qui avait fourni le bordereau) n'en voulut jamais indiquer la provenance ; nommer à personne l'agent de qui il le détenait.

Devant le Conseil de guerre de 1894, il fut le principal témoin, et le plus violent. Il n'est qu'à se reporter à l'incident Gallet, cité par le colonel Picquart, dans son mémoire, pour s'en convaincre.

Il n'avait pas commis qu'un faux, *mais trois*, pour le moins, puisqu'à la lettre composée, imaginaire, M. Cavaignac déclara, à la tribune, qu'il y avait deux réponses !

Trois faux, trois faux témoignages en justice (Dreyfus, Esterhazy, Zola), et huit parjures — il allait bien « l'honneur de l'armée ! »

La fin de la plaidoirie est renvoyée à demain.

En haut de l'escalier, on me montre un journal.

Déjà, dans la *Libre Parole*, avaient été données comme devinettes les adresses de MM. Lœw, Manau et Bard.

Ce soir, c'est mieux. On reprend les bonnes traditions employées jadis à l'égard des jurés du procès Zola.

Dans la *Patrie* sont désignés nominalement, comme corollaire aux menaces qui précèdent, les domiciles personnels des dix-sept conseillers. Une seule porte est exemptée de la croix blanche : celle de M. Vételay, qui ne siège pas en ce moment.

Ainsi, on a fait peur aux bourgeois. Je serais étonnée qu'il en soit ainsi de même avec les magistrats que j'ai vus là.

III

On a l'air de faire de la littérature, lorsqu'on associe le temps, la nue, l'ambiance des choses prétendues inertes, aux agitations de l'humanité.

Et, cependant, cette croyance m'est formelle, qu'une âme ordinaire, invisible, se manifeste en de certains cas ; trahit, à nos faibles sens, quelque chose du mystère dissimulé dans les espaces — et qu'on sent planer au-dessus de soi ; vers qui on lève les yeux aux heures de doute ; vers qui on tend les bras aux heures d'appel !

Avez-vous regardé le ciel, hier matin ? Avez-vous, ouvrant votre fenêtre, été aveuglé de clarté, assailli par le soleil, et enveloppé d'une douceur tiède de printemps ?

Ce n'était pas le presque novembre où nous voici : c'était mars, c'était avril, troublant aux cœurs et grisant aux cervelles ! Une fluidité de bien-être, de renouveau, tombait d'en haut sur les rues comme en fête, pleines de fleurs et pleines de chansons.

Même en voiture, on devait faire glisser le manteau des épaules ; et tout là-bas, le long du quai, les violettes, par grosses touffes, sur les couches de fougères, semblaient non pas l'ultime, mais la prime floraison de la terre, annonçant que c'en était fait des brouillards, des ténèbres et des frimas !

A ceux qui, du fond de l'abîme où la pitié les avait fait descendre, invoquaient la lumière, celle-ci semblait vouloir jeter à profusion, magnifiquement, toutes ses grâces, tous ses rayons, tous ses éblouissements !

Elle réconfortait, elle égayait, elle promettait, elle semblait dire, à qui l'avait souhaitée avec ferveur : « Me voilà. Je suis la forme accessible, la face réelle de cette lueur idéale dont se devaient dissiper toutes les équivoques, dont se devaient éclairer tous les subterfuges, dont se devaient abolir tous les soupçons. Or, regarde s'évanouir les nuages, et mon effort ne rien laisser d'obscur, atteindre jusqu'aux oiseaux de nuit clignant des paupières dans leurs trous... Je suis le reflet et je suis le symbole. Comprends ! Souris ! Espère ! Crois ! »

Et l'on comprenait, en effet. Et l'on souriait, même aux grincheux. Et l'on sentait sourdre en soi, jusqu'à l'étang des yeux, la fleur miraculeuse, aux racines tant meurtries, dans la fange des rancunes et la vase des dégoûts. Et l'on avait la foi, plus encore, à se sentir complice toute la nature bénie !

Tant de lyrisme pour un homme? Non ; pas même pour des hommes, fussent-ils Zola, fussent ils Picquart...

Pour une Idée !

*
* *

La cour était déserte, où accède la grande grille, et aussi les couloirs du Palais. Lorsqu'il ne s'agit plus que de justice formaliste et sereine, les adversaires s'en désintéressent.

Au premier rang de l'auditoire, toujours fidèle au poste, est madame D..., la spectatrice longtemps demeurée inconnue, que nous avions surnommée la « Dame en blanc ».

Elle fut d'un beau courage pendant les tumultes de l'affaire Zola — et même le grand sabre du jeune lieutenant de Niessen ne l'intimida point. Avec cela verveuse, imaginant de crier, sur le passage du divin Arthur, un : « A bas les juifs ! » dont les huit colonnes du chapeau fameux, comme celles du temple, oscillèrent.

Entre toutes les femmes braves, elle fut la plus brave, militante jusqu'à en acquérir la popularité parmi les assidus; jusqu'à mériter que sa silhouette fût fixée d'un trait auprès des figures illustres, envers qui elle représenta le chœur antique pour l'anathème ou l'acclamation.

C'est M⁰ Mornard qui parle, achevant sa plaidoirie. Ses dons, ses défauts mêmes, le servent singulièrement. La voix, d'être un peu sourde, gagne un accent de réserve, de discrétion, d'intimité, qui cadre à merveille avec le lieu; tandis que les inflexions, comme confiantes, comme affectueuses, ont un grand charme de sincérité, un grand pouvoir de persuasion.

Il s'occupe de l'attribution du bordereau soit à Dreyfus, soit à Esterhazy; et nous donne enfin l'extrême joie d'entendre formuler ce raisonnement dont l'évidence depuis longtemps nous hante : « Si Dreyfus, ainsi que le prétend Esterhazy, s'est procuré (sous le nom du capitaine Brault) des spécimens de son écriture ; s'il s'est employé à l'imiter, à la décalquer, aux seules fins de se décharger sur lui du crime commis, des responsabilités encourues ; s'il a enfin, à sa place, préparé, au cas de surprise, le *coupable*, comment expliquer que, la surprise venue, l'éventualité réalisée, il ne l'ait pas nommé, n'ait pas désigné sa victime ? »

C'est d'une simplicité péremptoire — et jamais personne n'a trouvé à y répondre.

Le défenseur s'attache aussi à démontrer l'inanité des deux idées motrices du Conseil de guerre de 1898 : respect exagéré de l'autorité de la chose jugée; estimation que l'honneur de l'armée était lié au maintien du jugement de 1894.

Est-ce que la loi elle-même ne prévoit pas l'erreur ; n'a pas institué toute une jurisprudence aux fins de la réparer? En quoi l'honorabilité collective peut-elle être entachée d'une méprise, ou même par la faute de quelques-uns ?

J'ajouterai, personnellement, qu'à ce compte-là, il fallait taire les exploits de Géomay et d'Anastay, qui chourinèrent sous l'uniforme. Est-ce que le drapeau de leur régiment a eu la hampe tronquée quand on leur a coupé le cou?

*
* *

De ces souvenirs à Esterhazy, le saut n'est pas très brusque.

Mᵉ Mornard s'occupe de lui avec quelque insistance ; démontre quelle sollicitude on lui témoigna ; relève une phrase de la lettre du général Zurlinden au garde des sceaux, à la date du 10 septembre dernier.

Elle est typique, cette phrase. Elle dit (à propos de la non-activité de M. du Paty) : « Bien que des circonstances atténuantes puissent être invoquées en sa faveur, *en raison du motif de son intervention* » — soit le salut d'Esterhazy !

Et tout le monde s'y emploie ! Comme le fait remarquer judicieusement Mᵉ Mornard, tandis que M. Leblois et Georges Picquart sont poursuivis sous inculpation d'avoir communiqué ou connu des dossiers secrets, aucune enquête, aucune poursuite ne résulte de la promenade du document « libérateur ».

C'est la Dame voilée... chut! C'est Esterhazy... parfait !

Voilà encore une histoire claire !

Comme est claire l'entente entre l'instruction et la défense : les corrections faites de la main de M. de Pellieux sur des lettres d'Esterhazy ; et la dépêche du uhlan à M* Tézenas, dont l'audition a soulevé un long murmure de stupeur !

Il y avait de quoi : écoutez :

Paris, 26 août, 5 h. 45 soir.

Tézenas, La Thierraye La Basoche-Gouet (Eure-et-Loir).

Votre abandon me perd, votre présence est le salut. Conseil a sursis à demain pour vous entendre confirmer mes affirmations sur rapports que vous savez et vous entendre confirmer déclarations à vous faites sur partie liée et devant être gagnée ou perdue ensemble. Importance capitale. Mon salut est dans vos mains. On dit que vous me lâchez. J'ai également promis production pièce confiée à Boisandré et à Ménard, ou attestation formelle son existence et son contenu sur les hauts personnages ayant connaissance relations qu'elle certifie.

Venez à tout prix. Si refusez venir, envoyez par votre cousin ou télégraphiquement président déposition attestant formellement propos à vous tenus sur partie liée et attestation formelle, pièce attestant relations et qu'agissais sur indications précises. Me perdez par votre absence que personne comprendra. Où est la pièce ? donnez indications. Allez être cause ma perte ; si veniez, triompherais. Aurions gagné si étiez là. Venez n'importe comment.

Esterhazy.

« Partie liée devant être gagnée ou perdue ensemble... agissais sur indications précises. » C'est explicite.

Comme l'est, quant aux prétendus aveux, l'atestation du capitaine Bourguignon, chargé de la garde de Dreyfus, en opposition au propos que nota, après trois ans, le colonel Guérin, qui les tenait du capitaine Anthoine ; lequel les tenait du commandant d'Attel ; lequel les tenait du capitaine Lebrun-Renault !

C'est au capitaine Bourguignon qu'avant la dégradation, Dreyfus annonça qu'il allait crier son innocence. L'officier s'en fut prévenir le général Darras qui répliqua :

— Que voulez-vous ? Je ne puis pourtant pas, comme Santerre, couvrir sa voix par un roulement de tambour.

... Les tambours de Sandherr y ont suffi !

*
* *

Après la remise au point des situations respectives du lieutenant-colonel Picquart et du général Gonse — celui-ci en fâcheuse posture ; l'autre chaque jour un peu plus justifié, par les événements, dans la captivité, manœuvre suprême dont le maintien, aujourd'hui, révolte — après réclamation énergique du dossier d'instruction Fabre, quant aux relations qui existèrent entre le général Gonse et le faussaire Henry, Me Mornard termine par un éloquent appel à la raison et au cœur des magistrats.

Il ne parle pas au nom de la haine, mais seulement au nom de la douleur. Il ne demande point le pardon, il demande la vérité. Il dit : « Les convictions sincères ne redoutent pas la discussion. »

La Cour se retire pour délibérer.

Et nous demeurons là *trois heures,* oui, trois heures, dans une attente dont rien ne saurait exprimer la fièvre secrète, l'ardeur concentrée. On jase, on rit... mais les regards de plus en plus fréquemment se tournent vers l'horloge, s'y arrêtent, s'y fixent, s'y incrustent — tandis que circulent les nouvelles les plus contradictoires.

J'ai confiance : il faisait trop beau ce matin ! Encore tout à l'heure, la bande d'azur que laisse entrevoir la croisée, apparaissait limpide et lumineuse.

Le crépuscule, la nuit. On allume les lustres, on apporte les lampes. O Gribelin !

— La Cour, messieurs.

Les visages sont tendus, les mains sont tremblantes. Une immense émotion fait haleter les souffles.

Impassible, M. le président Loew lit :

La Cour,
Après en avoir délibéré en la chambre du conseil, rend l'arrêt suivant :
Vu la lettre de M. le garde des sceaux en date du 27 septembre 1898 ;
Vu le réquisitoire de M. le procureur général, dénonçant à la Cour la condamnation prononcée le 22 septembre 1894 par le premier conseil de guerre du gouvernement militaire de Paris contre Alfred Dreyfus, alors capitaine d'artillerie ;
Vu les pièces du procès ;
Vu également les articles 443 et 447 du code d'instruction criminelle, modifiés par la loi du 8 juin 1895;

Sur la recevabilité de la demande en revision :

Attendu que la Cour est saisie par son procureur général en vertu d'un ordre exprès du ministre de la justice, agissant après avoir pris l'avis de la commission instituée par l'article 444;

Que la demande rentre dans le cas prévu par le dernier paragraphe de l'article 445; qu'elle a été introduite dans les délais fixés par l'article 444; qu'enfin le jugement dont la revision est demandée a force de chose jugée;

Sur l'état de la procédure :

Attendu que les pièces produites ne mettent pas la Cour en mesure de statuer au fond, et qu'il y a lieu de procéder à une instruction supplémentaire;

Par ces motifs, la Cour :

Déclare la demande recevable;

Dit qu'il sera procédé à une instruction supplémentaire;

Dit qu'il n'y a pas lieu, quant à présent, de statuer sur la demande du procureur général tendant à la suspension de la peine.

Ce ne sont pas des bravos, c'est une belle rumeur de gratitude et de respect qui monte vers les juges.

Des mains s'étreignent, mains de camarades avec qui l'on a peiné, souffert; avec qui l'on a mangé le pain de l'injure et bu le fiel de la calomnie !

Moi, je suis payée ; et si somptueusement que j'en ai ressenti un rare bonheur !

Devant le Palais, un jeune homme a dit, me désignant à d'autres :

— C'est Séverine... qui a combattu pour la justice !

M. Judet et ses trente-sept millions n'auraient pas trouvé ça !

A RENNES

Du 7 aout au 9 septembre 1899

DANS LA TOURMENTE

Rennes, 6 août 1899.

Un départ tel qu'il ne s'en vit jamais, dans le chaos tumultueux des êtres, des choses, des éléments, sous un ciel apocalyptique embrasé, tout zébré de foudres hurlantes !

Des cris de délivrance accueillant le vent survenu ; des cris de terreur, une galopade de fuite, des cris de colère à la gare ; dans la cour de Bretagne, une mêlée sans nom de bêtes, de véhicules, de gens : la bataille pour avancer, pour arriver !

Puis, sept heures durant, dans cette vraie nuit de Walpurgis, le train filant parmi les nuées, un paysage de flammes, l'horizon chevauché de zigzags, de furieuses rafales secouant, tordant, courbant les arbres échevelés !

.Enfin le jour qui naît, la Bretagne grise et noire, austère et plate, maisons basses, arbres rabougris, faces fermées.

L'aube toute pâle, comme morose, à regret blanchit le ciel...

Et une vision subsiste, ineffaçable pour moi désormais. Sur le fond vitré du hall de départ — un fond de Sinaï fulgurant, aveuglant, parmi les clameurs de la ville en épouvante et le fracas du ciel en détresse — une silhouette d'homme se découpant, se dressant, une face impassible pétrie de force et d'intelligence que bleuit le reflet des éclairs : c'est Bernard Lazare, c'est le porteur de torche qui part pour Rennes où s'achève l'œuvre que tout seul, voici trois ans, il entreprit.

LES BONS GITES

> « On ne peut rien concevoir de plus abject que ces universitaires... »
> M. Ed. Drumont.
> (*Libre Parole*, 9 août, 1899.)

Au beau temps des premiers chrétiens, alors que pourchassés, bannis, contraints, sous peine de mort à devoir cacher leur croyance, les néophytes voyageaient, pour leurs nécessités personnelles ou le besoin de la propagande, ils ne descendaient pas à l'hôtellerie.

Car, si l'on eût su leur foi, on eût refusé de les recevoir, ou bien ils y auraient couru mille risques inutiles.

Alors, sur ses tablettes, un des diacres, un frère, une sœur quelconque en la religion nouvelle, inscrivait quelques mots, remis au voyageur. Celui-ci partait, arrivait au but de ses pas, frappait à l'huis de la demeure étrangère.

— Qui es-tu ?
— Chrétien.
— D'où viens-tu ?
— Du royaume des ténèbres.
— Où vas-tu ?
— Vers la claire lumière d'amour, le resplendissement de la Justice, le rayonnement de la Vérité !
— Qui t'envoie ?
— Quelqu'un que je connais à peine, vers toi que je ne connais pas. Lis. Et tu m'enverras de même, s'il est nécessaire, à la prochaine étape... chacune de mes enjambées tressant le maillon qui relie, d'une chaîne immuable et invisible, sur le sol en proie aux barbares, tous les disciples du Supplicié !

Or, voilà qu'après dix-neuf siècles, bientôt vingt, la coutume se renouvelle. Quiconque ici, à Rennes, en se gênant, en se serrant, en expédiant à la campagne femme et enfants, a pu faire place en son logis, à quelque familier nouveau, obscur ou célèbre, n'a point hésité.

Cette ville est devenue comme le pôle, la Mecque vers qui tendent des espoirs, des enthousiasmes dont on ne peut se faire idée. Quiconque, parmi les intellectuels généralement pauvres et passionnés, possédait le prix du transport, ou a trouvé à l'emprunter, est arrivé — s'en remettant, pour le reste, au hasard !

Beaucoup logent chez l'ouvrier, le « bleu » qui a ouvert sa porte toute grande. Il m'a été dit, à ce sujet, un mot admirable, par un jeune camarade à qui je demandais son adresse pour l'inscrire :

— Ah ! c'est que voilà, je ne la sais pas !

— Comment ?

— Non. Je suis arrivé au petit jour avec un autre qui avait une lettre. J'ignore le nom de notre hôte et j'ai oublié, en sortant, de regarder celui de la rue. Quand je retrouverai mon compagnon, sur la place, il me dira tout cela...

N'est-ce pas très émouvant, dans son évangélique simplicité ? C'était l'habitude anarchiste, depuis bien des années. Les événements l'ont étendue. Dans le rapprochement qui s'est effectué entre les « abjects » érudits et le peuple, ceux-là ont été gagnés par la noble contagion hospitalière de celui-ci.

— Vienne qui voudra en nos demeures ! Nous avons donné nos signatures, notre verbe, nos personnes... voici maintenant nos logis !

*
* *

Et les vieux maîtres sont descendus chez les anciens élèves aujourd'hui maîtres à leur tour ; et des amis jusque-là ignorés ont pris place, comme des parents qui reviennent, parmi les gros livres, au calme foyer.

M. Dottin, professeur de grammaire et de philologie, héberge les Havet ; M. Basch, professeur de littérature étrangère, donne asile à Jaurès, MM. Giry et Psichari ; M. Aubry, professeur de droit, attend MM. Trarieux et Painlevé ; M. Sée, professeur d'histoire, loge MM. Hérold, Auguste Molinier et Henri de Bruchard ; M. Jacques Cavalier, professeur de chimie, a pris chez lui Henry Leyret.

Voilà pour les officiels, sans compter le surplus d'hôtes que l'on attend encore, les Monod, etc.

Tandis que monsieur Vignols a offert et abandonné sa villa au colonel Picquart, à Edmond Gast, au docteur Paul Reclus.

Et j'ai fait, comme un pèlerinage, visite à ces maisons, tant pour en connaître les habitants que pour savoir — hors la logique et l'esprit d'examen inhérents à l'étude — ce qui avait pu les déterminer à une attitude si particulière, étant donnés les anciennes prudences traditionnelles de l'Université et les terribles assujettissements de la vie de province.

Puis la *Libre Parole*, à l'occasion de cette même attitude, les ayant traités de « clique » et d'ivrognes (sans compter de vendus), il me paraissait naturel de m'assurer, *de visu*, de leur profonde abjection.

Et j'ai commencé, par le cadet, le dernier venu dans la pléiade, comme âge, comme nomination, comme arrivée, le plus tard marié, le plus tard père de famille : Jacques Cavalier, professeur de chimie.

* * *

Dans une maison modeste, un intérieur fort simple, comme il sied au début de la vie à des êtres qu'attend l'avenir, à une mentalité toute absorbée par les grands problèmes extérieurs.

Sur le tapis, un bébé joufflu qui se roule, se dresse, retombe sans mot dire, avec l'invincible patience des naissantes volontés. Au mur, un portrait d'homme : Georges Cavalier qui fut le camarade de Jules Vallès au pays latin; Georges Cavalier qui fut Pipe-en-Bois, mais qui fut aussi (on a parfois négligé de le dire) un ingénieur du plus haut mérite, un spécialiste de réelle expérience et de vaste savoir.

Sa veuve demeura seule avec quatre enfants, aujourd'hui élevés et dignes de son vaillant effort maternel : deux filles dans l'instruction, l'aîné des fils dans l'industrie, le plus jeune que voici devant moi.

C'est un être d'énergie et de persévérance, il n'y a pas à s'y tromper, avec sa face brune aux méplats accentués, ses cheveux drus et ras, sa barbe en fer à cheval courte et couleur d'encre, ses yeux flambants. En tout lui est quelque chose d'ascétique et de violent, mais d'une violence calme, si l'on peut accorder ces deux mots, réfléchie, disciplinée.

Sur la nef de l'église en face de qui donnent les

croisées, son geste se détache précis, absolu. Il
explique que de voir Scheurer-Kestner, le savant
qu'il vénère et le citoyen qu'il estime, se lancer
dans cette voie de la revision, l'a induit, non par
puérile imitation mais par virile confiance, à pareil
geste.

Il dit sa foi républicaine ; tandis qu'à la paroi
voisine une lithographie de M. Grévy évoque le
souvenir du seul Président, avant M. Loubet, qui
ait été, de fait et d'allures, sincèrement républicain.

Il proclame son amour du Droit, sa haine de la
Force ; alors qu'épinglé non loin, le placard des
Défenseurs de Dreyfus affiche ostensiblement,
illustre, en quelque sorte, le texte de ses déclarations.

Et je connais, peu à peu, toute l'histoire, toute
l'odyssée de cette poignée d'hommes, décidés,
coûte que coûte, à s'affirmer pour l'exactitude
contre le mensonge, comme s'il s'agissait d'une
vérité scientifique.

Ce fut Andrade, le professeur de mathématiques, aujourd'hui à Montpellier, qui, le premier,
sans rien dire à personne, écrivit la belle lettre
que l'on sait, qui lui valut les huées, les cris de
mort, le déplacement.

Ensuite, dès le début de l'adresse à Zola, signèrent MM. Basch, Aubry, Sée, Cavalier, et le placide Weiss, Alsacien, professeur de physique, depuis expédié à Lyon.

Après, M. Dottin, non seulement catholique fervent, mais pratiquant, ainsi que tous les siens, envoya son adhésion aux listes pour Picquart...

Depuis, ç'a a été la bataille, tous les écœurements, toutes les calomnies ; mais, en revanche, le rapprochement avec les travailleurs manuels, les ouvriers de fabriques, d'usines, d'ateliers, mains rugueuses et cœurs nets; les conférences à la Bourse du Travail — toute une découverte de sensations fortes et saines, joies imprévues !

— Nous ne leur demandons rien. Nous ne sommes pas, nous ne serons jamais candidats. Toute notre ambition est dans la communion des idées : qu'enfin nous vivions en un monde où l'action soit la sœur du rêve.

J'écoute le jeune professeur qui parle au nom de tous, avec émotion, avec respect. La voilà donc réveillée de sa torpeur, la Mère au bois dormant, la vieille Université qui n'était plus qu'un mandarinat, et redevient l'École des consciences!

*
* *

Une rue étroite, gazonneuse, où les voitures ne passent point, car elle s'achève en sente, pour dégringoler vers la ville. Les murs gris sont crêtés de lierre ; une odeur de glycine flotte très doucement dans l'air, où le soleil pâle a des reflets de miel.

Derrière la porte, un roulis de tambour ! ! !

Informations prises, c'est le troisième petit Dottin qui manifeste ses sentiments militaires. Mais quand on lui demande ce que c'est que les soldats, il répond, la frimousse entendue :

— C'est de la musique.

Heureux âge, qui ignore l'aboi meurtrier des canons, et s'en tient à l'éternuement sonore des cymbales, au rhythme tonitruant de la grosse caisse !

Mais dans le cabinet de travail où d'énormes bouquins de Beyle soubassent la croisée, voici le père de cet innocent.

Tête ronde, le teint clair, des yeux de clair regard, le sourire facile sous une moustache blonde, éminemment pondéré d'accent, de mimique, un grand air de bonté native et peut-être timide, tel m'apparaît M. Dottin.

De sa voix tranquille, il me raconte pourquoi il ne voulut point se presser, ayant scrupule d'agir avant que sa conviction fût absolue. Ce qui le détermina, lui chrétien, lui catholique, ce fut l'antisémitisme, doctrine de haine et de proscription. Il y vit aussi l'abolition de tout progrès, le recul en arrière, « un danger pour la République ».

Alors, lui et sa femme, très vaillamment, acceptèrent les ruptures mondaines qui, dans la Rennes bien pensante, s'imposaient, après un tel « scandale ». Peut-être s'en consolèrent-ils dans la satisfaction du devoir accompli, et de songer que le Pape lui-même, recommandant aux fidèles le respect du régime actuel, se trouvait, non moins qu'eux, en quarantaine et suspect.

Quant aux élèves de M. Dottin — élèves des Lettres — ils lui demeurèrent fidèles et respectueux.

*
* *

Une maison large, aisée, souriante, que précède un jardin fleuri, dans le faubourg rustique :

une femme qui semble épandre autour d'elle la bonté et la joie ; une fillette éclatante de fraîcheur, un garçonnet exquis, un homme dans la force de l'âge, robuste et fin, aux yeux pleins d'ironie : nous sommes chez M. Aubry, le professeur de droit.

Imaginez M. Bergeret — l'immortel Bergeret, d'Anatole France — heureux en famille... et ce sera presque cela.

Il commence, comme le forgeron de Coppée :

Mon histoire, Messieurs les juges, sera brève...

Puis, tout de suite :

— Ce qui m'a amené à penser ce que je pense, à faire ce que j'ai fait, à être ce que je suis ? Mais c'est mon bon sens ! Dès que j'ai vu l'acte d'accusation imbécile de d'Ormescheville, puis l'acte d'accusation non moins imbécile de Ravary, j'ai été fixé !... Cependant, il faut être juste, dire tout. Si je lisais le *Temps*, d'habitude, pour être renseigné, je lisais aussi, à titre d'observation sur la mentalité adverse, l'*Intransigeant* et la *Libre Parole*. C'est à ces feuilles que je dois la plénitude de ma conviction. La preuve par le contraire,

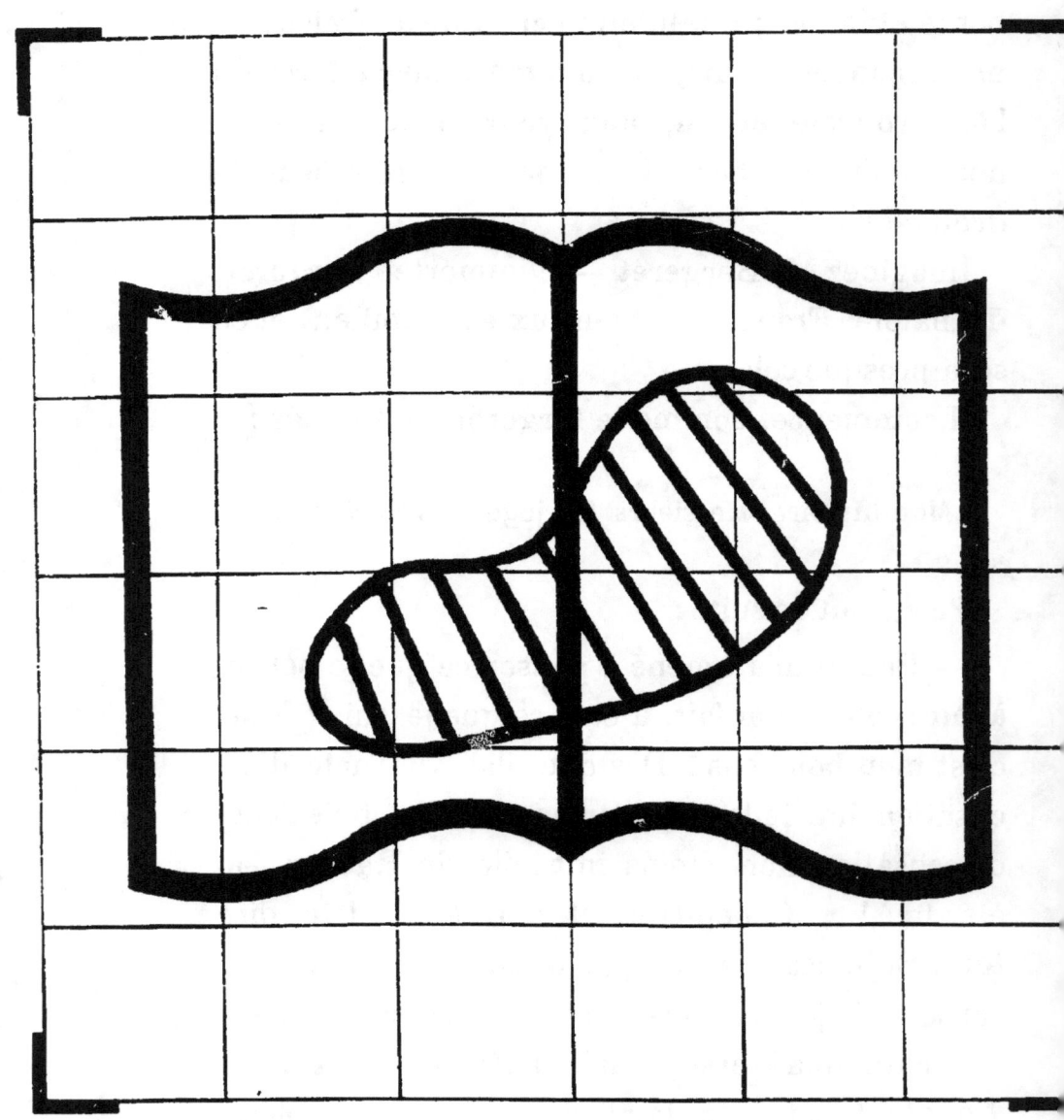

ce n'est pas un paradoxe, c'est une opération courante.

— A propos de courir, comment marche-t-il, Monsieur le professeur, votre nouveau petit élève ?

— Qui ça ?

— M. le commandant Carrière.

Une lueur fugace s'échappe d'entre les cils, aggrave de malice éphémère la bonhomie du visage rond où, sous la moustache, l'angle de la lèvre se crispe en un effort de gravité.

— Je n'ai pas encore eu l'occasion de lui faire passer d'examen : ce sera pour novembre. Mais rien de défavorable, sur son zèle universitaire, n'a circulé en ville, que je sache, ou n'est venu jusqu'à moi.

Or, voilà justement que M. Sée arrive, avec sa gracieuse femme et un gentil blondinet. M. Auguste Molinier (dont la déposition témoigna de tant de maîtrise, au procès Zola) les accompagne.

Je profite de l'occasion pour obtenir de lui quelques renseignements personnels. Portant binocle, la barbe blonde, la physionomie alsacienne et volontiers souriante, M. Sée, qui est israélite, m'édifie en quelques mots.

— Ce qui m'a conduit à examiner mieux le cas de Dreyfus et à préjuger de son innocence, c'est d'abord l'intérêt que l'antisémitisme avait à sa perte, ensuite la brochure de Bernard Lazare.

Puis on cause, on échange des vues, dans ce milieu si parfaitement simple, si profondément intelligent et érudit. De nobles espérances, des aperçus quant aux temps nouveaux sont exprimés, avec l'horreur de tout ce qui est barbare, vulgaire, vil ou vénal...

C'est ça, la « clique » ? Je n'ai pas encore rencontré d'ivrognes. Mais il me reste encore à voir M. Basch. Après tout, c'est peut-être bien lui, l'ivrogne ?

Allons-y !

*
* *

Avez-vous parfois découvert, dans la réalité, la maison de vos rêves, le logis où, comme Mignon, on eût aimé naître, aimer, mourir ; la vieille demeure aux murs épais, aux corridors inégaux, toute baignée de clarté, toute drapée de vignes ; grille sur la route, ferme derrière, allée de tilleuls menant à l'ancienne chapelle, jardin ombreux, verger aux arbres croulants, perrons herbus, lourds volets et petits carreaux, rendez-vous de chasse, ex-prieuré, sorte de Charmettes, enfin, qu'eût respecté la Révolution ?

Si oui, vous devinerez ce qu'est, sur la route de Fougères, le Gros-Chêne, l'habitation de M. Basch.

Des légendes couraient sur le « château », resté fermé et vide, parce que hanté, prétendaient les commères, lorsqu'il y a quatorze ans, le locataire actuel le visita.

Quelle âme y revenait? On ne sait trop. Celle de Volney, disaient les uns, le château de Maurepas communiquant avec le Gros-Chêne par un souterrain qui permettait au proscrit d'alterner entre ses deux refuges. Celle de Napoléon III, disaient les autres, qui, simple prince, et prince sans argent, logea dans cette demeure et fit des dettes en ville — détail qui rend la version de son séjour tout à fait vraisemblable ?

Encore une fois, on l'ignore. Le spectre, si spectre il y eut, plus galant que certains paladins dont je parlerai tout à l'heure, se fit sans doute scrupule de faire pâlir d'effroi la grâce radieuse de la nouvelle châtelaine. Puis quatre beaux enfants survinrent dont les cris eurent mis en fuite tous les esprits de ténèbres.

Et le bonheur régna ici, treize années durant.

M. Basch me conte ces choses d'une voix nuancée et aisée, dans le cabinet tapissé de livres où l'image de Gambetta fait pendant à un admirable profil de Gœthe vieilli.

J'observe le maître de céans, tandis qu'il parle.

Il vaut la haine. Elle lui convient comme un gant. C'eût été outrage qu'il ne la recueillît point — la haine succulente, savoureuse, délicieuse, hommage enivrant et involontaire de la cuistrerie, de la muflerie !

Car il est bien un patricien de la pensée, un intellectuel, un « esthète »... tous les termes injurieux dont se revanche la vulgarité lui sont applicables.

De taille moyenne, mince, brun, la barbe noire et la main blanche également soignées, élégant sans effort, éloquent sans emphase, il se trouve fatalement, comme Picquart, désigné à l'exécration de tous les disgraciés, de tous les estropiés de corps ou d'esprit.

Une seule chose, en lui, prête à rire, mais là,

bien : l'envie folle qu'il eut d'être militaire, toutes les peines qu'il prit pour aboutir — né en Hongrie, venu en France à l'âge de deux ans, naturalisé dès que la loi le permit — à être le seul professeur de son âge, de sa promotion, qui, ne bénéficiant ni de la loi de 1889, ni même de l'engagement décennal, serait appelé, en cas de guerre, sous les drapeaux !

Bien entendu, on le traite de cosmopolite et de sans-patrie !

Ce que j'avance là, j'en ai eu la preuve sous les yeux, entre les mains ; ce ne sont point paroles à la légère.

M. Basch, élevé au lycée Condorcet ; sorti premier pour la licence ; boursier pour l'agrégation grâce à Caro ; francisé le 9 décembre 1887 (rappelez-vous que le Code interdit toute démarche avant la majorité de l'intéressé), voulant être soldat à toute force et doublement dispensé, ne pouvait que s'engager dans la Légion étrangère.

Or, il était marié et père de deux enfants : cela valait un peu d'hésitation.

Il préféra demander un tour de faveur au ministre de la guerre d'alors, lequel était M. de

Freycinet, qui lui fit (par lettre en possession du destinataire) répondre de se présenter dès l'ouverture d'une période d'examen.

Ceci date d'il y a des années : aucune période d'examen ne s'ouvrit ; on annonce que la chose va se produire incessamment.

Las d'attendre, le jeune professeur tira au sort.

Si je m'attarde sur ce point, c'est parce que je songe combien ils furent abusés, les étudiants qui s'en furent devant le Palais des Facultés, barrer la route au maître s'en allant faire son cours.

Dans la matinée, un groupe, sous ses fenêtres, était déjà venu l'avertir :

— Tu n'iras pas faire ton cours ! A bas Basch ! A bas Basch !

A la croisée, l'interpellé se pencha :

— D'abord, je vous défends de me tutoyer ! Ensuite, changez donc votre cri ; vous avez l'air de gâteux ! Criez Basch à l'eau ! c'est bien plus euphonique. Quant à mon cours, nous verrons ça !

Ils se dispersèrent. A l'heure habituelle, sur son passage, M. Basch trouva deux de ses collègues, de sentiment absolument opposé, mais qui méritent l'hommage pour leur noble intervention :

MM. Rainaud et Jordan. Plus, M. Dottin (c'était bien avant le procès Zola, au moment de la lettre d'Andrade ; il n'avait pas encore pris position).

— N'allez pas par là : ils vous tueront !

— Ah ! par exemple !

Notez que la Vilaine, le quai, longent la façade du Palais. Basch s'engagea sous les cannes levées, parmi les clameurs d' « A mort les Juifs ! » Derrière, les trois collègues s'efforçaient de le rejoindre, de le protéger. Il fut sauvegardé, sauvé par le prestige du courage; entra, fit son cours, ressortit par la grande porte, regagna à pied sa maison, dans le lointain faubourg.

Ceci, je le tiens de témoins.

Alors, on attendit la nuit. Un millier d'individus s'en furent silencieusement de la ville, puis se précipitèrent sur la demeure où il n'y avait qu'un homme, quelques femmes, des enfants.

On m'a assuré que trois prêtres en robe marchaient en avant de la colonne. Je ne voudrais pas le croire : ce serait trop hideux !

La foule se rua sur les grilles, qui résistèrent. On tenta alors de forcer d'autres issues. En désespoir de cause, les fenêtres furent lapidées, trouées : des pierres comme les deux poings, conservées en reliques, attestent de la sauvagerie, du désir de tuer des assaillants.

Par miracle, à la fin ils se lassèrent, s'en furent.

C'était sous le ministère Dupuy : on n'ouvrit même pas d'enquête, pour connaître bien moins les acteurs que les instigateurs de ces honteux exploits.

Aujourd'hui, les bons gîtes sont en paix. Rennes, paisible ainsi qu'il sied au prétoire sur lequel le monde a les yeux fixés, ne saurait plus admettre que rien troublât cette majesté qui l'honore, et l'hospitalité qu'elle-même accorde aux délégués de l'angoisse universelle.

AU CONSEIL DE GUERRE

L'HOMME

Rennes, 7 août.

Dans la splendeur du jour accru, montant, de minute en minute, par larges nappes blanches que commence à ambrer le soleil, des faces anxieuses, serrées, tendues vers un point de la vaste salle...

Sur l'estrade, des ors, de la pourpre, des plumes bougeuses, des éclairs d'acier — toute la pompe belliqueuse, tout l'orgueil et le déploiement de la Force, en grand apparat.

Mais rien ne prévaut, dans l'attention, sur cette porte, derrière laquelle, s'il ne se passe rien, habite le souffle court d'un homme qui espère et qui tremble, qui veut et qui craint...

Avez-vous vu des courses de taureaux? Avez-vous observé la furieuse attente de la foule, penchée vers l'huis du toril? Il y a de tout là-dedans : quelque effroi, du désir, un âpre besoin d'émotion, de l'intérêt, de la curiosité, de la fièvre, un élan éperdu vers des péripéties nouvelles.

Ainsi étaient les auditeurs aujourd'hui.

Soudain, tourne le battant... Des « Chut! » impératifs, une ondulation dans les rangs, puis le silence — un silence inouï! Sur le seuil, comme ivre de lumière après tant de ténèbres, l'homme s'est arrêté, oscille, dirait-on, sous le trop lourd poids d'une joie écrasante. Mais cela dure l'instant d'un éclair. Et il fonce, tête baissée, dans l'enceinte du Conseil.

Je le vois bien, je le dévisage ardemment, ainsi qu'on fait d'une énigme; ainsi qu'Œdipe, sur la route de Thèbes, dut faire du Sphinx aux yeux aigus.

Et bien des choses, de cette contemplation, m'apparaissent compréhensibles, distinctes.

Ce n'est pas la victime traditionnelle, vibrante, dont les protestations, dont la véhémence éveilleraient les morts dans leur tombeau. Rien d'en dehors : ni la physionomie, ni le geste, ni le mot !

Il manque de la banalité nécessaire à l'emploi, il déconcerte, il déroute : la seule pitié ne s'y reconnaît plus ! Il n'a pas la voix de violoncelle fêlé, la mimique enveloppante, l'attitude désolée ou rebelle qui sied au rôle, attire et subjugue l'ordinaire compassion.

Il est net, précis, posé, maître de soi, ce forçat, avec une force d'âme incroyable, un dédain du cabotinage qui le privera de bien des sympathies faciles, qui lui aliénera, évidemment, les sentimentalités à fleur de peau.

C'est un Polytechnicien dans toute la force du terme, un chiffre, un X, un esprit méthodique et précis, un être algébrique et discipliné.

Un militaire aussi : plein de respect envers ses chefs, de déférence... je dirai presque de réglementaire ingénuité !

Mais pour qui sait regarder, pour qui sait pénétrer au tréfonds des consciences, quel drame en cet être de si calme aspect ! Il est deux signes d'émotion qui ne sauraient tromper, car il n'est pas au pouvoir du « sujet » de les annuler ou de les modifier : le mouvement machinal de l'angle des maxillaires, une sorte de ruminement qui broie le sanglot, et, à la nuque, au bas des cheveux, le frisson qu'ont les chevaux sous la piqûre du taon.

Or, cet accusé d'allure placide retient, contient un désespoir inouï, une somme de douleurs qui dépasse l'endurance humaine! Son physique est terne, sa voix est blanche — mais ses cheveux aussi sont devenus blancs de tant d'indescriptibles souffrances, et son regard, derrière l'éclat du binocle, semble vitrifié dans les pleurs.

Les premières syllabes qu'il prononce constituent son cri éternel : « Je suis innocent! Mon colonel, je vous jure que je suis innocent! »

Et la sensiblarde que je suis, se dégageant de la mise en scène habituelle du mélo, sait presque gré à ce malheureux d'être si peu pareil aux innocents de théâtre; d'élever le débat et la portée de nos actes par une dissemblance qui ajoute à notre intervention, même le désintéressement intellectuel.

Il n'est des nôtres que par l'immensité de son infortune, par la fatalité qui s'attacha à sa perte, par le déchaînement de tant de passions — et d'intérêts ! — conjurés pour le maintenir dans les fers.

Il est bien le ressort d'acier qui, ployant et ne brisant pas, devait réagir à brève échéance, et soulever le monde par sa détente. Il n'a pas voulu mourir, il n'a pas voulu s'abandonner aux suggestions de l'isolement, de l'exil, de la captivité. Il a su attendre...

Rien que cela est une force admirable.

Et son impassibilité, sous le clair jour, dans la tiède atmosphère de plus de bienveillance, a comme de vagues abandons. Une minute, ses jambes ont flageolé, son accent a pris de la vigueur; il s'est, si l'on peut dire, « humanisé. »

Que ne se laisse-t-il aller tout à fait, sans fausse honte ! Que ne laisse-t-il, publiquement, crever son cœur gonflé de tant de misères !

Cela viendra, quand, forcément, les débats se vont passionner. Aujourd'hui, ce raisonneur a eu, presque malgré soi, quelques vibrations. Demain fera le reste.

Au-dessus de sa tête, dans le soleil, un nom inscrit en lettres d'or scintillait doucement. Je me suis penchée pour mieux lire : c'était le nom d'Ernest Renan. Un peu plus loin, sur la muraille, se lisaient ceux de Lamennais et de la Chalotais...

L'Indulgence. La Révolte. La Justice. Une fois

de plus ces trois puissances doivent révolutionner le monde — et le pauvre Lazare que voilà, dans son linceul à galons d'or tout neufs, leur doit d'émerger du sépulcre !

LE BYZANTINISME
DU
GÉNÉRAL MERCIER

> J'accuse, enfin, le premier Conseil de guerre d'avoir violé le droit en condamnant un accusé sur une pièce restée secrète.
>
> (ÉMILE ZOLA.)

Rennes, 13 août, 1899.

Je voudrais que tous ceux que l'on a abusés, trompés, que l'on trompe et que l'on abuse encore, assistassent, par eux-mêmes, aux débats du Conseil de Guerre ; qu'ils pussent voir et toucher, comme saint Thomas, les vérités qu'on leur a dissimulées ou travesties.

Mais ainsi que toute une bibliographie existe, de notre côté, sur l'affaire Dreyfus, témoignant de notre souci, de notre scrupule, de notre désir à découvrir la solution du problème, tandis qu'il n'est, de l'autre part, qu'un seul livre là-dessus — le *Procès Zola*, de M. Georges Bonnamour, bien suggestif à consulter aujourd'hui — ainsi ce ne sont point des adversaires qui se sont montrés le plus empressés à venir ici, aux sources mêmes, chercher la précision et l'exactitude du fait.

Je le regrette. Car il n'est pas un être de bonne foi qui, ayant vu, ayant entendu, se trouvant donc en situation de contrôler les récits, les soi-disant comptes-rendus de la plupart des feuilles nationalistes, ne demeurerait stupéfait, et quelque peu honteux, d'avoir accordé créance à de semblables... imaginations !

Heureusement, le document est là, qui peut parer à l'absence, permettre, à qui le voudra, en toute loyauté, de certaines épreuves.

Tenez, prenez non pas des textes plus ou moins falsifiés par la passion pour ou contre, mais des sténographies : celle du *Procès Zola*, celle de l'*Enquête de la Cour de Cassation*, tome I.

Dans celui-là, page 176, à la date du 9 février

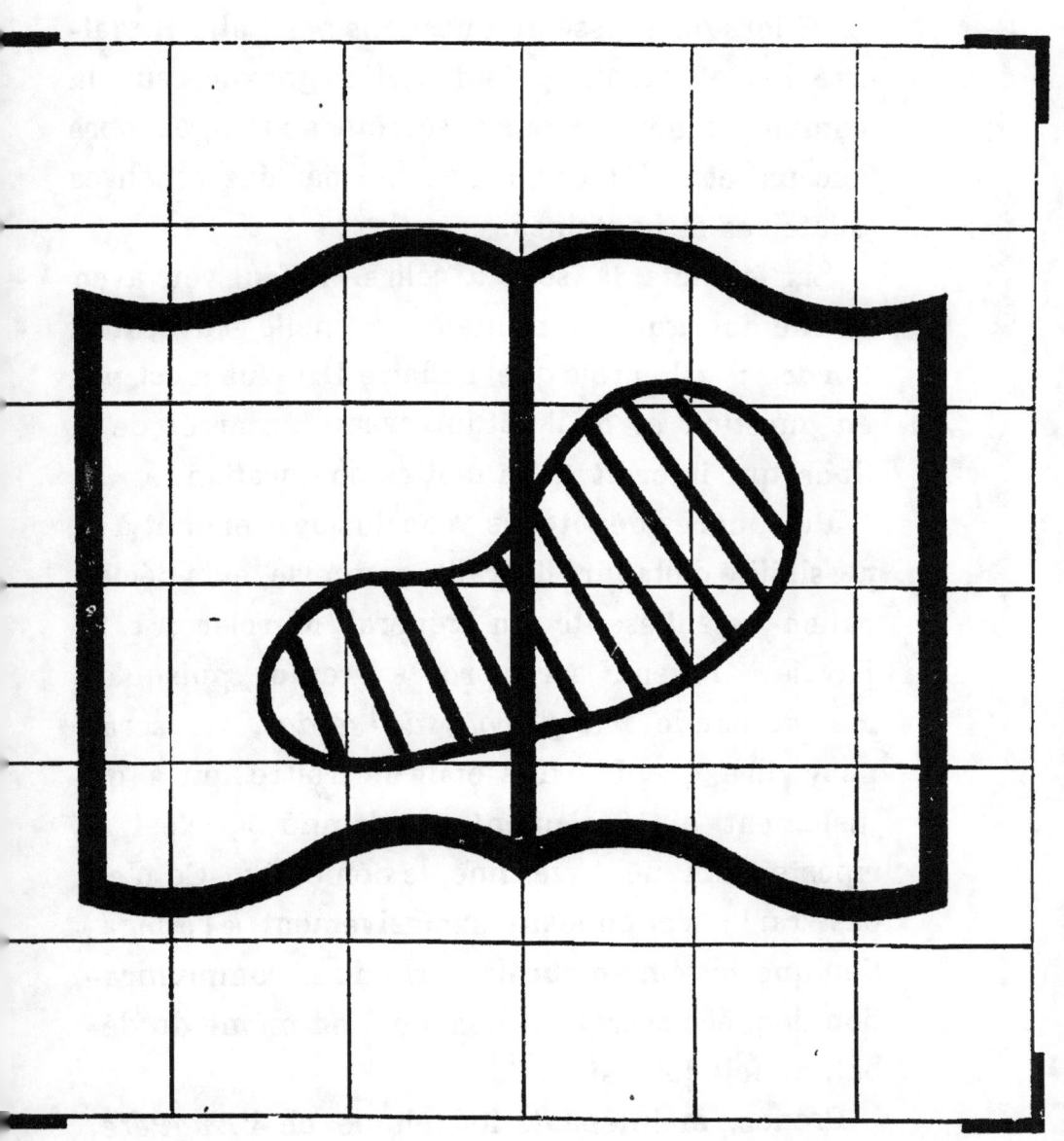

1898, voyez la déposition de M. le général Mercier, lorsque pressé de questions par Labori, malgré les efforts du président Delegorgue, sur la communication de pièce secrète aux juges hors l'accusé et la défense, il s'en tira par des réponses dilatoires et hautaines.

Six feuillets, là, sont à relire. Il faut voir avec quelle morgue le militaire rappelle l'avocat à l'ordre : « Je crois que l'affaire Dreyfus n'est pas en question et qu'il est intervenu un arrêt de la Cour qui interdit de la mettre en question. »

Puis, après dépôt des conclusions tendant à la possibilité d'établir l'illégalité commise, et la déclaration retentissante du général Mercier : « Si j'avais à revenir sur le procès Dreyfus, puisqu'on me demande *ma parole de soldat*, ce serait pour dire que Dreyfus était un traître qui a été justement et légalement condamné », c'est la riposte ambiguë, byzantine, le démenti : « Ce n'est pas vrai ! » s'appliquant exclusivement à l'allégation que le témoin aurait parlé de la communication de pièce secrète et non au fond même du débat, au fait contesté.

Prenez, maintenant, le volume de l'*Enquête*, page 9. Ce n'est plus un simple avocat que l'ex-ministre de la Guerre morigène, mais un Président de la Chambre et tous les conseillers.

La question est posée, nette, précise. Voici les réponses :

« Je ne crois pas avoir à m'expliquer sur ce point... la demande de revision est limitée... c'est sciemment que M. le garde des sceaux n'a point relevé la communication *qui aurait été faite* de pièces secrètes... Je persiste dans ma déclaration : je ne crois pas que la Cour de cassation ait à s'occuper de cette question. »

Ceci à la date du 4 novembre 1898, donc neuf mois plus tard. Les deux fois, M. le général Mercier a levé la main devant le Christ, juré de parler sans haine et sans crainte, de dire la vérité, *toute* la vérité, rien que la vérité.

Samedi, troisième serment. Mais cette fois, il avoue. Dreyfus n'a pas été « légalement » condamné puisqu'il y eut communication de pièce secrète sur son ordre à lui — « ordre moral ».

Mais cela on en avait une telle certitude, ses silences mêmes (parjures par omission) avaient été si probants que la confession ne pouvait plus causer aucune surprise.

Ce qu'il y a eu de stupéfiant et d'un peu répugnant dans le témoignage, c'est son manque de crânerie, c'est cette affirmation de M. le général Mercier, qu'il n'a su, lui, de quelle manière son « ordre moral » avait été interprété, comment il avait été suivi, qu'en juin dernier, en *juin 1899* !

A qui M. Mercier espère-t-il faire croire cela ? A qui fera-t-il admettre qu'en ces deux années de tourmente où, tant de fois, son nom fut prononcé, conspué, maudit, qu'après les débats du procès Zola, qu'après l'enquête, qu'après ces épreuves successives et de plus en plus troublantes, il ne fut pris que cet été du besoin d'être édifié !

Cela n'est pas vrai ! Et c'est une vilaine manœuvre que d'essayer de repasser à des subordonnés la responsabilité d'un acte accompli en tant que chef — et de vouloir qu'ils soient à la peine, n'ayant point participé au déshonneur !

Le parjure suffirait sans cette aggravation.

PAR DÉLÉGATION

Rennes, 14 août 1899.

Rien ne tient plus, tout s'efface — la confrontation entre M. Casimir-Perier et le général Mercier, la confusion de celui-ci et les dépositions suivantes, tout, tout! — devant l'abominable attentat dont Labori est victime.

L'avocat! Le défenseur!...

Il sortait de chez lui, allait à son devoir, sans prudence parce qu'il est brave, sans méfiance parce qu'il est bon, quand on lui tira lâchement par derrière (ô le chemin creux des chouanneries!) un coup de revolver.

Il fut atteint. Il tomba sur la berge, sanglant, à quelques mètres de sa maison. Sa pauvre jeune femme, avertie, se précipita, tandis que les enfants sans savoir, effrayés, criaient, pleuraient.

L'autre s'enfuyait, content... mais poursuivi par Gast et par Picquart.

Nous autres, nous venions d'arriver dans la salle du Lycée, quand la nouvelle nous parvint. J'ai vu des hommes réputés pour leur flegme sangloter muettement, les poings crispés.

Ils étaient là un tas de Ponce-Pilate à prendre des airs contristés, à se laver les mains de l'aventure.

Trop tard !

L'homme, quel qu'il soit, le fanatique, le fou qui a fait le geste, n'a été que leur instrument, leur délégué, leur serviteur ! Ils lui ont mis le doigt sur la gâchette aussi sûrement que s'ils lui avaient glissé effectivement, matériellement, l'arme dans la main.

Ils ne le voulaient pas ? Mais c'est bien entendu ! Ils ne le souhaitaient point ? Mais je le crois sans peine ! Il n'y a qu'à constater leur désarroi pour en être certain.

Seulement — il y a assez longtemps, mon Dieu,

que je le répète! — seulement quiconque a l'honneur de tenir une plume doit se rendre compte que le « métier » d'écrivain est aussi une mission ; que l'écrit, davantage encore que la parole, porte loin, porte profond.

Cette détonation n'est que l'écho bruyant des muettes instigations : la conclusion logique et féroce.

Et gênante aussi.

J'ai dit exactement la même chose dans le *Cri du Peuple*, il y a douze ans, par rapport à des événements d'autre sorte. Ma conviction n'a pas changé.

On sème, on récolte. Le germe tombe dans des esprits compréhensifs : il tombe aussi, il est exposé à tomber, dans des cerveaux incultes, volontiers sauvages, en qui le mot, à demi-saisi, évoque uniquement l'instinct barbare, la sauvage poussée des ignorances, des cruautés ancestrales.

Celui-là qui a tiré sur un avocat, sur un défenseur, il est le symbole de toute une foule abusée. C'est votre homme, c'est votre œuvre : regardez-les donc en face, ayez au moins la crânerie de ne les point renier !

Il a cru bien faire, ce misérable, empêcher —

méditez bien ceci ! — Labori d'acculer Mercier à sa forfaiture.

Le complot, déjoué à Paris, devait avoir une répercussion, en même temps, à Rennes : ce coup de pistolet est comme la fusée qui éclate après que le feu d'artifice a raté.

Elle était quand même du bouquet !

RÉSULTAT

Rennes, 16 août 1899.

Hier, elle était curieuse, la lecture des journaux « bien pensants ». C'était à qui, de tous ces crocodiles, verserait le plus de pleurs ; à qui témoignerait davantage d'indignation ; à qui dirait le mieux : « C'est l'acte d'un fou... Tous les partis réprouveront » — et autres boniments !

On le connaît, le désaveu de paternité vis-à-vis du phénomène faisant honte à qui l'enfanta ; le déclinatoire envers les responsabilités trop lourdes ou périlleuses !

« Odieux attentat, crime d'un fou », dit la *Pa-*

trie : « Odieux attentat », répète le *Soir*. « Crime aussi absurde qu'odieux », déclare le *Gaulois* ; « Attentat imbécile, acte d'un fou », proclame *l'Echo de Paris* ; « Violence imbécile d'un fou », prononce *l'Intransigeant*. « Crime odieux », formule la *Libre Parole* — qui « fait des vœux pour le prompt rétablissement ». Et le *Petit Journal* est de même farine.

Alors, moi, songeant à mes collections de Paris, aux articles de journaux depuis deux ans recueillis et classés alphabétiquement, aux monceaux d'injures quotidiennes déversées sur Labori, je me demande quelle est la puissance de raisonnement, la force de logique des gens qui, goutte à goutte versant la haine, s'étonnent, s'effraient du résultat.

L'homme qui a tiré a cru bien faire ; a pensé abattre le monstre que vous lui aviez dépeint. Son geste n'est que le signe de sa crédulité ; le gage farouche de sa foi en votre sincérité. Ceci mène à Cela : c'est inéluctable !

J'étais là, hier, tandis qu'on plaçait sa civière dans la petite voiture d'ambulance qui devait l'amener vers un logis plus aéré, plus rustique. Sur la blancheur des draps, son visage de bonté et de force se détachait, dominant l'expression de la douleur pour sourire à tous. Sa voix encore nous encourageait. « Bonjour, Séverine ! Ils ne m'ont pas tué, vous voyez ! On vivra, pour combattre... et pour vaincre ! » Des larmes d'émotion et d'enthousiasme, devant cette belle vaillance, nous montaient aux yeux. Celui-là est vraiment un « professeur d'énergie ».

Et maintenant que tous se défendent d'avoir versé — inconsciemment, involontairement, c'est entendu, pour les uns, je le crois, pour les autres, je veux le croire — l'enivrement du meurtre dans le verre de l'assassin, je me rappelle le seul jour où je vis ce même front, tout pâle, se dresser au banc de la défense pour un incident d'ordre privé.

C'était dans la période où le *Soir* publiait les lettres de sa cuisinière, trop patriote pour s'abstenir de révéler les noirs complots qu'en servant à table elle avait surpris et qu'elle dénonçait, en même temps que son ex-maître, à l'indignation des citoyens ! C'était le temps où les nationalistes, tous les jours, traitaient Labori de « vendu, d'employé du Syndicat, de traître à la patrie, de danger public ».

Ouvrez donc la sténographie du *Procès Zola*,

tome I, page 445, au début de la septième audience, 13 février 1898. Ou mieux, remontez à cette date dans le présent volume.

. . . .

Il n'est pas à ajouter de commentaires. Mais l'on peut, sans trop d'invraisemblance, supposer que le scrupule était mince, pour un sectaire, de « tuer Dreyfus » à travers le « Prussien Labori ».

LES NOTRES !

Rennes, 17 août, 1899.

Aujourd'hui, après le défilé de tous les byzantins à trois étoiles — ô Grande Muette, par eux devenue si bavarde ! — les nôtres ont commencé d'entrer dans l'action.

Bertulus, Picquart, le juge, le soldat, qui, au-dessus de toute discipline, au-dessus des intérêts de caste ou d'individus, mirent le respect de leur conscience, le souci de la vérité !

Après eux, ce sera le commandant Hartmann, le capitaine Freystætter, et Forzinetti, le doyen héroïque qui, sans savoir où il irait, ni ce qu'il deviendrait, sacrifia le gain de son courage, le prix de son effort, le poste où sa retraite avait trouvé honneurs et repos.

Tandis que Scheurer-Kestner, qui fit l'abandon de sa vice-présidence et du calme de sa vie ; tandis que le professeur Grimaux, qui risqua, perdit, la fonction occupée depuis tant d'années, et sa seule fortune, relèvent à peine du lit de souffrance où, de tant d'épreuves, s'abattit leur vieillesse troublée ; tandis que Labori, échappé tantôt à la maladie que lui valut le surmenage, retombe sous la balle d'un fanatique...

Ce sont là des actes volontaires, des périls sciemment encourus. Pas un de ces hommes, magistrat, officier, savant, fonctionnaire, qui n'ait su d'avance où il allait, ce qu'il faisait ; qui n'ait abdiqué, superbement, ses espoirs personnels à un idéal supérieur.

MM. Manau, Lœw, Bard, Ballot-Beaupré, âgés pour la plupart, s'étaient aussi offerts aux traits du soupçon, de l'injure, de la calomnie plutôt que de mentir à leur scrupule.

Et tant d'autres, dans l'Université, dans l'Armée, dans la Littérature, dans la Science, disgraciés, dépossédés, en suite du geste dont se proclamait la conviction !

Et Zola !

Ce sont les nôtres, comptez-les : le bataillon des intrépides pacifiques, de ceux que l'esprit de libre examen a amenés à discuter un dogme de plus, à se passionner — ces calmes ! — à se dévouer !

Aujourd'hui, sortant de l'audience, on n'était pas seulement content : on était fier. Le juge avait prononcé des paroles qu'un Séguier n'eût pas désavouées ; du soldat, Marcel Prevost avait pu dire : « Voilà le premier Ministre de la Guerre qu'on a entendu jusqu'ici. »

Mais, plus encore que l'autorité de l'accent ou la sûreté de la dialectique, c'était l'abnégation de Picquart, une fois de plus affirmée, qui remuait les cœurs.

Car il n'était plus l'oiseau bleu des légendes, le chef vêtu d'azur et chevronné d'argent. De la mort de ses rêves il avait pris le deuil ; et ses habits civils, « comme tout le monde », le pauvre monde, convenaient mieux à son âme nouvelle, affranchie...

Cependant il fut payé : je l'ai vu recevoir son salaire.

Quand il survint, le regard fixe, le front haut, les joues blêmes, de ce pas que je lui vis pour la première fois au Cherche-Midi, lors du simulacre du procès d'Esterhazy, alors qu'il marchait à l'outrage, à la persécution — à la gloire ! — je détournai de lui mes yeux pour observer Alfred Dreyfus.

Et je vis soudain (miracle plus touchant que ceux des légendes !), dans les prunelles comme vitrifiées par la douleur, monter quelque chose d'ineffable, d'indicible, l'expression d'abandon et de gratitude qu'aurait un crucifié pour celui qui le déclouerait !

Chez les autres, jusqu'ici, qui se sacrifia ? Où sont vos hosties vivantes ? Où sont vos héros ?

A LA FRANÇAISE ?

Rennes, 18 août 1899.

Sans aucun doute, j'ai la berlue : une terrible aberration m'a frappée. Car il est des gestes, des façons, dont la beauté patriotique, dont le sens national m'échappent absolument.

Lorsque — Labori tout sanglant gisant sur son lit de douleur — quelques nobles jeunes gens, à travers la capitale, s'égosillent à le conspuer; lorsque M. Drumont, leur prophète, choisit cette minute pour manifester sa « répulsion » à la victime, et écrire « qu'elle est peut-être la plus odieuse figure de la bande de coquins et de sans-patrie qui affolent la France depuis deux ans, » (rappelez-vous qu'il s'agit d'un avocat exerçant sa mission de défenseur!) lorsque des personnes aussi anonymes qu'humaines menacent la malheureuse femme si éprouvée, et qui veille au chevet de son mari, de s'en prendre à leurs deux fillettes du miracle qui sauva le père, je demeure dépourvue d'admiration.

Sans entrer dans le domaine des grands sentiments et sans employer les grands mots, je dirai seulement que cela manque de chic... ou que cela s'agrémente d'un chic que je ne comprends pas.

J'ai tort, c'est évident. Le progrès a marché, qui change toutes choses, et la mode est maintenant aux agressions discrètes, évitant le scandale et le tapage des responsabilités.

On tue, je n'oserais dire « à l'anglaise », ne voulant aucunement outrager nos voisins, mais à la muette, dans un anonymat de bon goût, sobre, bien porté. Plus de ces rencontres vulgaires, où les adversaires, s'envisageant, pourraient se mesurer, s'affronter, se reconnaître, par défi ou même par surprise.

Que l'arme soit à feu ou blanche, on tire, on fuit, on frappe, on fuit. C'est le dernier cri — le dernier cri de la victime !

Et cela point dans les Abruzzes, ni dans les défilés montagneux de la catholique Espagne. Fi donc! Même en l'île où la vendetta règne on est bien trop arriéré, trop perdu dans un banditisme chevaleresque pour risquer de telles innovations.

Bon pour la France (aux Français!), bon pour Rennes, bon pour Paris !

Ici, c'est en plein dos, à bout portant, que notre pauvre Labori est frappé ; il entend aboyer le pistolet, en arrière, comme un chien lâche.

Là, c'est un passant, un ouvrier, Edouard Arcos, qui se permet, sur la voie publique, place Saint-Vincent-de-Paul, de lire les *Droits de l'Homme*. A ce spectacle, l'épée d'une canne nationaliste n'y tient plus, jaillit du fourreau et s'enfonce — « Tiens ! sale juif ! » — entre les épaules du malpensant. Il tombe, l'arme récidive, un peu dans le flanc, cette fois : il faut bien varier ses plaisirs !

Et Arcos est emporté, râlant, à l'hôpital, où l'on annonce qu'il est près d'expirer.

Voilà donc la manière nouvelle. Serait-ce celle du prince d'Aurec, ô Lavedan ? J'avoue ne m'y pouvoir résoudre, la considérer sans enthousiasme... et même avec un peu de regret pour la coutume d'autrefois. L'épée, qui salue, m'apparaît toujours préférable à la trique, qui surprend.

J'entends bien que M. Max Régis propose deux millions d'Algériens pour venir conquérir la France ; seulement, jusqu'à nouvel ordre, j'en reste sur le bruit assez répandu que c'est la France qui a conquis l'Algérie — et qu'il lui plaît de demeurer en cette posture.

Que cette école se réclame du sire de Jarnac, qui fut un assez triste Français, ou du singulier ministre démissionnaire que fut le général Chanoine. Mais, pour Dieu, ne déshonorez pas la France galante et courtoise, fleur de chevalerie, en prétendant agir à la française !

COUP MANQUÉ !

Rennes, 22 août 1899.

Le voici revenu, de ce matin, ce beau type de notre race en qui s'incarne toute l'énergie de la défense, comme M⁰ Demange en représente toute la réserve avisée.

L'attelage était démonté : le cheval d'expérience, le vieux routier qui connaît le chemin, les tournants et les abîmes, ne pouvait, malgré tout son zèle, suppléer le cheval d'élan. Ensemble, ils se complètent, s'apaisant ou se stimulant ; chacun suivant la parallèle où l'autre ne saurait mettre les pas.

On doit cet hommage à Demange. Car rien n'est plus beau qu'une conscience l'emportant sur un tempérament ; qu'une conviction dominant les tendances, les habitudes de toute une vie.

Celles-ci le devaient mettre contre nous, tout au moins le cantonner dans la prudence — et il est resté l'ouvrier de la première heure, fidèle à la tâche acceptée ! Et rien n'était plus touchant, ces derniers jours, que de le voir s'efforcer à tirer de milieu, à rétablir l'équilibre, tandis que le timon, devenu brancard, écorchait son pauvre cœur de chauvin épris des gloires anciennes !

Cette justice rendue, qui dira l'accueil fait à Labori ? Point de vivats, point de rumeurs. Les mains choquées en bravos semblaient seulement scander la palpitation des cœurs. Notre grand vécut là une agréable minute, tandis que sa jeune femme souriait, les cils trempés de pleurs de joie...

Et le voici, encore tout faible, les yeux creusés, la fièvre aux joues, mais vivant, Dieu du ciel, vivant !

Ceux qui n'ont pas traversé avec nous, dans cette salle aux issues gardées, l'instant qui suivit l'attentat, ne peuvent, ne pourront jamais comprendre, l'étendue de notre bonheur présent, mesuré à ce que fut notre désespoir.

On l'admirait, on l'estimait, on applaudissait à son courage et à son talent, mais personne, cela est bien certain, ne se doutait l'aimer ainsi. J'ai vu des hommes, des durs-à-cuire, renommés pour leur flegme, à la nouvelle du meurtre s'abattre sur une chaise et sangloter comme d'un deuil personnel qui vous frappe en plein cœur.

Ah! sous tous les rapports on avait bien choisi, et l'assassin était bien stylé!

Mais ce pouvoir invisible en qui je crois, en qui j'espère, ne devait pas permettre qu'un tel sacrilège s'accomplît; a fait dévier le plomb assassin.

Car, de nouveau, la haute silhouette se dresse, bien qu'appuyée à la table; la voix retentit, sonore; le masque, affiné par la typhoïde qui précéda, puis par la dernière secousse, s'avance, interrogateur.

En une matinée, tout a changé. Les questions seront posées quand même. Au banc des... compromis on chuchote, on se concerte. Le désarroi est au camp — en attendant la discorde, chacun tirant à soi pour se disculper.

Par deux fois, le général Mercier refuse d'indiquer la source des pièces qu'il détenait illégalement. Mais, du siège de la défense, comme tinte un glas, tombent des mots précis : le Code, la Loi, responsabilités, pénalités, serment de tout dire...

On a vu perler des gouttes de sueur à des fronts jusque-là impassibles, et qui se courbaient, comme ceux des conscrits sous la mitraille, devant le feu serré de l'argumentation.

C'est fini de rire et fini de fuir ! Que Dreyfus soit acquitté ou condamné, chacun des criminels en aura pour son grade : le coup est manqué, le sang a coulé pour rien !

L'OMELETTE

Rennes, 23 août, 1899.

On ne la fait pas sans casser d'œufs : c'est bien évident ! Et il était de grande prévoyance, l'assassin qui s'employa à éviter que le panier vînt aux mains de Labori.

Le panier — et la poêle !

Hier, il nous venait comme un sourire, quand le colonel Bertin-Mourot, d'une voix de commandement tout à fait comique en la circonstance, racontait que son entrevue avec M. Billot, Ministre de la Guerre, pour lui communiquer les doutes de M. Scheurer-Kestner, était coupée de l'appel affamé des officiers d'ordonnance : « Mon général, l'omelette est prête ! »

Pour sûr, elle l'était !

Nos confrères masculins ont le mépris de ces petits détails ; mais tout drame comporte son emblème, lequel est souvent un objet familier, voire vulgaire, soudainement promu au rang d'arme parlante.

Une lampe, c'est Gribelin ; un rasoir, c'est Henry ; des éperons sous une jupe, c'est du Paty ; un grattoir symbolise le 2ᵉ bureau ; un lacet — le cordon que le Grand-Turc envoie à ses disgraciés ! — c'est, dénoué, le point d'interrogation qui ondule sur les fins louches : la tombe de Lemercier-Picquart, la tombe de Lorimier, et même le cabanon de Lajoux.

L'omelette, c'est tout l'imbroglio. On la voit à l'origine, dans l'auberge de campagne où le général Billot fait halte ; où, pour la première fois, le scrupule civil se heurte à la sérénité militaire.

— L'omelette est prête !

C'est le *Mané, Thécel, Pharès*, aux murs blanchis de chaux de l'hôtellerie.

Après, on la retrouve, en prison, à la Santé, sur la table du colonel Picquart. Une simple distraction y a laissé choir, en éclats aigus, le verre de la lampe chère à Gribelin... et la lumière, affaiblie, vacille.

Aujourd'hui, dans la paume de Labori, on entend craquer les œufs. Quelques-uns n'ont déjà plus que leurs coquilles : des crânes angoissés qui feraient peine à voir s'il n'y avait une victime, et trop de machinations, trop de mensonges, trop de supplices agglomérés !

Cependant notre ancienne connaissance Auffray s'agite. Vous savez bien ? le chef de claque du procès Zola; celui à qui du Paty écrivait pour « faire » la salle, quand, sous l'argumentation de la défense, l'État-major fléchissait ?

Il s'agissait d'obstruer le débat par les hurlements de l'auditoire, appuyant l'éternel refus de M. Delegorgue : « La question ne sera pas posée » ; d'empêcher le sacrilège de l'interrogation civile à l'omnipotence guerrière.

Ce fut fait en conscience. Zola, reprenant le mot de Voltaire, put, en toute exactitude, traiter de cannibales ceux qui criaient à mort, assommaient les républicains et menaçaient les femmes.

Le sang coula ; M. Esterhazy fut acclamé ; les officiers de réserve et de territoriale arborèrent l'uniforme : ce fut une bien jolie fête !

Ici, c'est moins facile. La circulaire du chef suprême de l'armée enjoignant à ses subordonnés de rester chez eux, semble avoir assuré la tranquillité des débats.

La tactique paraît devoir être la dignité; l'abstention en masse et significative.

Quand on fut sur le point de lire la lettre-témoignage d'Esterhazy qui figure à l'Enquête de la Cour de cassation — Esterhazy ? Fi! Pouah!... Oh! les amours passées? — noblement, en masse, l'élément militaire déserta le prétoire.

L'effet, tout d'abord, fut perdu. Comme la température n'est pas très saine et que le changement d'habitudes indispose ici beaucoup de gens, on crut d'abord à un malaise général.

On les plaignit. Ce ne fut que lorsque M. Auffray « berger de ce troupeau » et quelques directeurs de journaux nationalistes leur emboîtèrent le pas que l'on comprit.

Alors, cela parut simplement ridicule, et fit sourire.

Tant mieux! Toute manifestation de parti-pris nous sert; démontrera qui s'obstine dans l'aveuglement, la surdité, l'erreur!

Cependant que d'œufs brisés d'ici-là, d'où —

quelques-uns ayant été couvés — de bizarres poulets s'échappent et se mettent à courir.

Faudra-t-il donc, après l'omelette, s'occuper de la fricassée ?

LA PETITE BALLE

Rennes, 24 août 1899.

Labori intente un procès à M. Rochefort, à M. Drumont, à d'autres encore : il fait bien ! — L'*Intransigeant*, la *Libre-Parole*, la *Patrie*, ne cessant, non pas même d'insinuer, mais de proclamer, que l'attentat fut imaginaire et notre douleur comédie.

Il entend que l'on s'explique ; il ne lui convient pas d'être doublement victime, et, après avoir été blessé, d'être diffamé : il a raison.

Mais avant que de voir quelles ripostes triomphantes, quelles répliques péremptoires sont en réserve, regardons un peu, pour notre édification personnelle, en quels termes galants ces choses-là sont dites.

Voici d'abord M. Rochefort :

« Le précieux coup de revolver tiré sur M. Labori, et dont le secret reste d'autant plus impénétrable que la balle n'a pas pénétré... Nous demandons à voir la balle : on ne nous la montre pas non plus. Elle est restée dans les muscles et nulle menace n'arrive à l'en faire sortir... Si quelqu'un a pu avoir un avantage quelconque à tirer sur M. Labori avec un revolver peut-être chargé de gros sel, c'est certainement un agent du Syndicat ou du gouvernement. »

Maintenant voici M. Drumont, même thème, à propos de la démarche du docteur Doyen.

« Reclus refusera absolument de lui montrer la plaie, peut-être parce qu'il n'y en avait pas. »

Et l'*Intransigeant* évoque le souvenir de l'agression simulée contre Joly, sous la Fronde ; et la *Libre Parole*, tout de go dit :

« Chaque jour amène la conviction que ce fameux attentat a été machiné en vue d'un effet de théâtre, etc. »

Tandis que la *Patrie* — où M. *Nicolas* Massard,

officier de réserve, en souvenir de M. Emile Massard, secrétaire de rédaction au *Cri du Peuple*, ferait mieux d'éviter les polémiques où il est question de revolver — procède par petits filets, pour aboutir aux mêmes conclusions.

Alors qu'en plus des témoignages de Gast, de Picquart ; de tous ceux, agents ou particuliers, qui ont ramassé Labori sanglant ; des docteurs Reclus, Brissaud, et du major dont le nom m'échappe, on apportera simplement à l'audience le rapport de M. le docteur Perrin des Touches, médecin-légiste du parquet de Rennes, fougueux nationaliste, qui fut appelé, par ses confrères, pour procéder à l'examen de la blessure, et l'épreuve radiographique que tira de celle-ci M. le docteur Delbet.

Rien que ça... le tribunal appréciera. (1)

---

(1) Par jugement du 13 décembre 1899, la *Libre-Parole* a été condamnée, faisant défaut, à 2,000 francs d'amende, 1 franc de dommages-intérêts, quarante insertions dans les journaux de Paris, et deux cents dans les journaux de province.

CONSEILS

Rennes, 25 août 1899.

Labori, qui empeste encore l'iodoforme — oh ! ces simulateurs ! — lutte pour échapper à cet autre péril mortel : la déposition de M. Bertillon !
Elle s'allonge, se développe, se contorsionne :

.... se recourbe en replis tortueux.

Elle se complique de dessins, s'aggrave de reproductions : tout un attirail de torture graphologique savamment combiné. La défense, l'accusation, le tribunal, s'inclinent sur des spécimens.

Ceux qui ne répriment pas un fou rire, les malheureux qui essaient de comprendre, baissent un front tôt congestionné.

Heureusement, il est des médecins dans la salle !

L'auditoire, épouvanté, par discrets exodes se disperse ; la presse s'évade. Dreyfus seul, en dépit de son état de faiblesse, mathématicien longtemps privé d'exercice, s'intéresse à cette spéciale démence, l'étudie, l'observe — un aliéniste aussi, non loin.

Moi, regardant ce Bertillon bertillonner, je pense au cerveau incomplet du père, privé de la circonvolution de Broca ; lequel cerveau, m'apprit-on jadis, repose, à titre de legs documentaire, au laboratoire d'anthropologie.

Je songe à l'atavisme qui pèse sur la pauvre humanité : que le docteur Jacques Bertillon est le produit sain de ce qui fut sain et fort dans la pensée paternelle — que celui-ci, ce maniaque incohérent et dangereux, en représente la partie creuse, le vide, le néant...

Puis, me remémorant toutes les folies qui se sont dites ici, toutes les abracadabrances qui tombèrent de bouches cependant moustachues, je note les lignes principales du discours que je tiendrai à mon fils lorsqu'il sera en âge d'aller au régiment.

« — Mon enfant, tu vas recevoir les plus sages avis. On va t'engager à la soumission, au zèle, à l'observance de toutes les vertus. Personnellement, toutes mes recommandations, toutes mes sollicitudes, toutes mes tendresses, se résumeront en trois mots : « Ne travaille pas ! »

» Garde-toi d'apprendre : vois où cela mène ! Si tu déploies tes connaissances, elles te feront des jaloux et serviront à t'accabler. Si tu les caches, alors que, par tes notes, on saura que tu les possèdes, elles témoigneront de ta sournoiserie et de tes mauvaises intentions.

» N'essaie d'aucune manière d'augmenter ta somme de savoir ; ne révèle pas des curiosités qui, pour n'être pas dans la norme, sont susceptibles de devenir dangereuses ; n'interroge, ni ne renseigne jamais tes camarades; ne tente point d'échanger avec eux ni des idées, ni des observations ; ne fréquente point, ne coudoie jamais, dans le service ou hors de service, des gens s'appelant autrement que Dupont, Dubois, Dulong, enfin des noms à désinence bien française.

» Ton père t'a dit (je n'y insisterai pas) de ne jamais contracter aucune liaison, si éphémère soit-elle, avec une personne née hors de France, sans t'informer, au préalable, si quelqu'un de ses parents n'est point au service de l'Autriche. Ne l'oublie pas.

» Mais, si périlleuse que pourrait être une infraction à cette règle, c'est si peu de chose, en égard des dangers qu'entraînerait toute négligence à mes particulières prescriptions.

« Ne fais rien. Tu entends bien, mon enfant, *ne fais rien*. Ne t'expose pas aux inimitiés de la concurrence, aux haines de compétitions. Sois un doux crétin comme il y en a tant, prends le métier militaire ainsi qu'une profession où l'on arrive très bien par la force des choses et l'écoulement des minutes à l'ancienneté! Ne te fais pas de bile, accomplis strictement le strict nécessaire : sois de ceux desquels on ne dit rien ; à qui une heureuse médiocrité assure le repos.

» Ainsi peut-être éviteras-tu le bagne : vois plutôt où le contraire a mené cet infortuné Dreyfus ! »

L'ÉCOLE DE PICQUART

Rennes, 26 août 1899.

— Qui va-t-on bien tenter d'assassiner ?
Ainsi l'on s'interrogeait, ce matin, au sortir de la séance où le capitaine Freystætter avait convaincu l'ex-général Mercier d'illégalité et d'usage de faux.

Car voici les coupables acculés, pris dans les rêts de leurs mensonges, dans le tissu de leurs infamies ! Comment, par quelle diversion échapper à la Loi qui attend, au gendarme qui guette, à l'opinion qui s'émeut ? Où, simplement, par quels gestes sanguinaires, tenter de se défendre, essayer de se venger ? La fureur met de la folie dans des yeux d'ordinaire impassibles ; des poings se crispent — le rêve rouge d'Esterhazy, croyez-le bien, hante des cervelles...

Loin d'ici on ne peut savoir tout ce qui se trame dans l'ombre : les conciliabules de chaque après-midi pour préparer les témoignages du lendemain (chacun devant donner sa note, jouer son rôle, corroborer, appuyer, démentir, en raison de l'audience du matin); M. Cavaignac embusqué place de la Comédie, foyer de la résistance, centre de l'agitation; M. Auffray, « l'un des jeunes conseils les plus écoutés du comte de Paris » jadis, veillant à la sécurité juridique de l'entreprise, fréquentant à toute heure chez l'ex-général Mercier... et le va-et-vient éperdu entre tous ces nids de réaction !

Comme intermède, le coup de revolver sur Labori, le coup de couteau ou la bombe que nous attendons pour demain !

Est-ce à dire que tels actes proviennent directement d'ici ? Aucunement. Ils ne sont qu'une résultante, un ricochet, le fait d'alliés remplis de zèle. L'esprit prétorien procède autrement : par masse — le pronunciamiento, Brumaire ou Décembre, les « coupes sombres » dans le bois sacré de la Pensée.

Cela, beaucoup y songent : on le lit, comme en un livre, dans leurs regards haineux...

Surtout quand une conscience s'affirme sous l'uniforme, quand un Picquart hier, un Freystætter aujourd'hui, un Hartmann demain, viennent, *parce qu'ils sont soldats* et suivant la conception qu'ils se sont faite du devoir professionnel, proclamer la vérité.

Car la beauté de l'exemple c'est d'être suivi ; c'est d'entraîner, dans la voie noble de l'abnégation et du désintéressement, des âmes peut-être hésitantes.

Georges Picquart aura connu, ce matin, en entendant le capitaine Freystætter témoigner, la plus pure joie qui lui puisse être récompense. Il n'est plus seul, dans ce grand combat : un compagnon de sa race a pris place à ses côtés, et Hartmann va bientôt les rejoindre.

Avenir, avancement, faveurs, ils auront tout sacrifié à l'obligation d'une vertu supérieure, à l'accomplissement d'une tâche qui semblait incompatible avec leur fonction.

Et je songe avec une fierté attendrie, qu'une

femme, une jeune fille, présida aussi à la détermination du capitaine Freystœtter ; que sa fiancée répondit à qui lui faisait observer les risques de telle attitude :

— Mieux vaut plus d'honneur et moins de galons !

Ainsi pensent les soldats du Droit, les jeune, chefs qui entendent que le glaive, dans la balances ne fausse pas l'arrêt de Justice !

CHEVALERIE

Rennes, 28 août 1899.

Labori souffre, malgré tout, de sa blessure : je n'hésite pas à donner au meurtrier, aux instigateurs et aux complices du meurtre, la satisfaction d'apprendre qu'ils n'ont pas tout à fait échoué.

Si l'éminent docteur Reclus a mérité notre reconnaissance en interdisant l'approche opératoire à M. Doyen — le Doyen de la greffe du cancer ! — l'examen du médecin-légiste attaché au parquet de Rennes, le constat radiographique de la plaie et de l'emplacement du projectile ont, quels que soient la sonorité de sa voix, son empire sur soi-même, et sa force d'orgueil, bien fatigué Labori.

Il n'y tenait plus, loin du champ de bataille, comme ces éclopés valeureux qui s'échappent de l'ambulance pour aller encore combattre. Mais seuls quelques intimes sauront ce qu'il lui fallut de courage ; quelles souffrances encore poignent ses muscles, troublent ses nuits, le rappellent à l'ordre, douloureusement, dans l'envol inconscient du geste oratoire.

Tantôt il rougit, pâlit, se mord les lèvres ; ses yeux soudain s'enfoncent, et le biais des épaules, dont l'élancement s'atténue, révèle aux initiés que le duel persiste, sous la robe, entre la matière et la volonté.

La balle est là, entre les deux épaules, entre l'extrémité de l'omoplate, à un centimètre au plus, de la moelle épinière.

Ce fut du joli ouvrage, de main de maître : bien visé, bien exécuté. Celui-là qui l'accomplit en donna pour son argent au commanditaire. Un mouvement de côté, providentiel, empêcha uniquement la complète réussite ; et selon la légende du beau dessin d'Hermann-Paul, que la question fût posée.

M. le docteur Perrin de la Touche, nationaliste,

membre, je crois, de la Patrie Française, a déposé, jeudi dernier son rapport entre les mains de l'autorité judiciaire.

Il y est dit que la blessure est de six millimètres de pourtour et cinq de rayonnement ecchymotique; qu'elle est à la hauteur de la sixième vertèbre.

Les habits que portait notre ami ce matin-là, chemise, gilet, veston, troués et tachés de sang, sont déposés au greffe.

Cependant, voici la chanson que publie la *Libre Parole* et que reprennent en chœur les feuilles alliées.

Elle est d'un tour un peu vif; mais c'est un document précieux quant à la chevalerie « bien française ».

   Il paraît qu' la s'main' dernière,
   Un Dreyfusard très connu,
   Comm' le général Brugère,
   A reçu du plomb dans... l'*dos*.

    Refrain.

    As-tu vu
  Le trou d' balle, le trou d' balle,
    As-tu vu
  Le trou d' balle à Labori ?

Toute la gendarmerie
Cherch' l'assassin inconnu
Qu'a eu cette barbarie
De blesser un homme au... *dos*

    As-tu vu, etc.

A la terrible blessure
L'Avocat a survécu,
Quoiqu' ce soit une chos' bien dure
Que d'avoir un' balle dans l'... *dos*.

    As-tu vu, etc.

On court chercher pour l'extraire
L'éminent docteur Reclus ;
Secondé par un confrère
Il lui fait des fouill's dans l'... *dos*

    As-tu vu, etc.

M'sieur Doyen à la rescousse
Accourt, mais... turlututu,
Le blessé qu'avait la frousse
N' veut pas lui montrer son... *dos*.

    As-tu vu, etc.

Bref, après tant de souffrance,
L'avocat est revenu
Prendre sa place à l'audience,
En gardant sa ball' dans l'... *dos*.

    As-tu vu, etc.

Il a fait un' bell' harangue :
Son bagout a reparu :

> Y a rien qui déli' la langue
> Comm' d'avoir un' ball' dans l'... *dos.*
>
> As-tu vu, etc.

Cependant que Labori rentre du Conseil de guerre, la nuque pliée, le souffle rauque, sans force et sans voix.

Il repose quelques heures, une sueur de faiblesse aux tempes, d'un sommeil coupé de sursauts.

Après, il travaille encore son dossier qu'il collige, complète, vérifie. Et tout son esprit est tendu à ménager ses efforts, à « s'économiser » pour pouvoir le lendemain matin, à son poste, porter beau, claironner, étendre sa large manche, d'un geste ample, comme une aile, sur le malheureux qu'il défend !

Chansonnez donc, ô preux, son rôle, sa souffrance et son courage !

LE « PÈRE JOSUÉ »

Rennes, 29 août 1899.

Vous souvient-il dans les *Gaîtés de l'Escadron*, de Courteline, d'un type admirable : Hurluret, le capitaine, ronchonnot, et paternel, qui se perd dans les subtilités nouveau-jeu, mais qui aime ses hommes, et en est chéri ?

Il procède du commandant Hulot de Balzac ; des « Africains » d'Horace Vernet — et un peu aussi de ce capitaine Coignet dont les *Cahiers* resteront légendaires.

Il a peut-être moins d'envergure que le premier, que le dernier ; n'ayant point participé aux luttes épiques de l'Indivisible ou de l'Empire ; il ne s'élève point jusqu'à l'esthétique de Raffet, n'est que le descendant des héroïques grognards dont Charlet nous a laissé la silhouette...

Mais, tout de même, il a bu dans leur verre, et, par ses blessures, versé de leur sang !

Il est sorti du rang, à la force du mérite ; il a le mépris des freluquets d'écoles ; il se méfie des subtils dans l'armée tout comme ailleurs. Il va droit, net, ayant ses petites faiblesses, mais sans détours : le regard franc, la main loyale, le verbe haut... susceptible d'erreur et rien que d'erreur, incapable d'une bassesse ou d'une fourberie !

Hé ! bien, celui-là ressemble comme un frère au témoin d'aujourd'hui : à l'excellent homme que par dérision, les hermines du 2ᵉ bureau avaient surnommé le « père Josué » — M. le lieutenant-colonel Cordier.

Ah ! comme on comprend qu'ils l'eussent en horreur ! Regardez-les, pour la plupart ; regardez-le ! Ils ont des fronts de ruse et des mâchoires de haine : ils épiloguent, argutient, font des distinguo, coupent en quatre un cheveu de bonnet à poil ! Lui va comme un boulet de canon, comme la boule parmi les quilles.

Il ne dit pas : « Et allez donc ! » mais il reprend le « Allons-y ! »... et va si bien que tous les autres se démènent, se lèvent, protestent, comme s'ils étaient assis sur un cent de clous.

Et le « père Josué » dit tout ce qu'il veut dire ; met les points sur les *i;* bouscule les petits pièges ; patauge à travers les toiles d'araignées ; le tout ponctué du poing sur la tablette de bois et d'un « Si v' voulez ! » tout à fait réjouissant.

Il s'étonne qu'on ait fait reproche à Dreyfus « de n'avoir pas été, le jour de son mariage, digne de porter la fleur d'oranger » ; déclare, à propos des espionnes, « que des robes dans le service, il n'en faut pas ! » s'indigne contre le jeu de glaces et les deux paires d'oreilles aux écoutes, le jour de la dictée ; proclame que son antisémitisme n'allait pas jusqu'à vouloir la perte d'un juif innocent ; parle de soi-même, et des calomnies dont il fut l'objet, avec une bonhomie communicative qui lui conquiert la salle.

— Oui, je sais, on a dit et écrit Cordier : vieille bête, Ramollot, les petits verres, etc. Cela même a été publié dans le Moniteur officiel de ces Messieurs... mais je m'en f..., je suis un honnête homme !

On a presque applaudi. Et une rumeur approbative et rieuse a salué sa riposte au général Roget.

— M. Cordier a dit que ma déposition était fausse. Mais il n'a pas dit sur quels points?

Le ton était persuasif, le geste onctueux, le thorax bombait élégamment...

Ça n'a pas été long : le règlement s'est fait en cinq-sec.

— Sur tous !

Si bien qu'après l'intellectuel qu'est Georges Picquart ; qu'après l'espèce de héros wagnérien qu'est Freystætter, voilà qu'issu des légendes soldatesques, descendu du cadre des lithographies, un « troupier » selon le sentiment populaire se manifeste parmi les combattants de la vérité.

Ça a fait plaisir.

AUTRE BRAVE HOMME

Rennes, 30 août 1899.

M. Charavay ? Une barbe, avec un homme au fond !

J'en ai rencontré quelques-unes, de ces barbes-là ; et c'était presque toujours de la probité, du génie, de la conviction, qui gîtait au fond des broussailles — que l'homme s'appelât Baudin, le socialiste, Rodin, le sculpteur, ou Charavay, l'expert.

Souvent, elles décèlent une excessive timidité ; abritent des physionomies facilement effarouchables, et trop confiantes d'expression. A l'ombre du maquis, elles se sentent plus à l'aise, moins près et mieux gardées de la méchanceté humaine. Au-dessus, comme les étoiles en haut du bois, brillent des yeux de malice, de foi, ou de rêve — de bonté aussi !

C'est d'une de ces barbes-là, ainsi que, du taillis, s'échappe, au crépuscule, le plus pur chant d'oiseau, que vient de retentir la note la plus humaine qui ait été entendue jusqu'ici.

M. Charavay, qui est un érudit, un savant, n'a pas craint, lui, de reconnaître, de proclamer son erreur. Tourné vers la victime de la plus épouvantable méprise, puis du plus abominable complot que puisse concevoir la raison humaine, il a dit doucement, avec une inclinaison de tête qui était un salut :

— Je me suis trompé. C'est un grand soulagement pour ma conscience de pouvoir le déclarer devant tous.

Puis le petit homme barbu a redescendu les gradins avec autrement de majesté que M. Roget lui-même. Derrière ses lunettes rayonnait plus de lumière : quelque chose magnifiait ses yeux las de savant...

Tandis que nos prunelles, à nous, s'embuaient... et que certains témoins militaires ricanaient.

PIPELETS !

Rennes, 31 août 1899.

Non, vrai, je ne veux pas dire concierges, car j'ai connu trop de concierges sérieux, occupés uniquement du bon ordre de la maison et de l'entretien des escaliers.

Mais ça ! Le Dubreuil, le Mertian de Muller, le Moïse Blum dit colonel Fleur, tous les sous-... kutschs de Beaurepaire, et tous les sous-Lebrun-Renaud que nous avons vus défiler aujourd'hui ; tous les messieurs qui auraient reçu les confidences de Sganarelle, violé l'intimité de la chambre impériale, couru après l'introuvable secrétaire de

« M. Alfred » ; tous ces militaires — « O soldats de l'An deux, ô guerres, épopées ! » qui ont entendu dire par Un tel qu'Un tel lui aurait dit que Dreyfus avoua (et qui le viennent répéter, imperturbables, sur l'estrade où, vêtu comme eux, après cinq ans d'épreuves, l'ancien frère d'armes apparaît supplicié!) tous ces commérages, tous ces potins, toutes ces cruautés, toutes ces vulgarités, c'est à faire lever le cœur !

En mon âme et conscience, de toutes mes faibles forces, de toute l'énergie de ma sincérité, je crois Alfred Dreyfus innocent! Mais serait-il coupable, eût-il commis ce lâche forfait de vendre sa patrie, que mon horreur envers lui resterait atténuée de tout le dégoût que m'inspirent les autres.

Des hommes ! Des soldats !

On comprend que viennent là ceux qui, ayant réellement quelque chose à révéler de direct, de précis, croient que leur devoir est d'intervenir. Encore peut-être leur témoignage gagnerait-il à se restreindre aux faits plus qu'aux appréciations... et, s'il ne leur vient pas un mot de miséricorde, à ne point envenimer le débat, à ne point ajouter chacun sa pierre sur ce meurtri.

Mais que dire des échos de troisième, de quatrième degré? Qui expliquera la mentalité spéciale qui pousse des hommes pas plus mauvais que d'autres, peut-être, pris isolément, à sortir du rang, de la neutralité ; à se mettre en avant pour coopérer à l'œuvre inexorable ; à venir jouer un rôle dans la triste aventure?

Certains s'y trouvèrent réduits. Seulement, qui dira les mobiles d'aucuns — et tout ce que des comparutions inexplicables dissimulent de basses, de laides spéculations?

Au début, les témoins à charge ne pouvaient qu'être agréables aux grands chefs et aux Cinq ministres. C'est un peu changé... mais on ne s'y attendait pas. Du propos en l'air, aggravé, agrémenté, enjolivé, on avait fait un témoignage — tant répété qu'à la fin, soi-même on finissait par y croire.

On s'offrit, ou l'on fut pris. On fut cité ; et voilà que l'on vient s'asseoir, en uniforme, toutes décorations dehors, à côté de Savignaud ! égaux de Savignaud !

Commères de régiment, pies jacassantes, vous faites honte aux femmes !

ENFIN !

Rennes, 2 septembre 1899.

Peu d'interrogatoires ont été aussi suggestifs que celui du général Gonse, par Labori, ce matin, établissant que, sur deux lettres adressées au colonel Picquart après qu'il eut quitté le 2ᵉ bureau, et interceptées, l'une, la vraie, susceptible d'être réclamée par le destinataire sur avis de l'expéditeur, était parvenue à son adresse, l'autre, la fausse, destinée à compromettre l'ex-chef des renseignements, avait été retenue.

Cela prête à quelques réflexions... et de la sueur perlait sur le crâne du général Gonse.

Mais il en vint à d'autres tempes lorsque M. de Fonds-Lamothe précisa la fraude par omission commise envers la Chambre criminelle : le silence gardé sur la circulaire ministérielle du 17 mai avertissant les stagiaires qu'ils n'iraient point aux manœuvres, donc, détruisant, du même coup, l'appropriation du bordereau et sa date prétendue.

La franchise des camps — la rude franchise des camps !

C'était dans la bouche de l'ex-militaire, présentement ingénieur, qu'on la retrouvait. Aussi M. Roget n'y put-il tenir. Bombant le torse, la face horizontale parallèle au plafond, le jabot gonflé, il s'avança.

Mais il avait affaire, cette fois, à forte partie. Ni son regard de haut, ni son verbe tranchant, ni sa présomption, ni sa jactance, ne pouvaient rien sur ce témoin résolu. Et pour la première fois, depuis tant de jours, les rôles furent intervertis.

M. Roget, pressé de questions du tac au tac, rompit, perdit pied. Le ton péremptoire de ses affirmations ne les garantit point des démentis, des rectifications. Il en plut, c'est le cas de dire, et comme grêle. Le « pékin » connaissait son affaire et l'homme n'avait pas froid aux yeux.

Plus d'une fois, en ce quart d'heure, le général Roget dut regretter que l'escorte de Déroulède n'ait pas été en nombre suffisant pour déterminer son cheval à changer de route, à tourner la tête du côté où l'on eût pu faire taire à sa guise les indiscrets, les « insolents ». Un instant même, en souvenir d'Henry, le général Roget essaya de la contradiction outrageante.

Peine perdue! Inutiles efforts! M. de Fonds-Lamothe poursuivit sa démonstration; ne se laissa pas prendre à la feinte; ne lâcha point la proie pour l'ombre, ni le but pour le dérivatif.

Il négligea même de demander à M. Roget la raison de son encombrance; comment il pouvait se faire qu'étranger au débat de 1894, étranger au débat de 1898, il intervînt en tout, pour tout, à propos de tout, porte-paroles d'accusés anonymes; bavard de l'école de Trochu; Pellieux un peu supérieur à celui de l'autre année, mais insupportable, finalement, au Conseil, à l'auditoire, à tous, par la morgue de son verbe et la fréquence de son apparition!

Le voilà « remisé » : ce n'est pas trop tôt!

On le reverra cependant encore, pendant les

deux séances de témoignages qui vont commencer la semaine.

Avocat de l'état-major, du 2ᵉ bureau, de la mémoire glorieuse d'Henry, de tout le « fourbi », comme dirait le colonel Cordier, qui a abouti à ce beau gâchis, à tant d'intrigues vilaines, de machinations criminelles, il ne se retiendra pas d'élever la voix.

Mais M. de Fonds-Lamothe a donné un exemple qui sera imité. — Fini, le tonnerre !

On a vu que les foudres n'étaient que de ferblanc !

SEMAILLES

Rennes, 3 septembre 1899

Ne regrettez rien, vous qui êtes venus, qui savourez le morne ennui des « transplantés », loin des sites ou des meubles familiers, de la besogne journalière, et des êtres chéris. Même hors le but d'équité qui nous rassemble, regardez autour de vous — et comprenez la beauté, la force de l'action passive, de l'influence qui se dégage du principe sans que la volonté même y soit pour quelque chose.

Sentez la vieille ville bretonne, d'abord hostile — je ne parle pas, bien entendu, de la bande de jeunes sacripants qu'on nous lancera peut-être bientôt dessus, mais de la population honnête, sensée, dont l'autre est la honte et la terreur ; — sentez la détente qui se produit dans les esprits, qui bientôt gagnera les cœurs. Les regards se sont adoucis ; les faces austères se dérident sous une ombre de sourire ; des mains commencent de se poser dans nos mains tendues...

Qu'avons-nous fait pour cela ? Rien.

On a vu seulement que nous étions de braves gens ; que nous ne voulions de mal à personne ; que nous prêchions le calme ; que nous payions notre dû sans marchander. Les cochers, les commissionnaires, tout ce qui, déambulant, devient facteurs de nouvelles, ont pu voir, entendre, et redire que nous n'avions rien d'inhumain.

En ville, nous n'avons été ni arrogants, ni provocateurs.

Cela a surpris. Où donc étaient les « monstres » annoncés : les filous, les matamores, les escarpes du Syndicat ?

Une bonne femme, près de l'ancien domicile de Labori, une marchande ambulante, le troisième jour que j'étais ici, me contait ses peines et comment son établissement avait brûlé.

— Ça a été bien du malheur : la ruine, quoi ! Je ne crois pas qu'on ait mis le feu exprès. Il y avait bien un dreyfusard dans le pays... mais tout de même je ne crois pas.

Je lui dis :

— Je suis dreyfusarde.

Elle faillit en laisser choir son panier.

— Vous, madame ? c'est pas possible. Avec un air doux comme ça.

Je restai encore cinq minutes, vulgarisant de mon mieux, pour lui être accessible, l'idéal supérieur que nous servons !

De loin, quand je l'eus quittée, je me retournai.

Elle demeurait immobile, à la même place, les yeux fixés au sol, les mains croisées, pendantes sur son tablier. Un monde de pensées nouvelles se débattait, dans le vieux cerveau, sous la coiffe de tulle.

Et il en sera ainsi pour tous. Rappelez-vous l'admirable pièce de l'*Année terrible*, où Hugo dit aux Allemands : « Vainqueurs, vous êtes vaincus. Notre génie national vous enveloppe, vous cerne, vous imprègne. Vous importerez de la France en Allemagne. »

Ainsi en est-il aujourd'hui, sauf que c'est nous

qui laisserons ici le germe de la justice, l'empreinte de la vérité, la noble fièvre d'enthousiasme et d'abnégation que charrient nos veines... et dont nous mourrons peut-être!

A Dieu-vat!

INCORRIGIBLES !

Rennes, 4 septembre 1899.

Tandis que M. le général Gonse bafouille et que M. le général Roget blêmit ; que les sous-Roget (Lauth, Yunck, Cuignet, etc.) jappent aux trousses de la défense, pour retarder sa marche en avant dans ce labyrinthe de mensonges souvent puérils, toujours odieux ; que des chefs militaires. — « Face à l'ennemi ! » — font l'autruche ou font le zèbre pour échapper à la vérité ; celle-ci, tantôt lentement, tantôt par à-coups, surgit, se délivre des obstacles, se dégage des ténèbres, apparaît distincte et quelque peu brutale.

Elle ne fait pas honneur à ces messieurs! En fait de bleus, il n'en est pas que de petits, dans l'affaire : au fond de son puits, et pour l'empêcher d'en sortir, la pauvre déesse a reçu de sérieuses raclées. Elle en porte les marques ; et déjà, sur ce qu'on voit d'elle, l'empreinte de quelques poignes apparaît. Demi-étranglée, demi-étouffée, c'est bataille encore pour la tirer à peu près sauve de leurs mains.

La séance d'aujourd'hui a été, sous ce rapport, particulièrement instructive.

Erreur (je tiens à demeurer courtoise) de M. le général Gonse, attribuant à M. Painlevé des propos que celui-ci déclare n'avoir jamais tenus, et contre lesquels, dès qu'il en eut connaissance, il s'inscrivit véhémentement.

Erreur de M. le général Roget, attribuant à M. Hadamard, dans une déposition signée, un degré de parenté avec Dreyfus autre que le réel, et aggravant de ce fait, très sérieusement, des charges contre l'accusé.

Déposition d'un rapport de M. Hennion sur l'agent Pommier... ce qui permit de déclarer celui-ci introuvable et d'éviter la discussion de son témoignage.

Production inattendue et sensationnelle d'un témoin extraordinaire, fourni par le colonel Moïse Blum, dit Fleur, et du même cru : du cru Quesnay — le premier témoin *étranger* aux débats et sur assignation du Président — ce qui, supprimant les scrupules ingénus et patriotiques de la défense, va lui permettre quelques ripostes variées et bien senties.

J'allais dire : oubli de verser au dossier une dépêche importante de notre ambassadeur à Rome, et escamotage d'une pièce non moins importante remise par M. de Freycinet à M. Cavaignac ; mais ce serait inexact, étant donnée la révélation stupéfiante que l'Etat-Major, ni à la Cour de Cassation, ni au Conseil de guerre, ne s'était résigné à tout donner, à tout livrer... avait gardé des munitions de réserve, une provision de hasard !

Personnellement, je le savais depuis quelque temps ; une allusion légère de M. Cuignet l'avait fait pressentir assez pour que M. le général Chamoin, représentant du Ministre de la Guerre, se fut mis en mesure de représenter ledit dossier à première requête des membres du Conseil — au cas où le pétard éclaterait.

Il a éclaté : c'est Labori qui y a mis le feu en

questionnant le général Gonse... et ce pétard-là me fit tout l'effet d'une dernière cartouche !

Si l'effet en rate, c'est fini : il ne restera plus que la honte de la manœuvre, de cette série de manœuvres diverses d'aspect, mais aux mêmes fins si pareilles, si peu conformes à ce qu'on s'imagine de la franchise militaire, à ce qui est le génie français !

SUR LE PERCHOIR

Rennes, 5 septembre 1899.

— As-tu bien déjeuné, Carrière ?

Ainsi, volontiers, on interpellerait (sauf respect) M. le commissaire du gouvernement, juché sur sa chaise, en haut de l'estrade, à l'extrémité gauche du fer à cheval qui enclôt le prétoire.

Dans cette même cité, en effet, derrière l'Hôtel-de-Ville, au long d'une des rues les plus passantes, chez un concierge, je crois, est un vieux perroquet dont la forme, la physionomie, la mimique, la voix rappellent, d'étonnante façon, l'honorable M. Carrière.

Ils sont bâtis court, tous les deux ; ils ont le même bec sémite, le même petit crâne étroit ; ils ont le même accent impérieux, plaintif, rageur ; ils sont épaulés avec une identique irrégularité ; l'éperon évoque l'ergot — et le geste dont celui-ci se gratte la tête ne diffère pas du geste dont l'autre ramène son oreille en conque, ou réclame la parole : « Je proteste, je proteste ! »

L'emplumé dit : « Papa ! Maman ! Bonjour ! Bonsoir ! Portez arrrme ! Il est joli, joli, Coco ! »

Le déplumé procède par phrases un peu moins courtes, mais dont la portée ne diffère pas sensiblement. Il dit : « Non, non ! Oui, oui ! Le gouvernement s'oppose ! Il est impossible ! » ou parfois des aveux plus ingénus.

Mais leur destin, à tous deux, leur destin pareil, est de faire rire, dès qu'un son jaillit de leur gorge, dès que, par des pantomimes brèves, se traduit leur sentiment.

Ils sont comiques par essence, par état, par vocation, profondément comiques !

A tel point que toute appréciation envers eux ne saurait avoir d'amertume, reste empreinte, avec un peu de malice, d'indulgente bonhomie. Un voisin de l'unicolore m'a dit :

— Il est insupportable... mais si cocasse !

Un voisin du multicolore m'a dit :

— Il est... ou mieux, il n'est pas... enfin, vous me comprenez ? Mais il est tellement « rigolo ! »

Je laisse la responsabilité du terme, de sa familiarité plutôt, à qui le prononça. Je n'en retiens, je n'en adopte que le sens : le premier, joie du quartier ; le second, joie du procès !

De très spirituelles femmes, des hommes d'extrême intelligence, rappelés d'urgence par leurs affaires ou leurs plaisirs, se sont refusés à abandonner la partie avant que d'avoir goûté la dialectique de l'accusation ; ou se sont arrangés pour revenir à la date précise où elle retentira sous ces voûtes.

C'est un succès... d'avance ! Et je suis convaincue que l'évènement ne déjouera pas les prévisions ; que, dans ce sombre drame, il y aura, au moins, une minute de détente heureuse, d'unanime hilarité — que, dans ce pays de France, depuis si longtemps sevré de la jovialité ancestrale, demain, du rire inextinguible des dieux, demain l'on rira.

GALANT HOMME

Rennes, 6 septembre 1899.

Si le Seigneur, plein de sollicitude, n'eût pétri le visage de M. Lauth avec un peu de l'âme dudit; n'eût mis sur cette face de « garçon de charrue », comme l'a qualifié un de nos dessinateurs les plus illustres, tous les stigmates de sa mentalité ; n'eût fait avancer ce masque, comme un épouvantail japonais, en avant du reste de l'individu, pour semer la répulsion et la terreur, on eût eu, aujourd'hui, la révélation d'une des plus vilaines cérébralités qui se puissent voir.

M. Cavaignac est sinistre, falot, incomplet : l'air d'un fœtus à moustache. M. Cuignet ressemble à un carlin dévoré du « rouge », s'usant la peau à tous les angles, rogneux, hargneux, sournois, éternellement disposé à mordre. M. Jeannel, avec ses contorsions de mandibules, ses sourcils en visière, justifie, de façon scandaleuse, la théorie de Darwin sur l'origine de l'espèce. Gribelin, moins disgracié, quoique de physionomie assez simplette, ignore par trop la haine du

...mouvement qui déplace la ligne

et, après s'être rongé consciencieusement les ongles des mains, fait redouter qu'il ne s'en prenne à ceux de ses pieds. M. Moïse Blum, dit le colonel Fleur, évoque l'idée d'un placeur pour bonnes...

Etc.

Mais nul n'a cette mâchoire, ce front, ce crâne, ces yeux, cette figure faite pour l'anthropométrie au point que l'infortuné M. Bertillon la guette, avec des frissons de zèle aux doigts !

Or M. Lauth, aujourd'hui, a, par un acte inqualifiable (je tiens en estime l'adjectif qui prête aux plus amples interprétations), soulevé l'indignation, la nausée publiques, au point qu'on l'a hué formidablement.

Il ne l'avait pas volé !

A cela, il pourrait objecter qu'il n'a fait que suivre un exemple illustre : celui du paladin sans reproche, du guerrier loyal qui, des lettres de femme ayant été trouvées dans la perquisition chez Georges Picquart, s'empressa de faire aviser le mari, homme pieux, bien pensant... et susceptible de venger à la fois son honneur et celui de l'armée.

Coup double !

M. Lauth, lui, pour se justifier d'avoir invité à dîner, en son *home*, ce même chef que, simultanément, il s'appliquait à desservir et à déshonorer, est venu arguer de l'invitation « en tas » ; puis a profité de l'occasion pour raconter que le colonel Picquart avait eu le « manque de tact » d'amener une personne qui... une personne que... enfin la personne dont il a été question dans un récent procès.

Même — ô abomination de la désolation ! — qu'elle s'assit en face de Mme Henry !

J'ai entendu peu de rumeurs aussi sincères, aussi spontanées, jaillir d'un auditoire. Malgré les foudres présidentielles, on rugissait.

Même certains étaient tout pâles, les poings crispés; et des femmes avaient aux lèvres la moue des suprêmes dégoûts.

Pour un succès, M. le commandant Lauth, frais promu chevalier de la Légion d'Honneur, peut se vanter d'avoir eu un joli succès !

LES TROIS-MARCHES

Loin de la cité monastique, de la ville neuve aux mornes murailles blanches, de la vieille ville aux mornes murailles noires ; loin des couvents, loin des casernes ; loin de la Vilaine aux eaux troubles, qu'écrème, tous les matins, de ses immondices, dans une barque vétuste, l'employé que j'ai surnommé le « Marchand de charognes » ; loin des faces mortes et des regards dormants, est, sur la colline, dans les verdures baignées de clarté, faubourg d'Antrain, la bonne auberge des *Trois-Marches*.

C'est une pauvre demeure, très vieille, très propre, souriante, hospitalière.

La porte, au-dessus du triple degré de pierre,

les fenêtres, le portail, donnent sur la route, face à des villas dont les jardins descendent vers l'Ille, toute frétillante et claire entre des peupliers.

Alentour, ce n'est que prairies encloses de haies après lesquelles toisonne, parfumé, le duvet de la clématite. Des vaches y pâturent, de petite taille, mais robustes et le pelage lustré.

Leur mufle frais de la fraîcheur de l'herbe, baveux de fils transparents comme du verre, s'appuie aux barrières de verdure pour regarder passer le voyageur.

Au crépuscule, elles mugissent, impatientes du retour à l'étable. Alors, un enfant, une femme les vient quérir, une mince baguette à la main.

Et, par petits troupeaux, elles se répandent sur les routes, se hâtant vers la ferme ou le faubourg. Leurs cornes d'ombre se profilent sur la turquoise verdie du ciel où monte lentement le croissant d'or...

C'est alors que s'illuminent, dans la pénombre, les croisées des *Trois-Marches* ; que luit, au sommet de la double montée, l'étoile familière vers qui s'en vont, épris de lumière, anxieux de vérités nouvelles, des Mages du savoir, des Rois de l'éloquence et de bons Bergers anxieux de soustraire les brebis à l'abattoir !

*
* *

La salle est gaie, proprette, avec le luxe d'une cheminée en marbre noir, de quatre lithographies militaires aux murs, d'un bouquet sur la nappe de grosse toile blanche.

A deux pas, la grande cuisine, où, sous la direction de l'hôte, la surveillance de l'hôtesse, flambent les antiques fourneaux. La chère est bonne, mais simple. D'immenses pains, coupés par tranchés, fleurent bon le froment ; et le cidre met des reflets d'ambre au flanc des carafes rebondies.

Dans le jardin sont des tonnelles ; sous un ombreux couloir de platanes, des tables de bois rugueux flanquées de bancs. Au delà d'un préau à l'aire battue, surhaussée, adossée au mur de fond, une sorte de petite estrade couverte où, les jours de noces, les soirs de bal, perchent les ménétriers.

Elle fut tribune — le 14 juillet dernier. Des phrases ardentes, des appels frémissants en jaillirent pour célébrer l'espèce de nuit du 4 Août qui s'accomplissait là : l'abdication des préjugés universitaires, le renoncement des méfiances populaires, en une admirable communion.

Les isolés de la Tour d'ivoire descendaient, sortaient de leur refuge pour mettre leur main frêle, leur main nerveuse, dans la main placide, la main robuste des ouvriers.

Les savants donnaient des idées, supérieures parce que scientifiques ; les plébéiens offraient l'appui de leurs bras, de leur cœur, le pouvoir de l'action, sans quoi le rêve est stérile.

Basch, professeur de Lettres, Blondel, professeur de Droit, à la Faculté de Rennes ; Barrucand, le prôneur du « Pain pour tous », Armand Dayot, tous deux venus de Paris pour propager la Parole nouvelle, montrèrent la République en danger ; réveillèrent les esprits ; agitèrent les consciences, semèrent de l'enthousiasme — autour du festin frugal, sous le clair soleil, la *Marseillaise* monta, gronda, battit des ailes...

Si bien que, vis-à-vis, de l'autre côté de la chaussée, dans la villa où, un peu plus tard, l'ex-ministre de la guerre, Mercier, devait être son hôte, M. le général en retraite de Saint-Germain sacra.

Même, il n'y put tenir. Comme on chantait, à Lyon, du maréchal de Castellane, sur le rythme de la batterie aux champs :

> Voilà Saint-Germain qui passe,
> Tout petit, tout tortu,
> Tout ventru, tout mal f...ichu,

il fit, chapeau de paille sur l'oreille et canne en main, le verbe haut, l'œil rageur, la moustache hérissée, irruption dans la cuisine de l'auberge.

— Scrongnieugnieu, aurez-vous bientôt fini de nourrir toute cette bande-là ?

— Las, Monsieur le général, firent ensemble les hôteliers, de quoi faudrait-il vivre si l'on refuse des clients ?

La réponse était péremptoire. Le général s'ébroua et partit. Depuis, il lance seulement des œillades furibondes au passage, lorsque, dans le cadre des fenêtres, apparaît quelque visage de penseur.

Tandis que dans le chemin, face à face, une paire de chaises par ci, une couple de chaises par là, quadrille de l'autorité vigilante, quatre gendarmes veillent à la sécurité commune : soit Mercier, soit Picquart.

Des ombres aussi s'effacent contre les murs, agents attachés, pour leur sauvegarde, à la personne de quelques familiers des agapes journalières.

Quand les voitures ont fini de rouler, emmenant le contingent des invités occasionnels, et que la conversation fait halte, Pandore seul, du bruit de ses cent pas, aller et retour, rompt le silence.

Comme des prisonniers, ou des officiers supérieurs ayant droit à la sentinelle, on entend :

Un bruit de bottes, de bottes, de bottes...

Tragédie de Shakespeare qu'orchestre parfois Offenbach !

*
* *

Dans la salle close, les voilà tous assis : Picquart, Jaurès, Basch, Gabriel Monod, Gast, Leyret, Turot, Hild, Monira, Psichari, Viviani, Stock, Desmoulins, Barbet, etc. ; ceux qui passèrent : les docteurs Reclus, Brissaud, Widal ; ceux qui passent : Mirbeau, Laroche, Molinier, Havet, Corday, Navarre ; — hier, Pozzi, gloire universelle ;

ce soir, Julien Benda, nouveau venu dans la notoriété ; demain, n'importe quel grand esprit d'où qu'il se soit orienté vers la lumière.

Les propos volent, spirituels ou passionnés, gais ou graves, s'élevant toujours, peu à peu, vers des conceptions supérieures. La belle voix de Jaurès claironne ; son rire — « Et ton rire, ô Kléber ! — puissamment retentit. Georges Picquart, doucement, discute. Quelque savant disserte, établit la relation des effets aux causes, dans le débat qui nous occupe.

C'est un banquet de Girondins en liberté et pour qui la menace de la mort compterait moins encore qu'elle ne compta, jadis, à la Conciergerie.

On se moque de la laideur, et de la haine, et du mensonge, et de la force marchant contre le droit. On stigmatise d'un trait les défections, les défaillances.

Souvent, tous se taisent devant l'éloquence d'un seul. Il parle comme devaient parler les apôtres, alors que suspects, au fond des Catacombes, se réunissaient les premiers chrétiens. On écoute : la foi, le désir d'héroïsme vous gonflent le cœur.

Quelqu'un heurte à la porte : c'est, venant du Sud ou du Nord, de l'Est ou de l'Ouest, quelque pèlerin qui s'est acheminé vers cette table d'auberge où l'on rompt le pain de vérité.

Il entre, s'assied, se tait... Mais les sermons sont courts ; un mot de parisianisme brise le charme, modernise la bataille.

Alors on s'en va. Devant, derrière, les agents battent l'estrade, scrutent les haies, les recoins suspects. Les soirées, très douces, très lumineuses, prêtent à la songerie. De beaux vers vous chantent à la mémoire. En masse, on reconduit les plus menacés.

Les mains s'étreignent, on se sépare : dans quelques heures on se retrouvera, au pied de l'estrade où gît, raidi d'orgueil, ce crucifié décloué qu'est Dreyfus.

Et je pense qu'un jour, quelque destin que les dieux nous gardent, il y aura dans cette auberge, — comme dans celle de Saint-Jean-l'Hospice où Charles-Albert fit halte — une inscription disant que là se réunirent les défenseurs de la Justice, les tenants de la Vérité... et que nos enfants, puis leurs enfants, exprès venus, la regarderont songeurs, fiers d'être de notre sang !

RÉQUISITOIRES

Rennes, 7 septembre 1899.

Grâce à Dieu, notre bonheur a passé notre espérance — quand M. le Commissaire du Gouvernement a parlé !

Non qu'il ait été, le digne homme, méchant, venimeux ou perfide ! Tout le fiel de la séance devait passer par la bouche de feu le général Mercier.

Vous souvient-il du coup de Lajoux, cet agent du service des renseignements, accusé de démence alors qu'il menaçait de scandale ; enlevé, interné huit jours dans un cabanon, puis expédié au loin, très loin ?

L'ancien ministre de la Guerre (dont le parti venait d'exhiber le Cernusky, convaincu d'aliénation mentale et de bien autres choses) a tenté de reprendre la manœuvre dont Lajoux fut autrefois victime, devinez contre qui ?... Contre le capitaine Freystætter : cet être d'équilibre admirable et de froide raison !

Ce n'est pas un témoin déloyal, oh ! non ! C'est seulement un bon loufoque, qui, sous l'influence du milieu, a fini par s'imaginer avoir vu, dans les pièces communiquées illégalement aux juges de 1894, la fausse traduction de la dépêche Panizzardi !

Il ne tombe pas sous l'action de la loi qui châtie le parjure en justice, mais il devrait être mis sous le jet de la douche qui calme les imaginations vagabondes.

Tandis que se formulaient, d'un accent insinuant, d'une voix mielleuse, telles infamies, des mots de colère étaient crachés en riposte des bancs de la presse.

Et il n'a fallu rien moins que l'apparition et le laïus du « petit père Carrière », pour détendre les esprits et dérider les fronts.

Car il nous reposa.

Lent d'expression, bavard de gestes, bref dans l'ensemble, il nous fut la bonne oasis où l'on fait halte. Son discours se résume en ceci : « Rien n'est certain, tout est possible. Je ne suis compétent en rien, mais laissons tout de côté — et condamnez ! »

Mais si le verbe se résume, la mimique demeure intraduisible, d'une puissance comique inimaginable. Gémier, dans la salle, les yeux hors de la tête, regardait, notait.

Jamais en accord avec la phrase, traçant dans l'espace, sans aucune sorte de motif, des courbes, des ronds, des parenthèses, les mains papillonnantes du commandant Carrière allaient, venaient, tourbillonnaient, semblaient attraper les mots, comme des mouches, entre le pouce et l'index.

D'autres fois, abandonnées, les phalanges défaillantes, la paume en l'air, elles laissaient tomber des vérités premières, sous lesquelles, friands d'éloquence, nous tendions nos tabliers.

Mais, le plus souvent, sur quelque clavier invisible, les doigts exécutaient les trilles, les « traits » de quelque sonate impétueuse ; plaquaient des accords ; tricotaient des chromatiques, s'égaraient en de vagues arpèges.

Ce fut une bien jolie séance de harpe !

Seulement, sur cet air-là, de pauvres gens s'en vont au bagne — ce qui m'empêche d'y prendre goût !

HEURES D'ANGOISSE

Rennes, 8 septembre 1899.

6 heures matin.

Dès l'aube, une fièvre, par les rues endormies. Le soleil se lève sur un déploiement de forces qui, pour Paris, serait minime, mais qui, dans ce cadre étroit, apparaît formidable.

Le pavé herbu résonne sous le pas lourd des fantassins, que rythme le sursaut des armes ; sous la marche cassante des chevaux, qu'accompagne, en heurts légers de cymbales, le choc des sabres contre les éperons.

Campements ici, campements là ; armes en

faisceaux, montures en groupes. Rue du Pré-Botté, une jument tire sournoisement, du bout des dents, une salade de derrière la voiture d'un maraîcher.

Des silhouettes falotes de camelots errent, déplacées, pourchassées, devant l'entrée, jusque sous le porche de l'église de Tous-les-Saints.

8 heures.

Comment a-t-on pu parvenir jusqu'ici, dans la salle, à travers tant de barrages, tant de postes, un tel filtre de surveillance ?

Je ne m'en plains pas : on a raison. J'ai toujours préféré les mesures préventives aux répressions tardives, conséquemment incohérentes et barbares.

Puis, dans l'état d'esprit où nous sommes, rien, véritablement, ne nous est plus : que le dénouement de l'aventure — en tant que pitié pour l'homme — et reprise (cette étape accomplie, sous la même impulsion, vers des buts davantage reculés) de la marche en avant. D'autres souffrent et invoquent, au loin, tourmentés par d'identiques abus, tortionés par les pareils bourreaux.

Aussi l'on écoute M⁰ Demange avec une sympathique impatience. Une telle hâte nous possède, une telle tension de notre être est vers la conclusion, que l'on écoute, comme en un rêve, défiler les périodes et les arguments.

10 heures.

Dans la cour, pendant la suspension d'audience, plus de gravité, moins d'abandon qu'à l'ordinaire. Quelque chose de solennel plane, assourdit les tons, raidit les maintiens. Cependant, les propos échangés sont de haute importance.

On discute le communiqué du *Moniteur de l'Empire*; la reproduction, dans la partie officielle, du démenti que formulèrent M. de Bulow à la tribune du Reichstag, M. de Munster, ambassadeur, ici. C'est la réponse indirecte, et cependant formelle, du souverain au défenseur qui lui rendit cet hommage mérité de penser qu'un monarque était aussi un homme.

En ressentons-nous de la joie ?... Oui, si cela peut influer sur le sort du pauvre être, après qui s'acharnent tous les carnassiers de la haine. Mais, en même temps, une tristesse humiliée nous étreint le cœur. Il n'est tombé du dehors qu'une parole de miséricorde, il ne s'est fait qu'un geste samaritain, hélas! — et c'est de là qu'il vient !

Alors, on se prend à espérer des choses folles : l'abandon de l'accusation, un élan de cœur?

Ah ! poursuiveurs de chimères !

... Edgard Demange reprend sa plaidoirie.

Midi.

Le défenseur a terminé.

Cela va-t-il finir? Allons-nous donc sortir d'ici le cœur allégé?

Ce serait trop simple, trop beau. Jusqu'au seuil de l'enfer, jusqu'au geste d'évasion, il y aura en ceci d'atroces mesquineries. M. le commandant Carrière entend protester, réclame que la séance soit levée, puis reprise, afin que deux heures s'écoulent, que l'émouvante impression de la défense ait le temps de s'atténuer.

Bonne âme ! pitoyable vieillard !

3 heures.

M. le commandant Carrière n'a élevé la voix que pour tâcher encore de tuer la compassion dans le cœur des juges, requérir un arrêt implacable.

Mᵉ Demange adjure en quelques mots le Conseil

d'être favorable ; Dreyfus, d'une voix rauque, crie encore son innocence, et nous voilà dans la salle immense : murmurants, anxieux, à bout de forces.

Les impatients sont dans la cour, s'agitent pour tromper leurs nerfs.

4 heures 50.

Le tribunal militaire rentre. Dix ans de détention, des circonstances atténuantes à cet innocent.

Soit ! nous acceptons.

La séance continue...

NOTRE OEUVRE

Réponse à quelques-uns.

Du chagrin, oui, certes on peut en avoir — pour la patrie et pour l'humanité !

Que notre France soit ainsi avilie par ceux-là mêmes qui la prétendent défendre ; que certaines scélératesses d'âme soient possibles, se fassent visibles, comme la charogne qui remonte à la surface de l'eau, oui, telles choses sont faites pour provoquer la nausée et la mélancolie.

Mais ces sentiments-là sont du luxe, dans la bataille : on ne saurait s'y attarder, ni s'y amollir.

Que nos sens se trouvent offusqués, que la fierté

collective souffre, il importe peu à la continuité de l'effort, au courant ininterrompu d'énergie qui doit relier demain à hier.

Le vrai sentiment de la situation, l'orgueil nécessaire à retremper les muscles, le viatique, le réconfort, on le puisera dans l'examen de ce que nous avons obtenu — en dépit de quels obstacles !

Un homme était au bagne, interné dans des conditions illégales après avoir été jugé illégalement. Il était en proie à Lebon, à Deniel, à l'emmurement, au silence éternel, à la double boucle, aux mensonges crucifiants, seul, tout seul, aussi mort que les défunts dans le sépulcre !

Il ne devait plus jamais revoir la France, ni ses semblables, ni ses parents ! Sa femme était veuve, ses enfants orphelins : tous les pouvoirs sociaux, coalisés, avaient tracé la croix sur son nom. Il était rayé à jamais du nombre des vivants.

Bernard Lazare alluma la première torche, à laquelle d'autres flambeaux, ensuite, vinrent s'allumer. On était une poignée de précurseurs, dans les ténèbres, et la lumière devint cible à nous lapider.

Toutes les calomnies, tous les outrages, toutes

les proscriptions nous les connûmes ! Les plus forts soutenaient les plus faibles : on n'abandonnait pas de blessés sur la route; personne, jamais ne lâcha pied. Ainsi, lentement, on avança.

Lors, le Destin se mit des nôtres. Ce qui devait nous desservir, nous servit, au contraire, puissamment. Aux heures critiques, survint le miracle. Les adversaires, comme par un doigt invisible, étaient marqués, frappés. Même les échecs apparents se transformaient en victoires, sans fanfares, mais d'une portée considérable.

De vingt, nous étions cent, puis mille... et, dès lors, à chaque démonstration publique, à chaque fait nouveau, le nombre des partisans de la Vérité grandissait. Le reflet de son miroir gagnait du terrain, envahissait, comme l'aube, des coins jusqu'alors obscurs, des consciences encore ténébreuses.

Nous avons tiré l'homme de son bagne, notre volonté a fait lever Lazare du tombeau. Rappelez-vous : on défiait que cela se fît jamais, sous peine d'une révolution générale? Il a suffi de quatre douaniers et de quelques gendarmes, pour maintenir non pas la furie, mais la curiosité populaire dans de décentes limites.

On niait que l'esprit de caste ou de chapelle ait pu influer sur sa condamnation ? L'événement a montré Mercier essayant de renouveler, auprès des juges de 1899, le coup de la communication secrète de 1894. On a pu voir les généraux coalisés s'efforcer de sauver un des leurs aux dépens de l'innocent; préférer l'impunité d'Esterhazy à la confession de l'erreur initiale, que couvrirent après tant de crimes !

La conquête morale est immense. En plein Forum, sous la lumière crue et cruelle du jour, le peuple, juge à son tour, a pu estimer certains de ses chefs; jauger leur spéciale mentalité; apprécier leur intempérance de langue et la puérilité de leurs manœuvres; se rendre compte comment ces sous-Trochus le pourraient mener aux boucheries promises...

Cette évolution-là vaut deux révolutions — car elle ne fut pas sanguinaire et affranchit les cerveaux.

FIN

TABLE

EN PRÉFACE.	VII
UN LACHE.	IX
Le procès d'Esterhazy (10-11 janvier 1898).	1
Le procès Dreyfus-Esterhazy (CHAP. Iᵉʳ)	3
CHAP. II	21
Autour de l'énigme	29
L'ACCUSÉ.	45
Les quinze journées de l'affaire Zola (du 7 au 23 février 1898.).	57
I. La Journée des Préliminaires.	59
II. — du Baillon.	67
III. — des Généraux.	74
IV. — des « Artisans».	80
V. — de l'Officier Bleu.	88
VI. — de la Revision.	98
VII. — des Augures.	108
VIII. — des Savants.	116
IX. — de la Menace.	124
X. — du « Coup de massue ».	131
XI. — du Uhlan.	138
XII. — des Intellectuels.	147
XIII. — d'Émile Zola.	157
XIV. — de Labori.	189
XV. — des « Cannibales ».	202
LE SECOND PROCÈS D'ÉMILE ZOLA.	213
LE TROISIÈME PROCÈS D'ÉMILE ZOLA	231
Le procès Zola-Judet	241
Autour d'un procès.	248

L'affaire Picquart et Leblois............	261
Lemercier-Picard..................	285
L'affaire Dreyfus en cassation.........	303
Chap. I.....................	305
Chap. II....................	317
Chap. III...................	326
A Rennes...................	339
Dans la tourmente................	341
Les bons gîtes..................	343
Au conseil de guerre. — L'homme.......	362
Le Byzantinisme du général Mercier.......	368
Par délégation..................	373
L'œuvre.....................	377
Les nôtres....................	381
A la Française ?.................	385
Coup manqué...................	389
L'omelette....................	393
La petite balle..................	398
Conseils.....................	401
L'école de Picquart...............	405
Chevalerie....................	409
Le « Père Josué »................	414
Autre brave homme...............	418
Pipelets !....................	420
Enfin !......................	423
Semailles.....................	427
Incorrigibles !..................	431
Sur le perchoir..................	435
Galant homme..................	438
Les Trois-Marches................	442
Réquisitoires...................	450
Heures d'angoisse................	454
Notre œuvre...................	459

EMILE COLIN, IMPRIMERIE DE LAGNY (S.-ET-M.)

www.ingramcontent.com/pod-product-compliance
Lightning Source LLC
Chambersburg PA
CBHW050250230426
43664CB00012B/1894